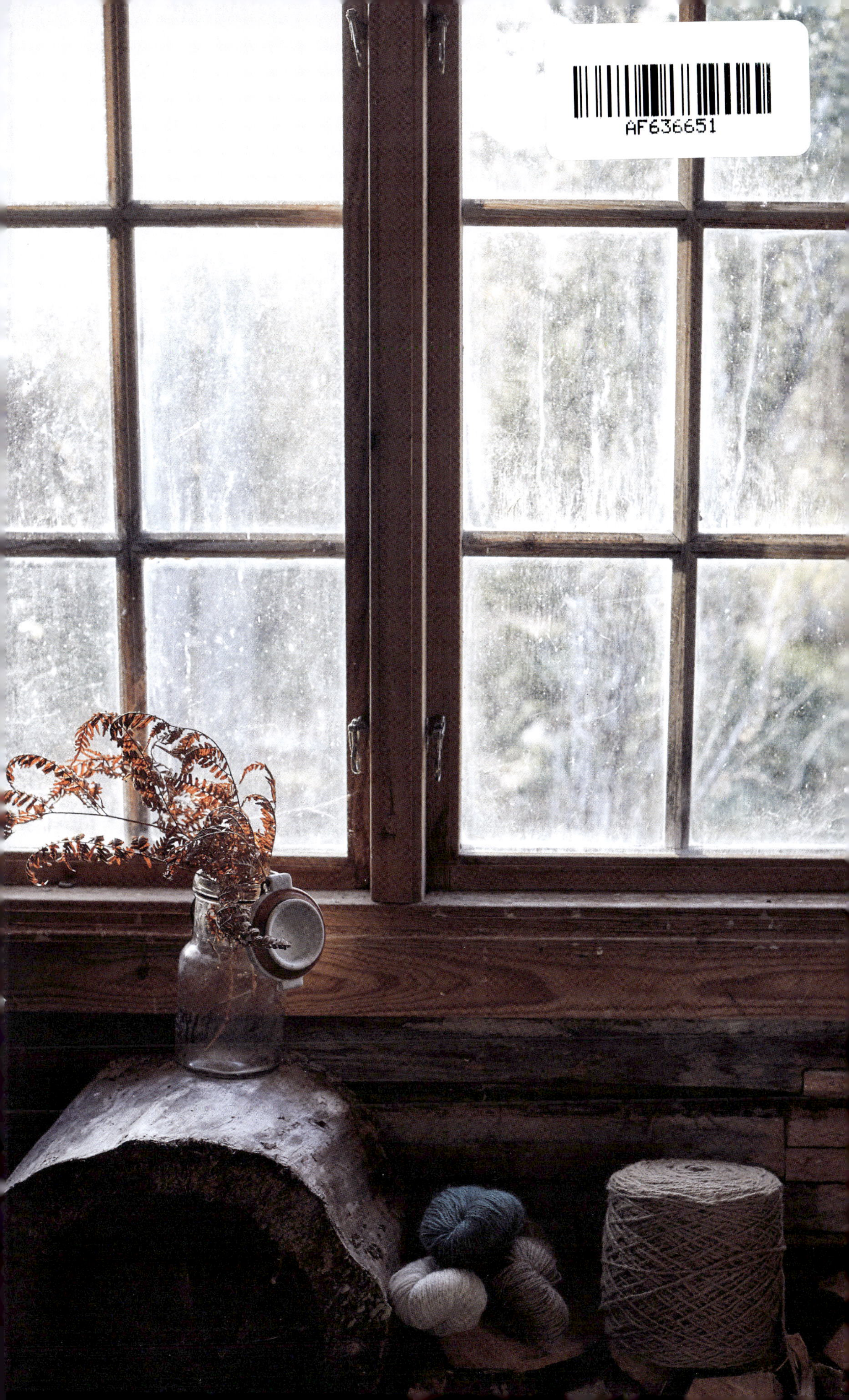

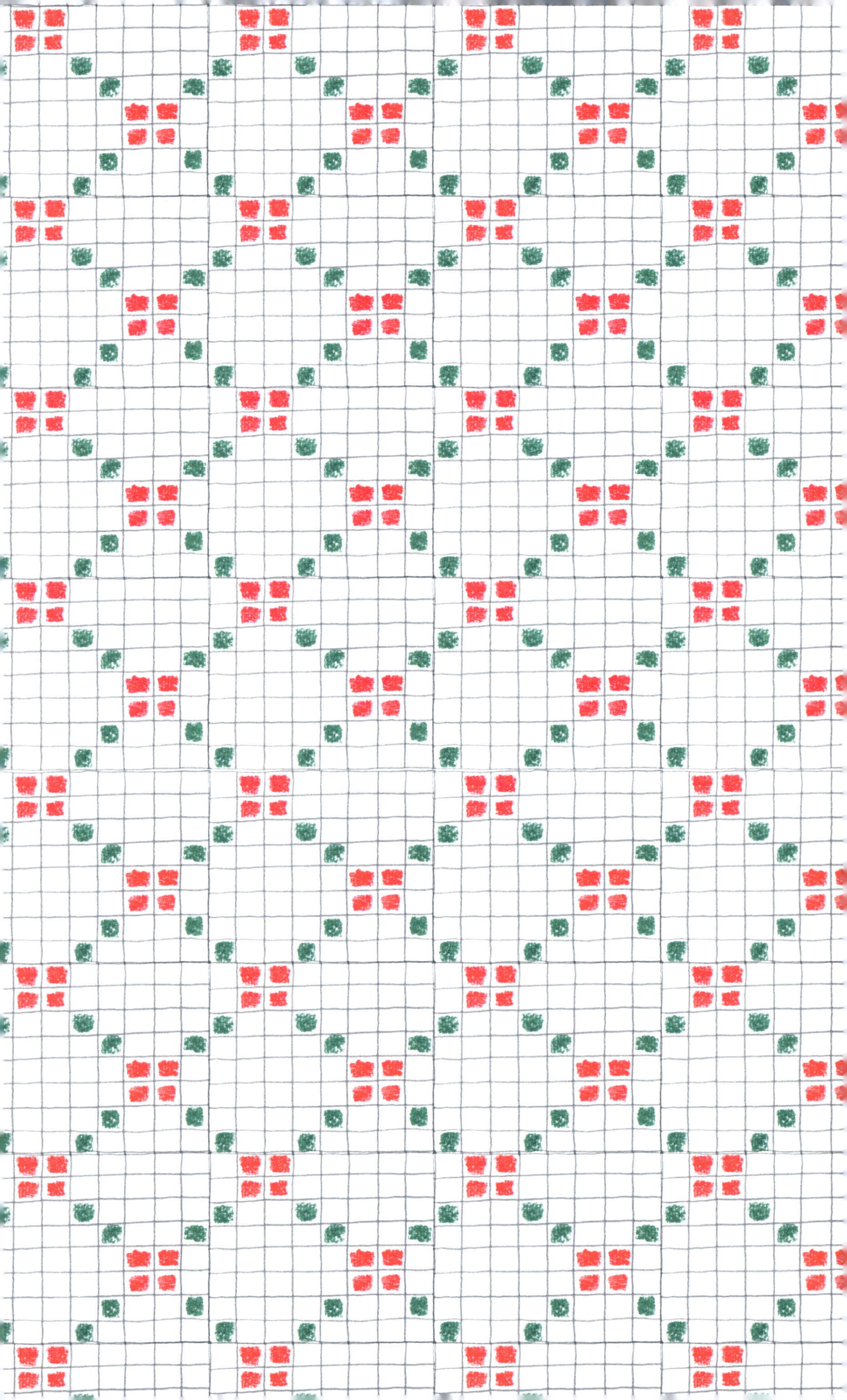

MAJA KARLSSON

SCHWEDISCHE Handschuhe

Märchenhafte Strickmuster für warme Hände

Fotos: Helén Pe

Illustrationen: Siri Carlén

stiebner

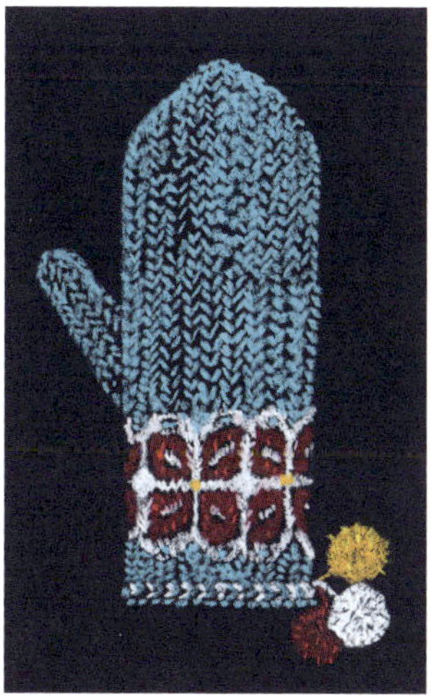

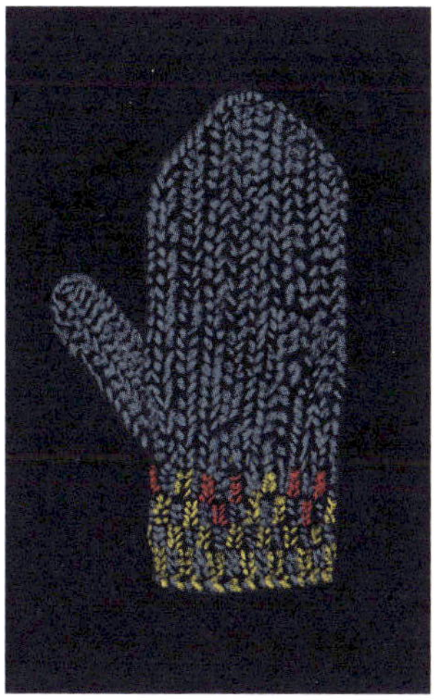

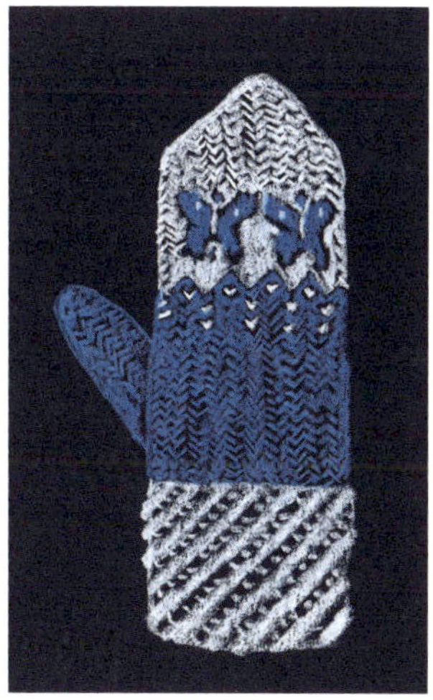

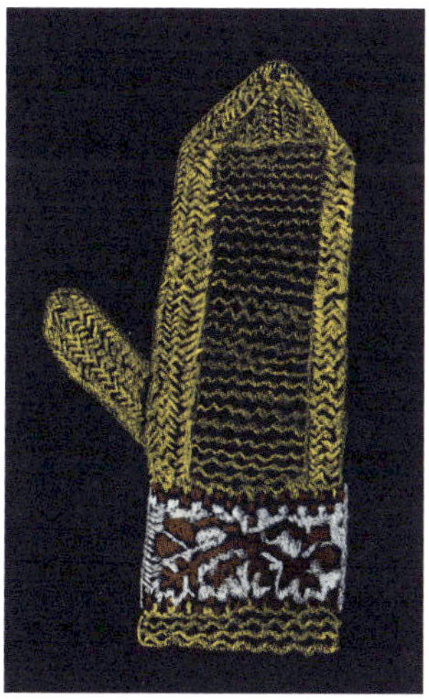

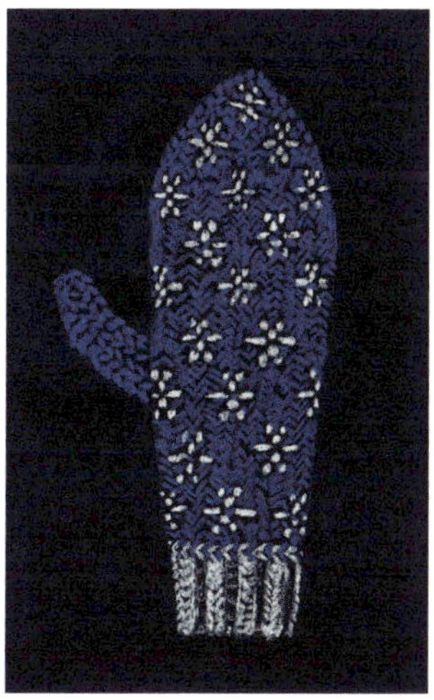

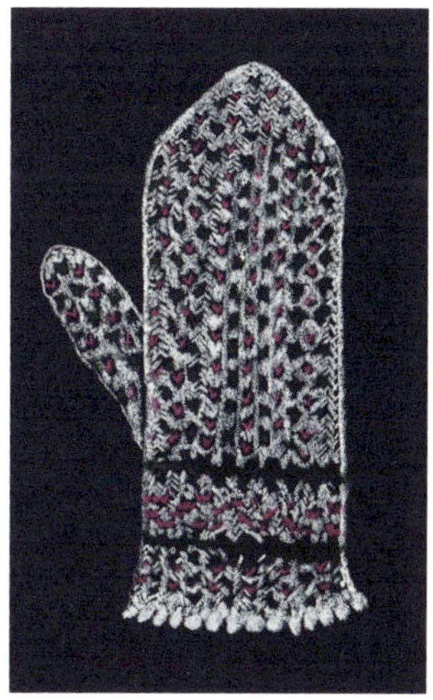

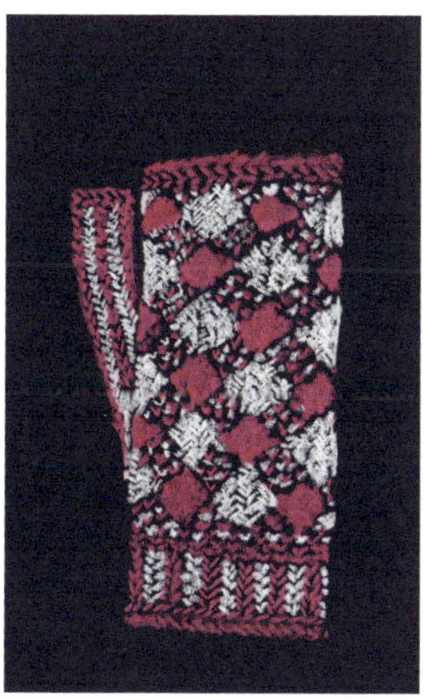

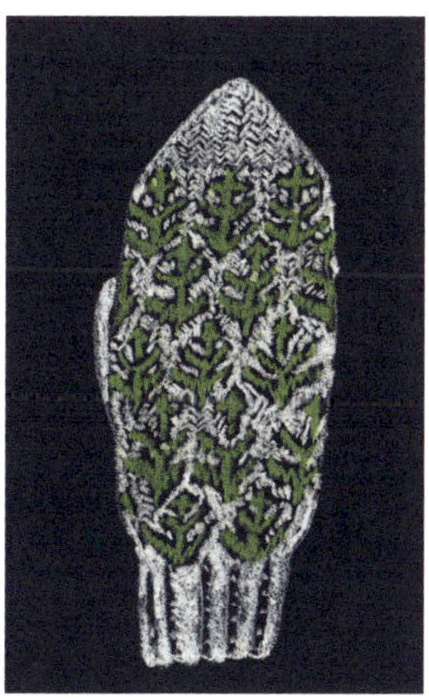

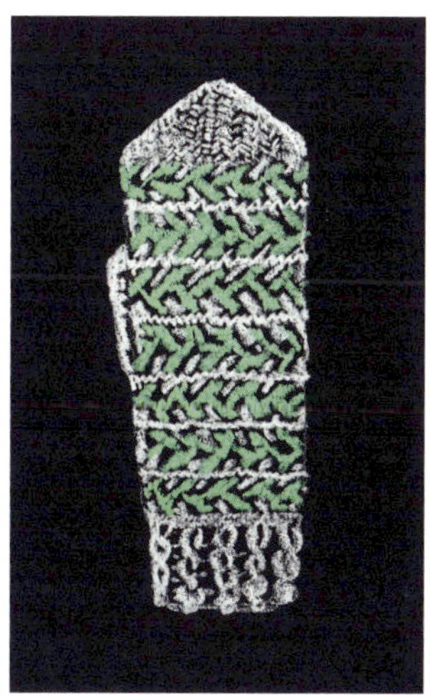

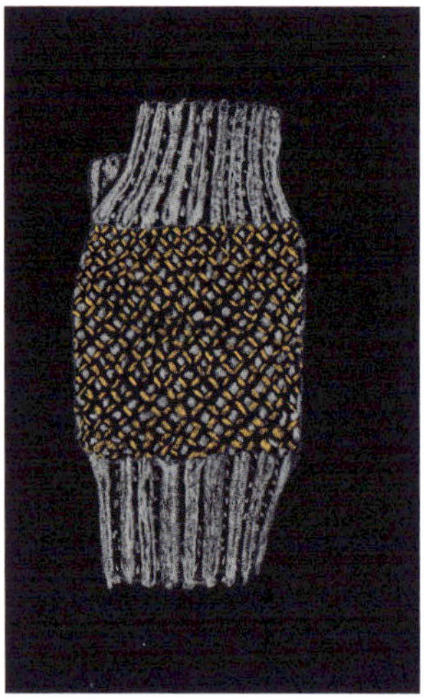

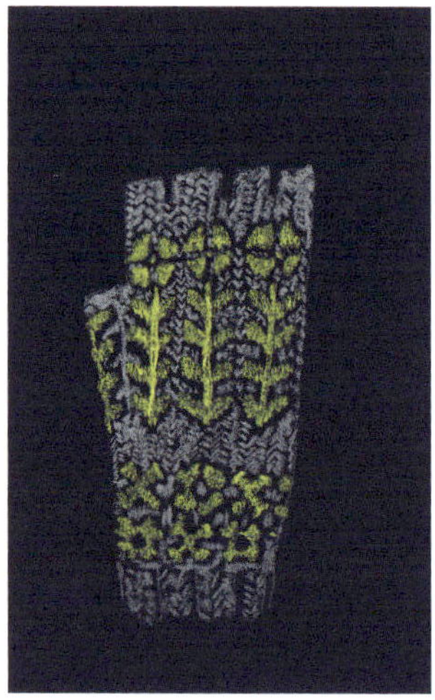

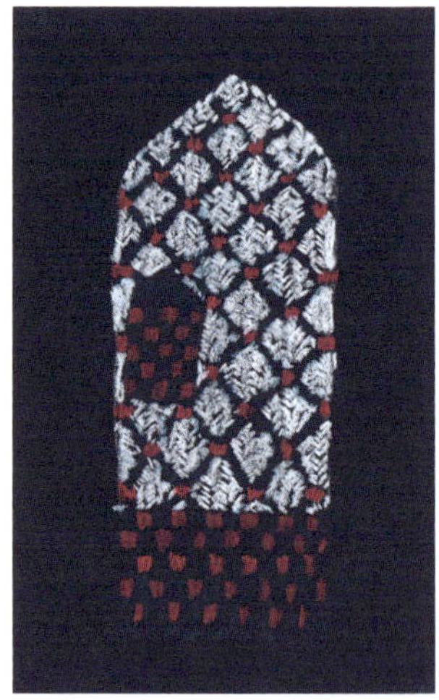

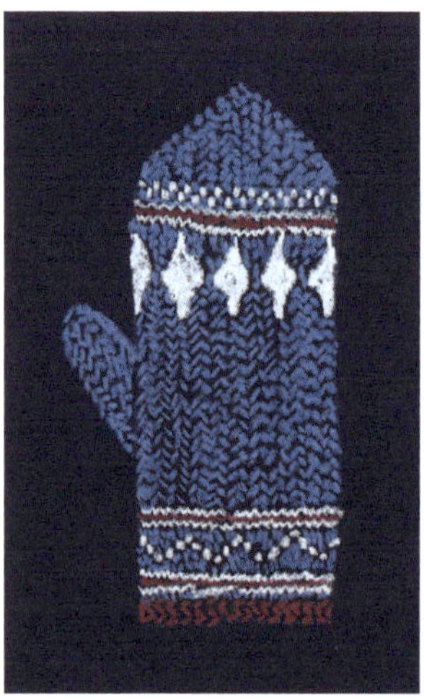

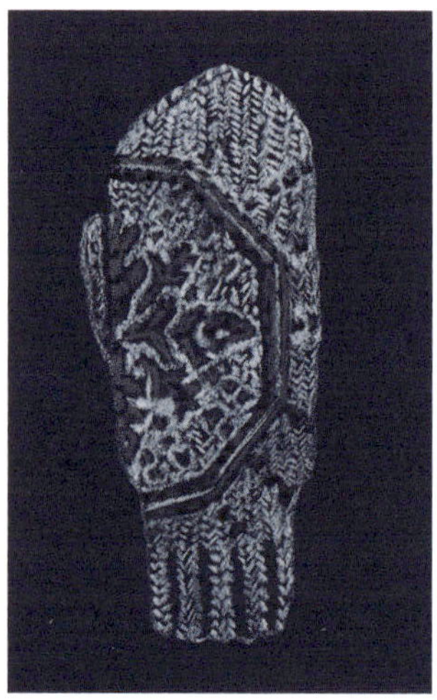

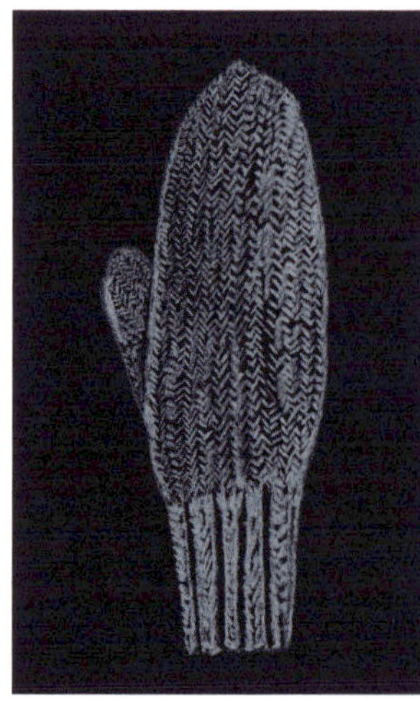

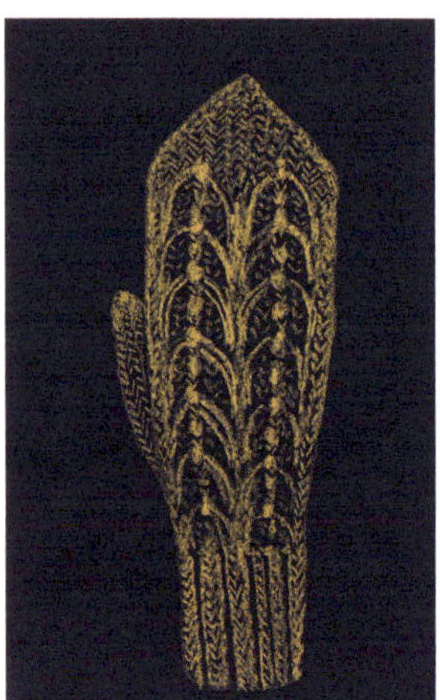

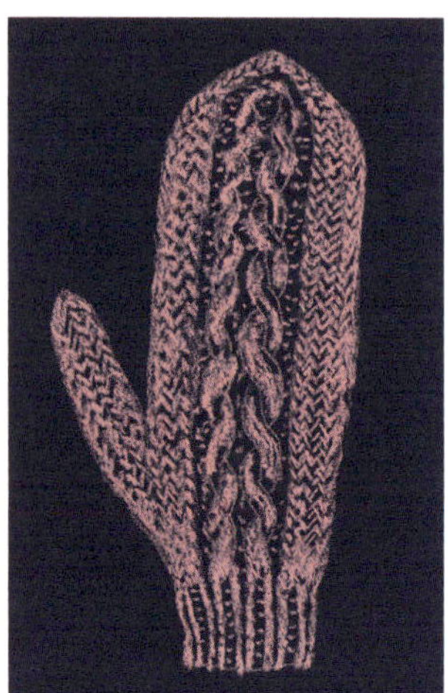

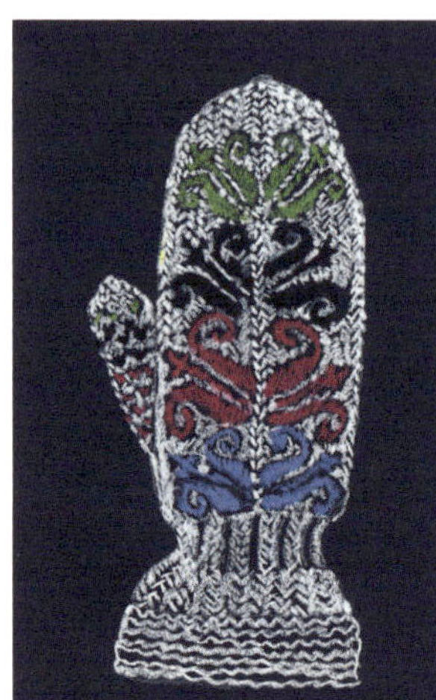

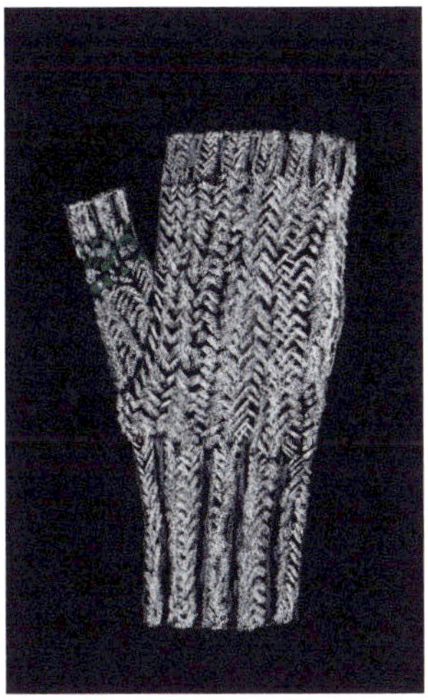

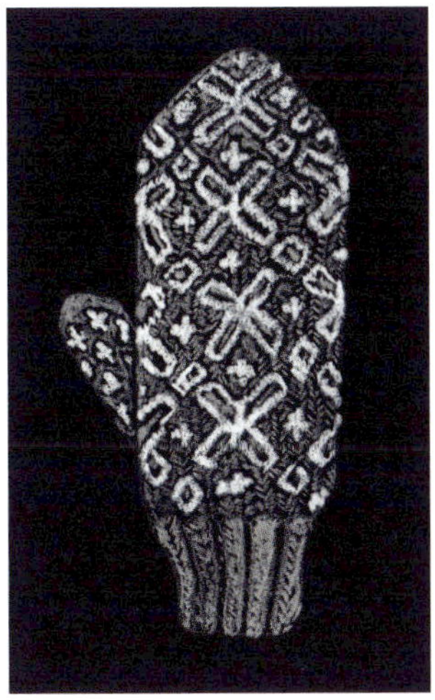

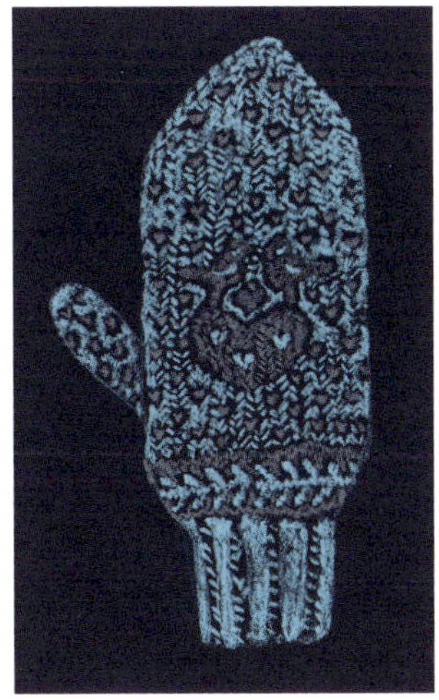

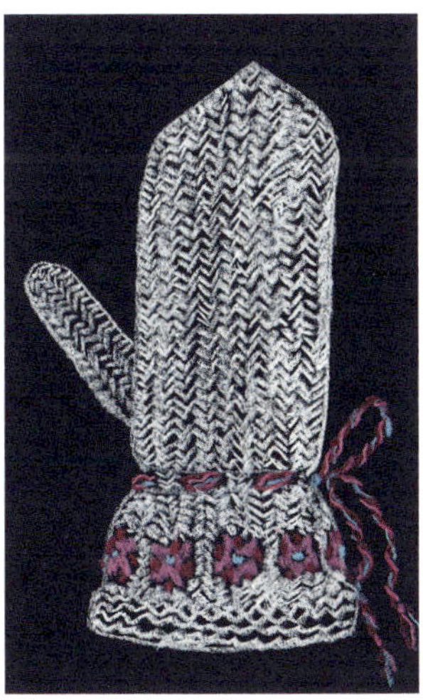

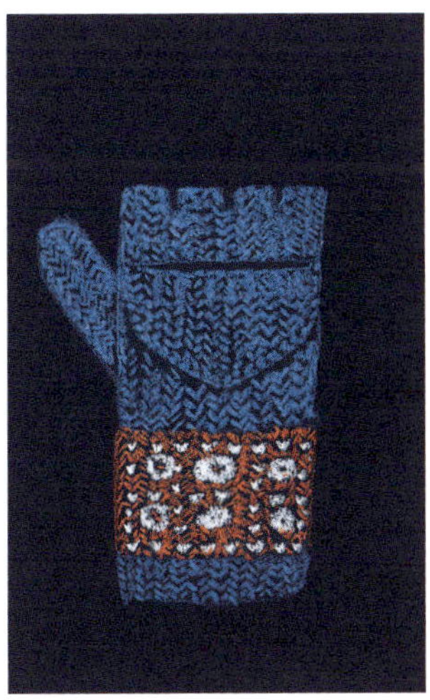

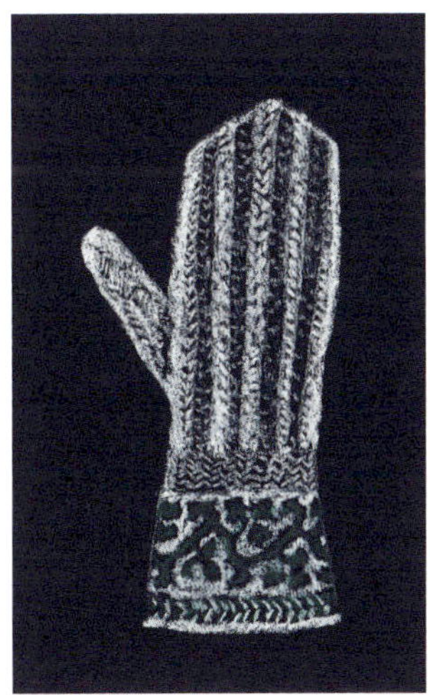

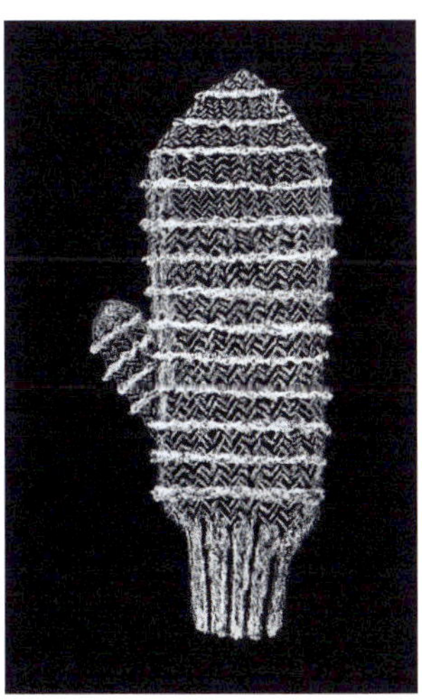

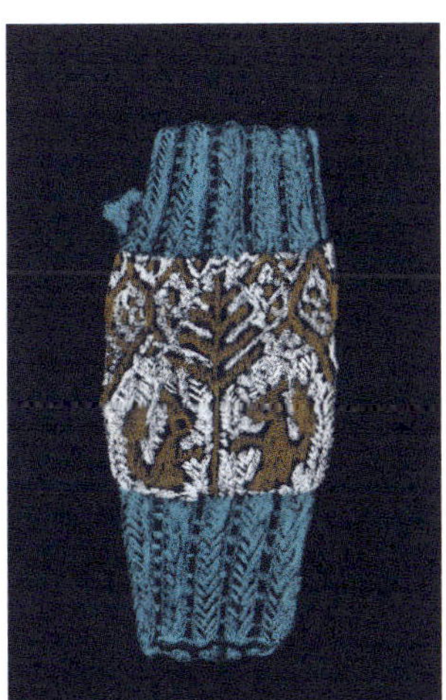

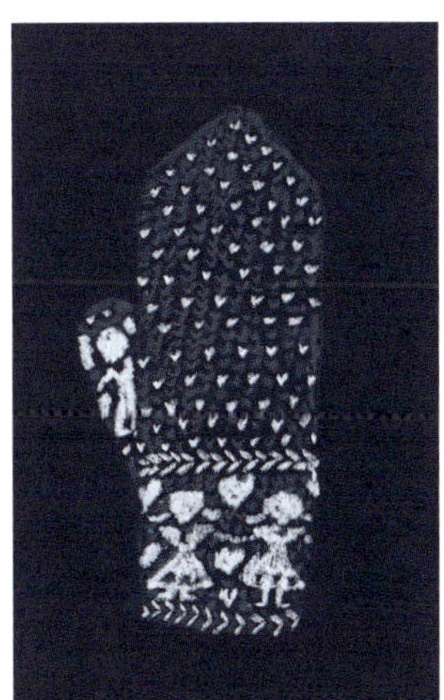

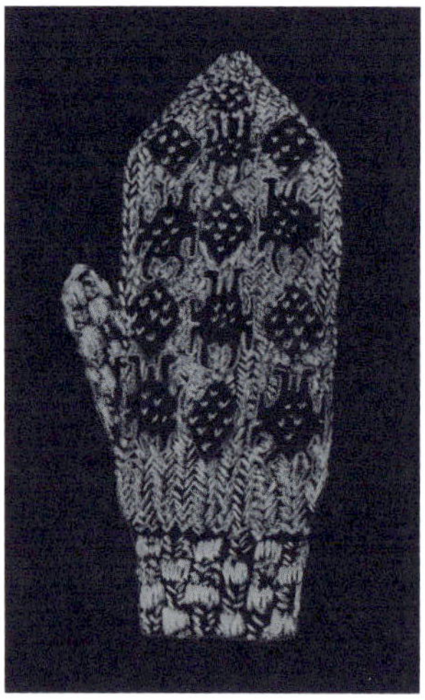

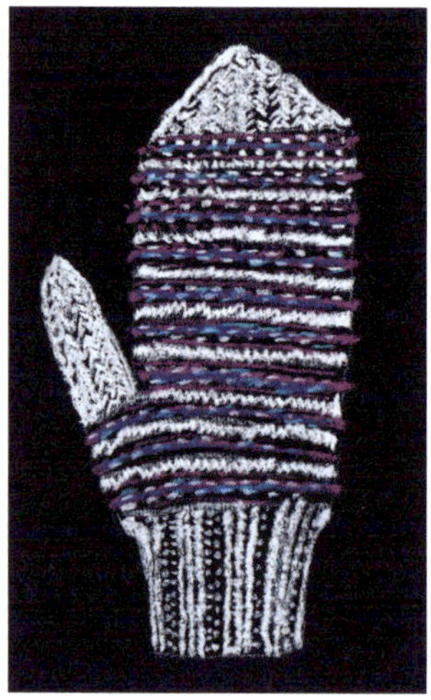

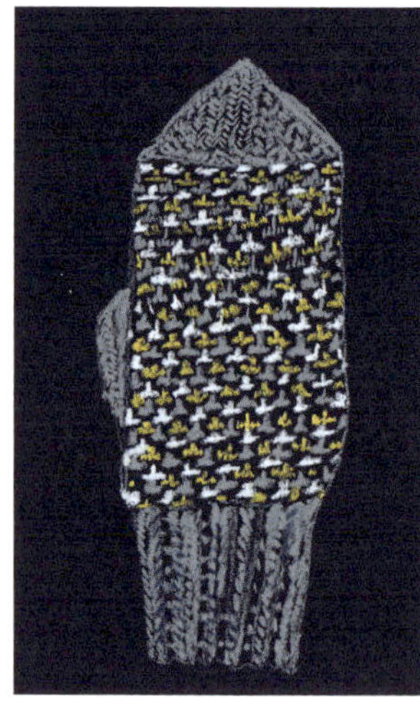

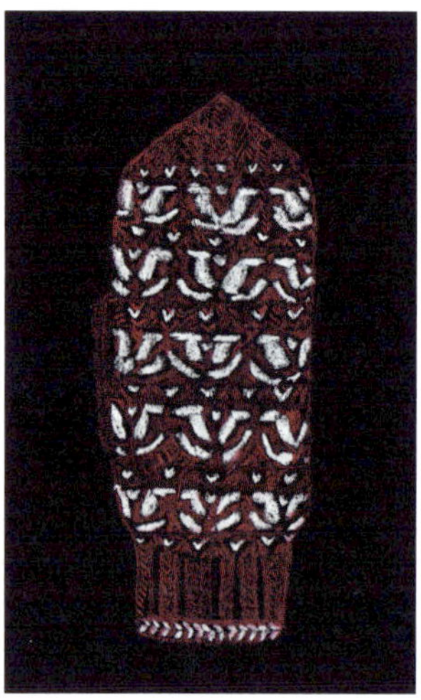

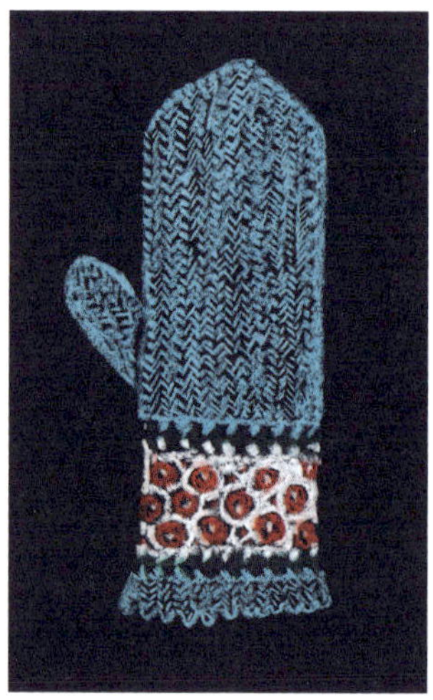

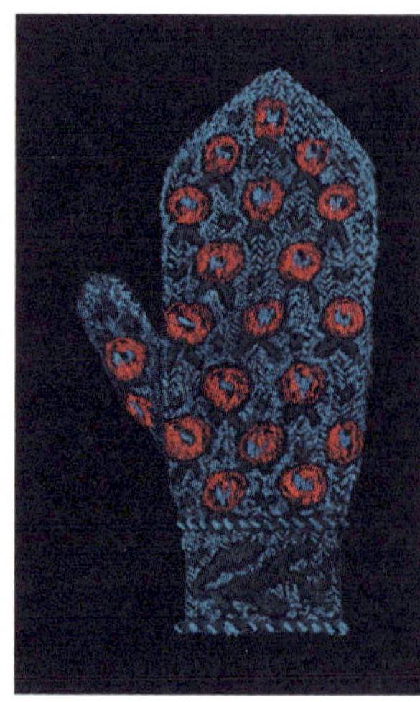

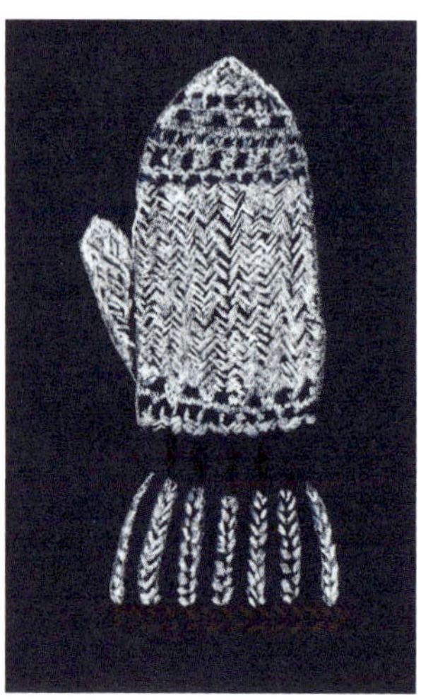

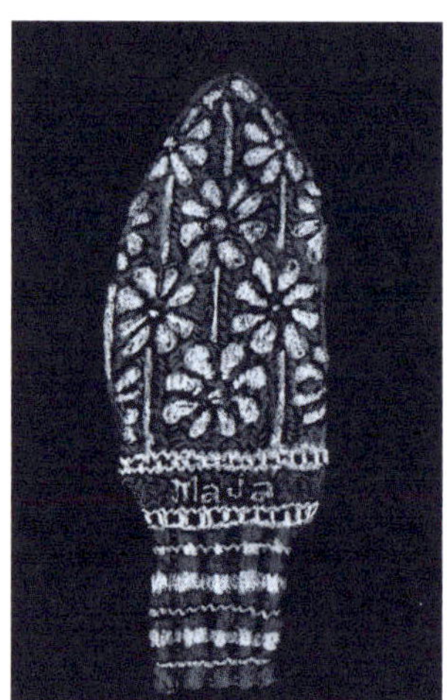
Maja

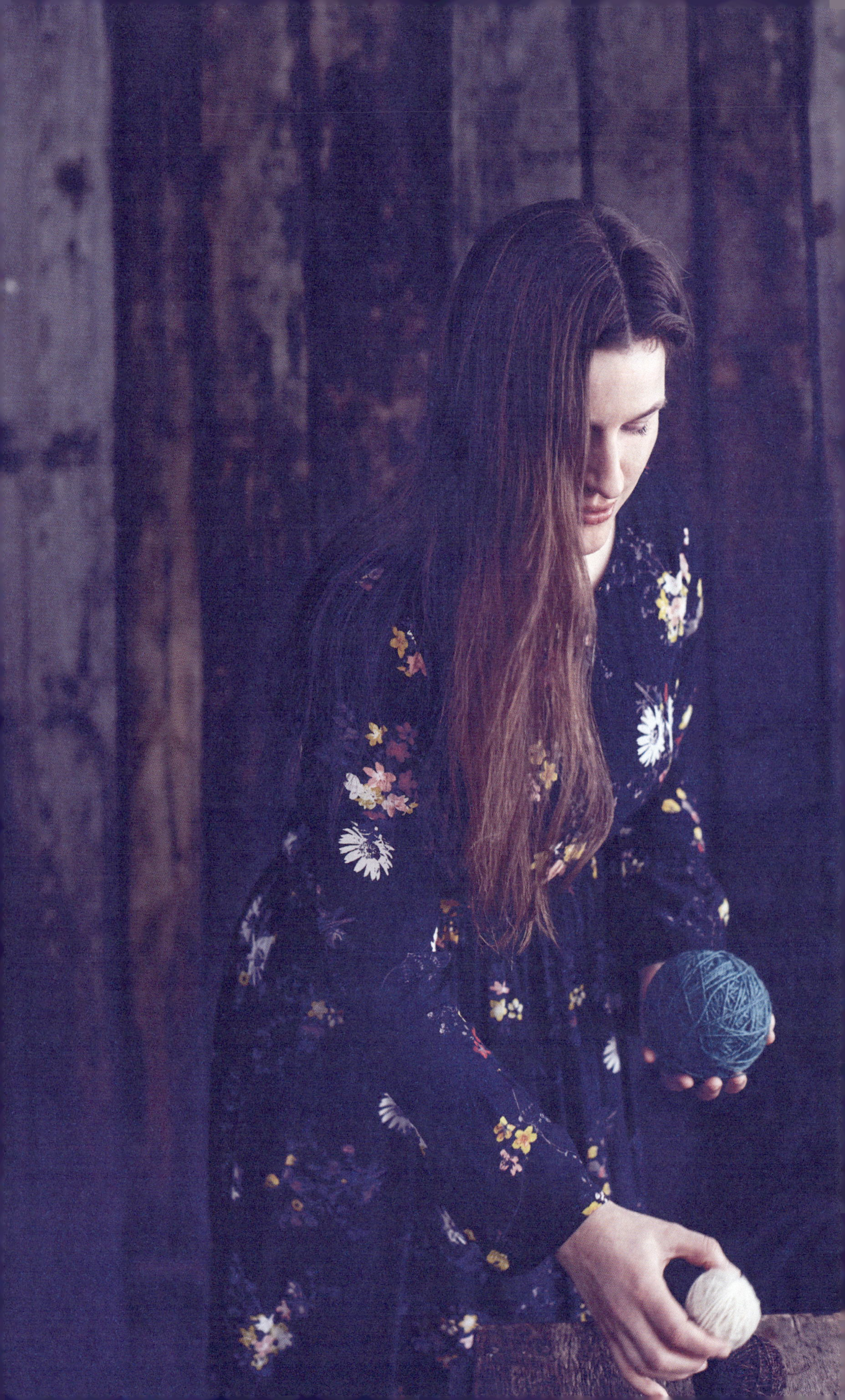

Vorwort

Ich habe so viele Erinnerungen an Handschuhe. Wenn ich die Augen schließe, sehe ich die weißen nadelgebundenen Dalbyhandschuhe* vor mir, die meine Oma mir als Kind gemacht hat. Sie waren mit bunten Wollblumen bestickt und die gedrehten Bänder mit süßen, kleinen Pompons geschmückt. Diese Dalbyhandschuhe waren »fein«. Ein Schatz, den man im Wäscheschrank aufhob. Ein Geschenk, das gepflegt werden wollte.

Es gab natürlich auch Handschuhe für den Alltag. Rote, graue und gestreifte … Solche, die nach Stunden im Schnee nass und verfilzt waren und über der Heizung aufgehängt trockneten. Der Duft von nasser Wolle hing schwer im Flur meiner Tagesmutter, wenn wir Kinder durchgefroren hineinkamen, nachdem wir Schneeengel und -schlösser gebaut hatten.

All diese Handschuhe … ausgeliehene, als Weihnachtsgeschenk, in Märchenbüchern, vergessene, die keiner abholte, und schließlich die verlorenen. Wenn ich die Augen schließe, dann erinnere ich mich an sie.

Handschuhe sind nämlich etwas Ernstes. Sie sind Fürsorge und Zuneigung in Reinform. Wichtig, weil sie für die Art von Wärme stehen, die wir einander ganz praktisch anbieten können. Unsere Lieben möchten wir wärmen – z. B. mit selbst gestrickten Handschuhen.

Ich denke an Momente, als ich kalte Hände hatte und mir jemand seine Handschuhe gab. Jemand fror, damit es mir warm wurde. Und dann denke ich daran, wie gern ich meine Handschuhe verleihe, wenn meine Tochter warme Hände braucht. Gestrickte Liebe.

Im letzten Jahr habe ich neue Handschuhe entworfen, ausgehend von Erzählungen. Sie können meine 35 Handschuhe als kurze Geschichten über Großes und Kleines ansehen. Sie nehmen Sie mit auf eine Reise über Stock und Stein, in den Norden, durch Wälder, Museumskorridore und alte Töpferwerkstätten. Auf dem Weg treffen Sie sture Eichhörnchen, schlafende Prinzessinnen, sagenumwobene Mistkäfer und eine stolze Schwesternschaft.

Denn die Symbolik ist stark. Die Handschuhe, die Sie heute stricken, können morgen für jemand anderes wichtig sein. Und lassen Sie sich nicht entmutigen, falls Sie auf dem Weg stolpern. Wenn ein Handschuh misslingt, dann schlagen Sie einen neuen an! Das weiß jede Strickerin – nicht zuletzt ich selbst.

Hier sind sie also: »Alle Handschuhe, die ich gestrickt habe«**. Ich hoffe, sie bieten Freude und Wärme! Tragen Sie sie stolz und verleihen Sie sie oft!

Mit wärmsten Grüßen von Maja
Arvika, April 2018

*Nadelgebundene Handschuhe, traditionell aus Nord-Värmland.

**Zitat Kristina Lugn, 1989.

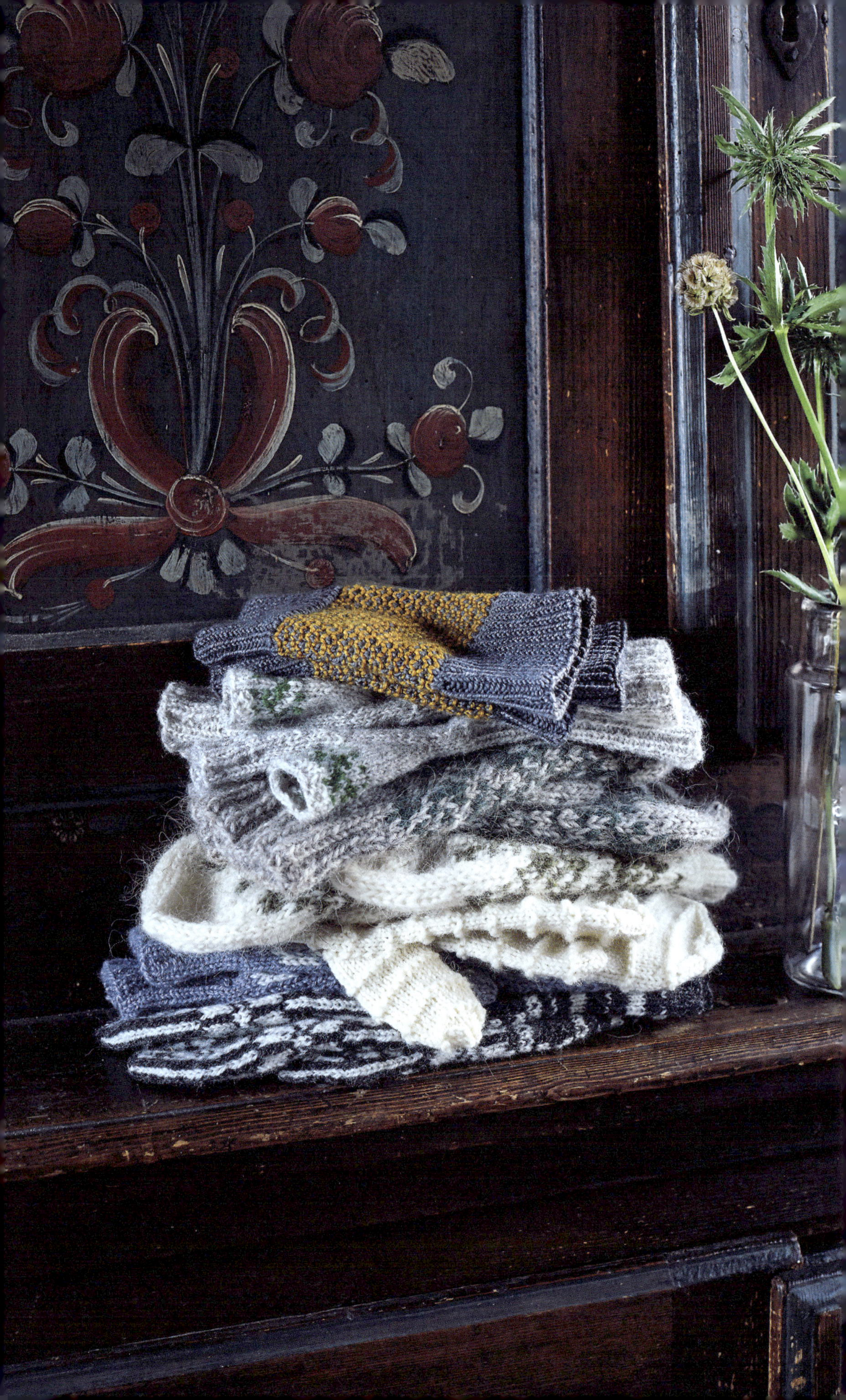

Über Handschuhe

Für uns, die wir in den nördlichen Breitengraden leben, waren Handschuhe eine Voraussetzung, um den Winter zu überstehen. Je wärmer und robuster sie waren, umso besser. Das Musterstricken kam auch deswegen auf, weil die doppelte oder dreifache Lage Wolle die Handschuhe wärmer und haltbarer machte.

Handschuhe haben uns aber nicht nur in den dunklen Wintermonaten vor Kälte geschützt, sie berühren uns auch als Symbol und haben in der Sprache und den Märchen ihre Spuren hinterlassen.

In Norwegen feiert man jedes Jahr am 14. Oktober den Handschuhtag. Ursprung ist ein Symbol auf einem Kalenderstab, der im 16. und 17. Jahrhundert als eine Art ewiger Kalender diente. Denn dieser Tag war als Beginn des Winterhalbjahres mit einem Handschuh oder einem kahlen Baum markiert.

Handschuhe tauchen auch in der Märchenwelt auf. In der ukrainischen Erzählung »Das Märchen des Handschuhs« sucht eine bunte Tierschar Zuflucht in einem im Wald verlorenen Handschuh. Von der kleinen Waldmaus bis zu einem großen Bären zieht einer nach dem anderen ein. Am Schluss bringt ein ganz kleines Tier den Handschuh zum Platzen – eine Grille. Alles, was übrig bleibt, ist der Daumen, der für die kleine Maus, die so schnell davonläuft, wie sie gekommen ist, zur Mutze wird.

Die Handschuhe in diesem Buch sind von der nordischen Mustertradition geprägt, einem textilen Schatz, der mir sehr am Herzen liegt. Ich habe dafür Märchen und Geschichten in meine Handschuhe einfließen lassen, wie auch Natur und Tierleben. Die meisten Handschuhe haben Einstrickmuster und hübsche Details wie lettische Zöpfe, verdrehte Rippen oder Pompons. Die einfarbigen Handschuhe bieten spannende Konstruktionen wie einen Daumenkeil, der der Lebenslinie der Hand folgt, oder eine asymmetrische Spitze – angepasst an die Handform.

Es eröffnen sich unendliche kreative Möglichkeiten und Variationen – lassen Sie uns Handschuhe stricken!

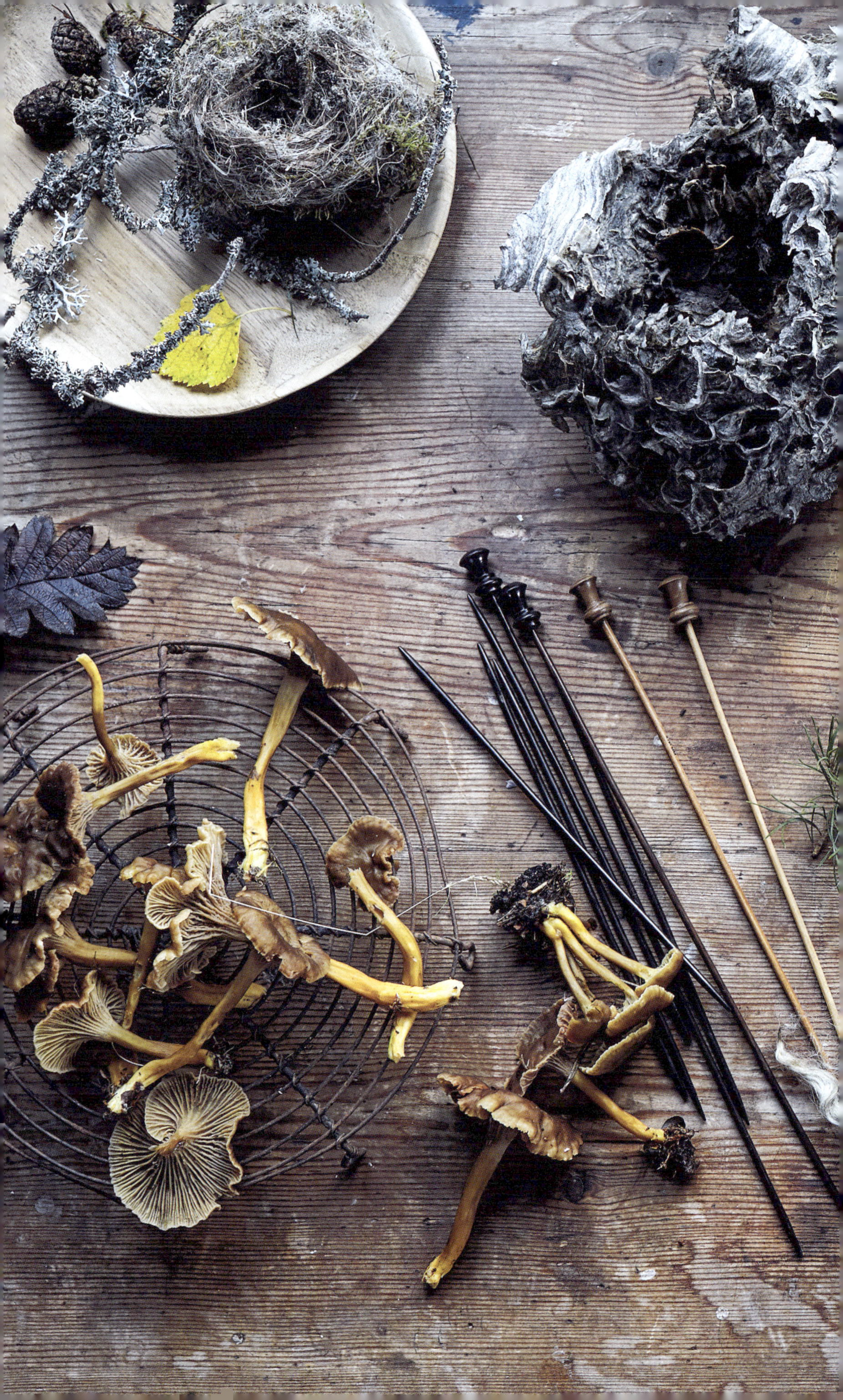

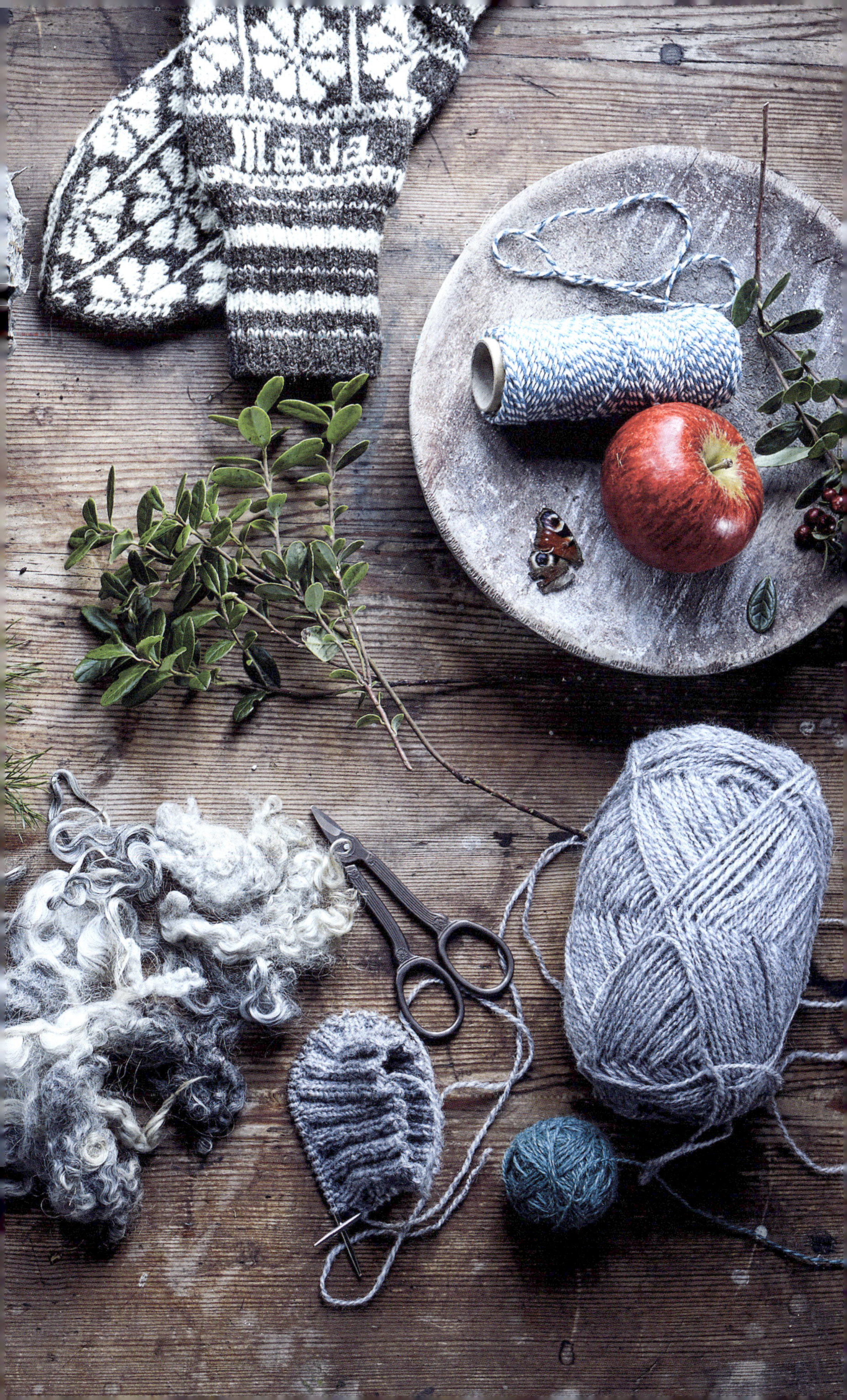
Maja

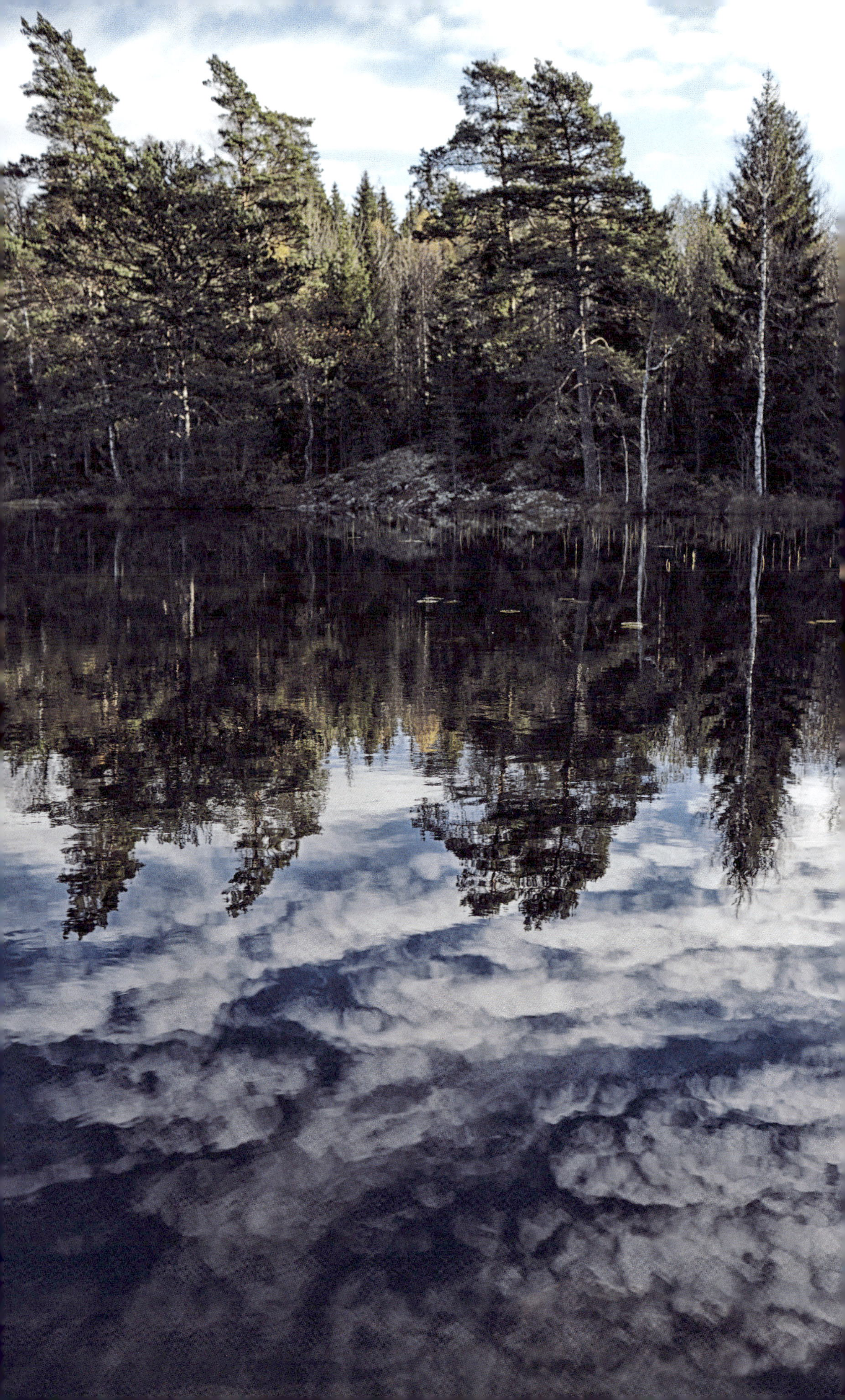

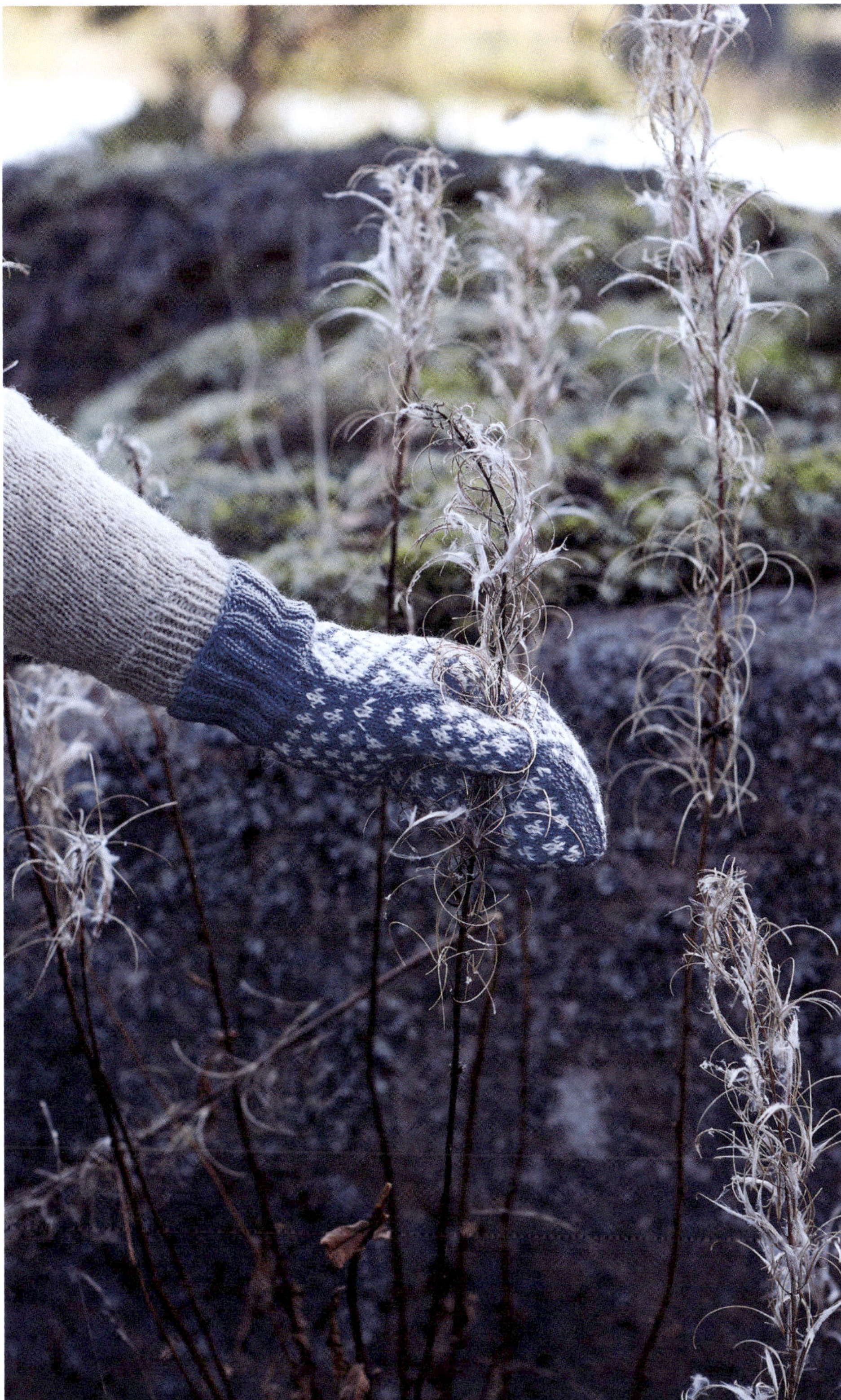

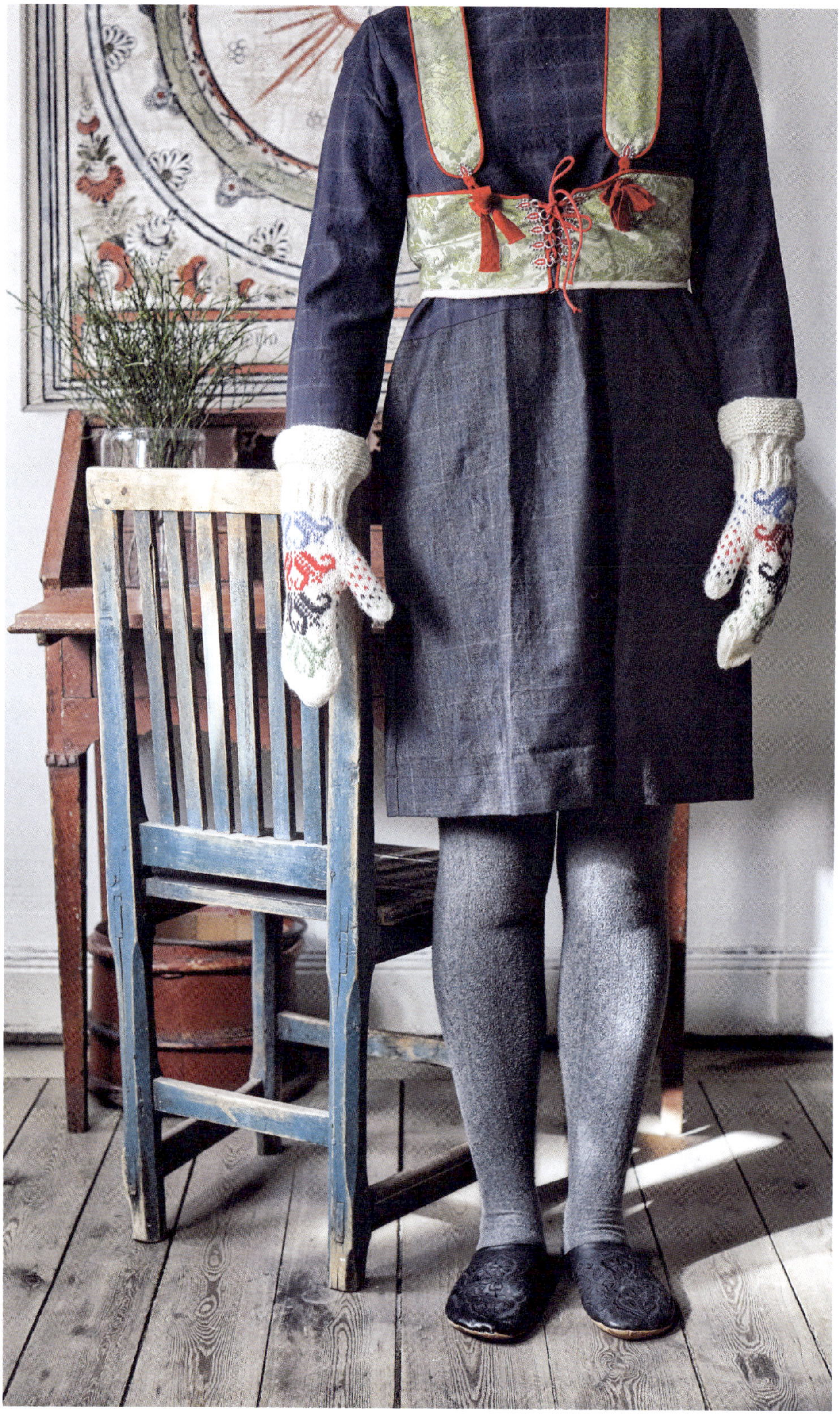

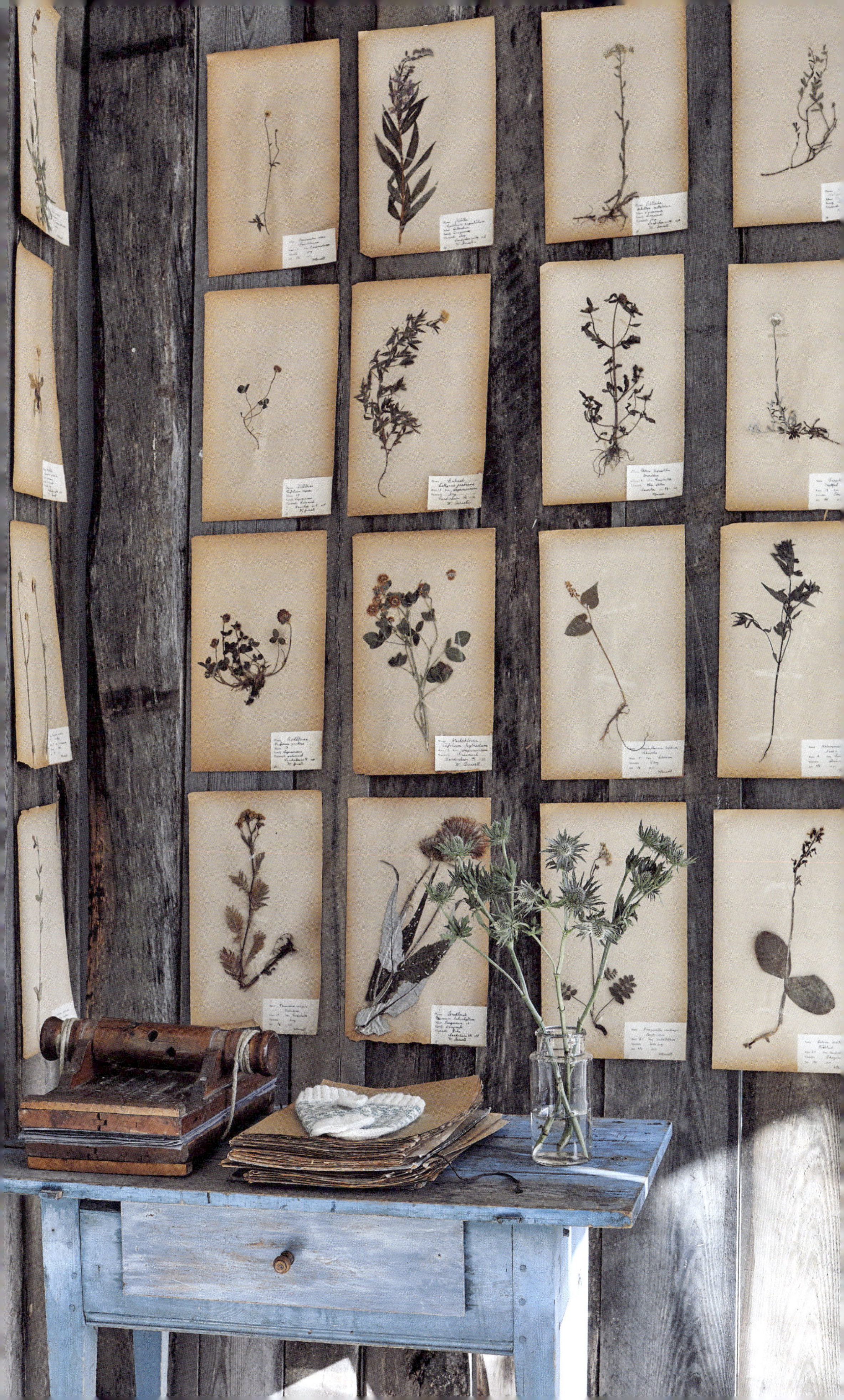

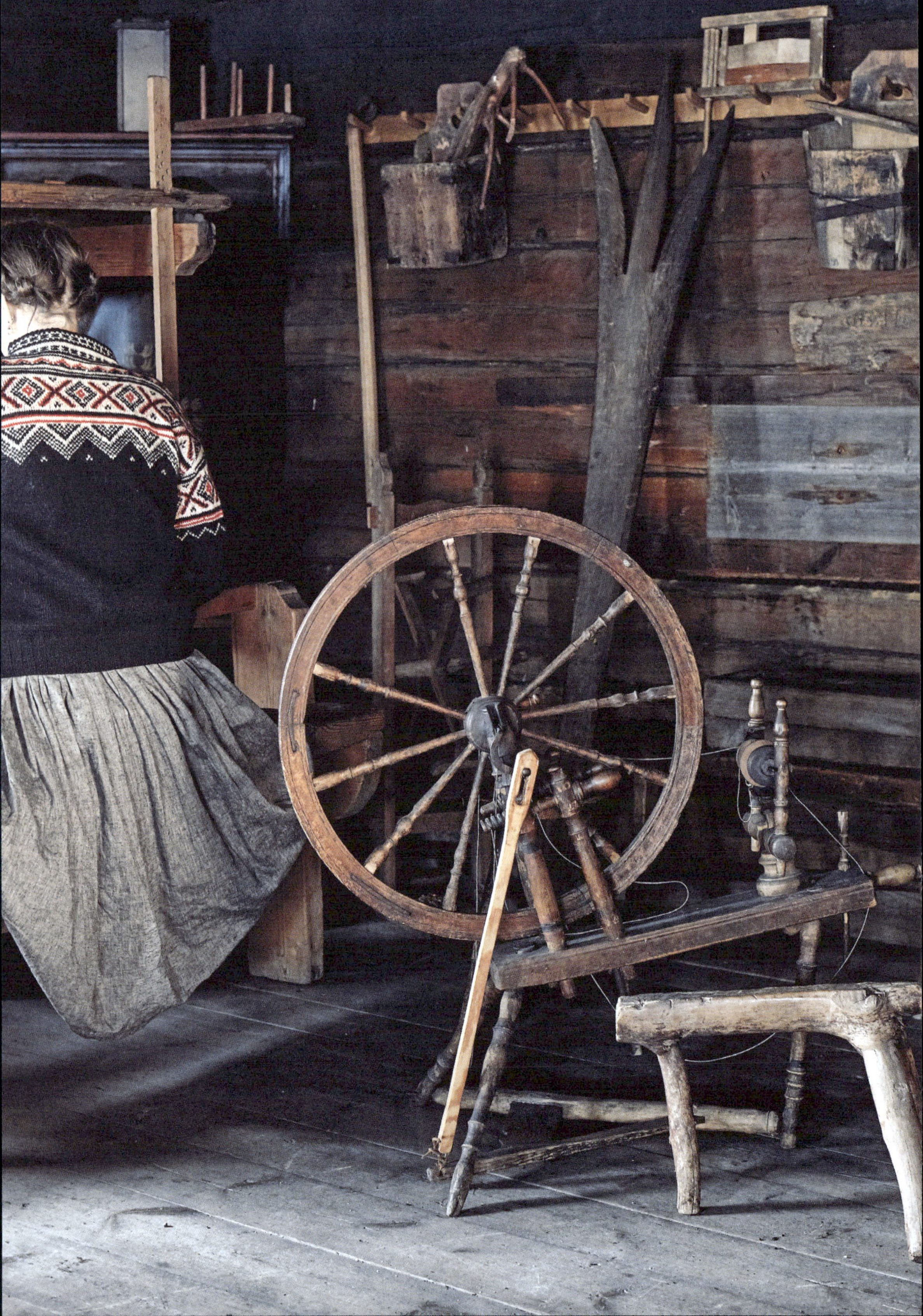

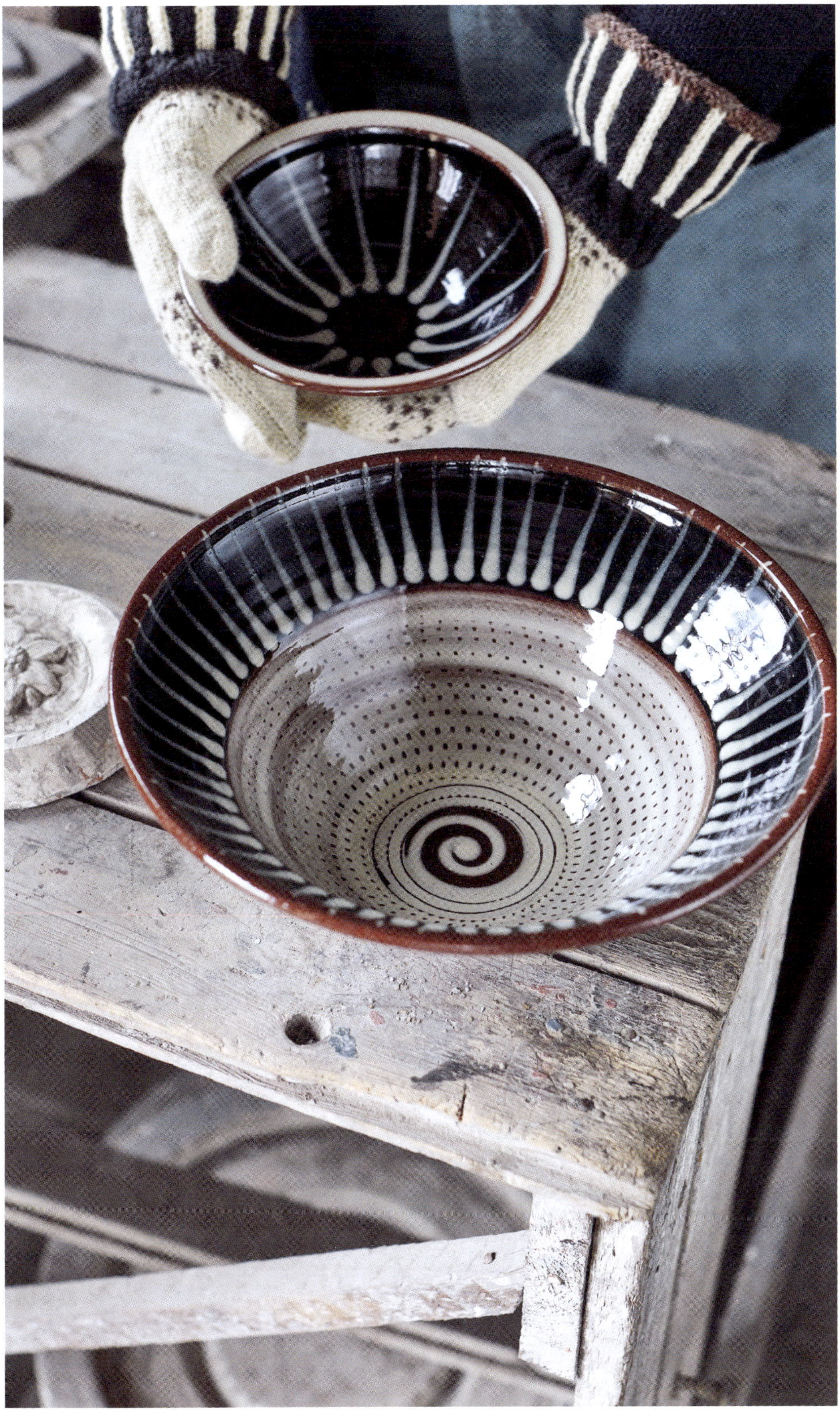

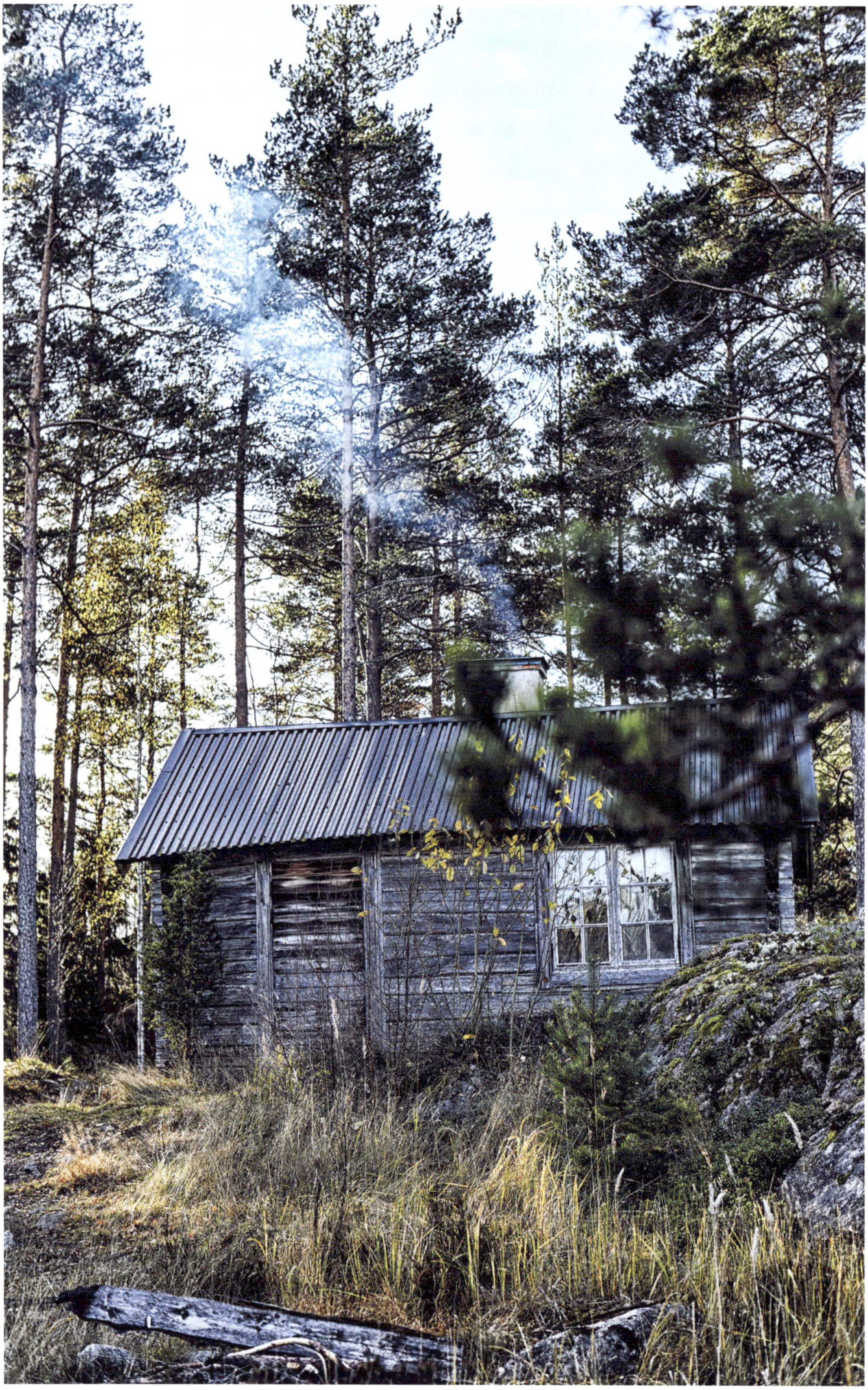

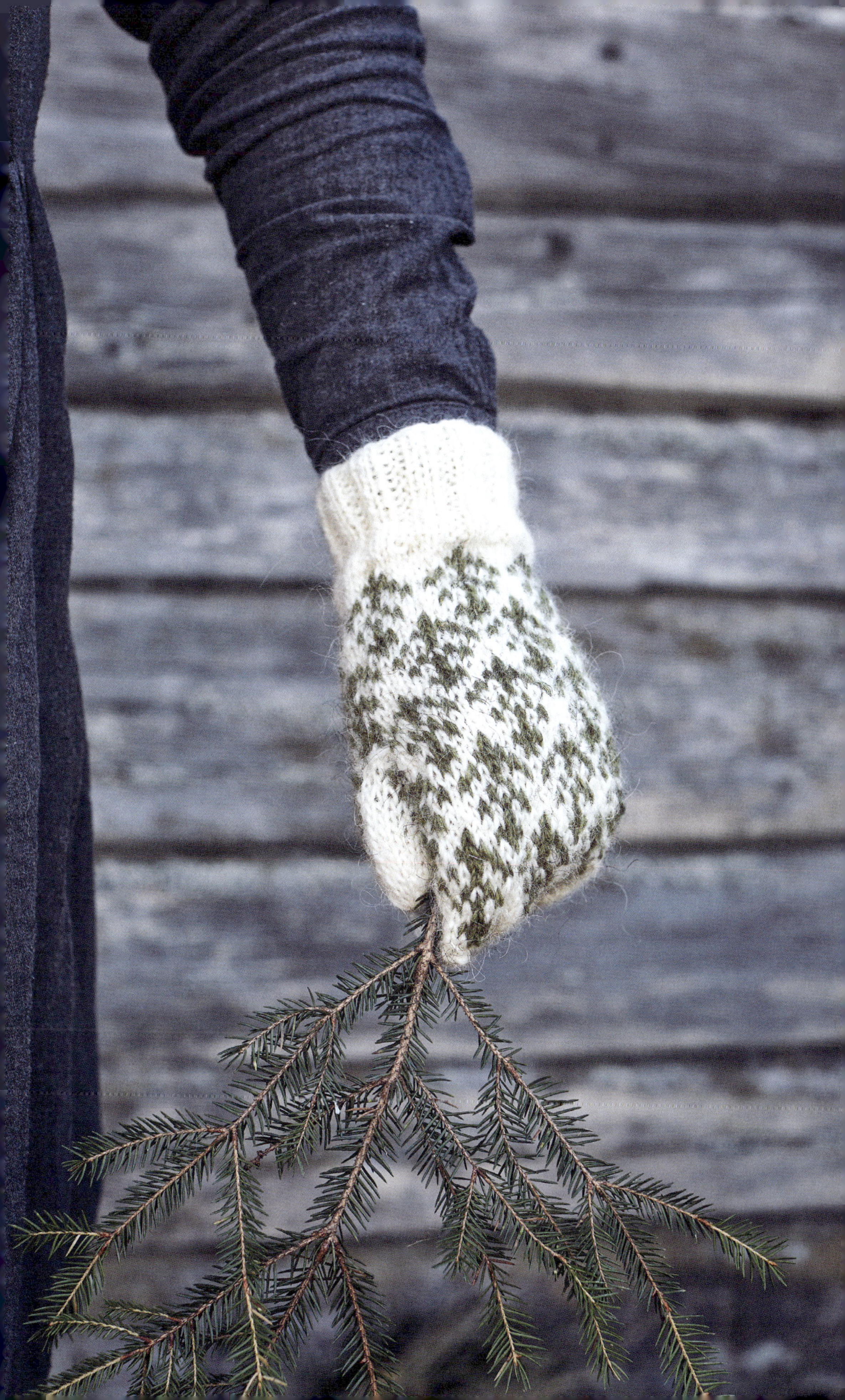

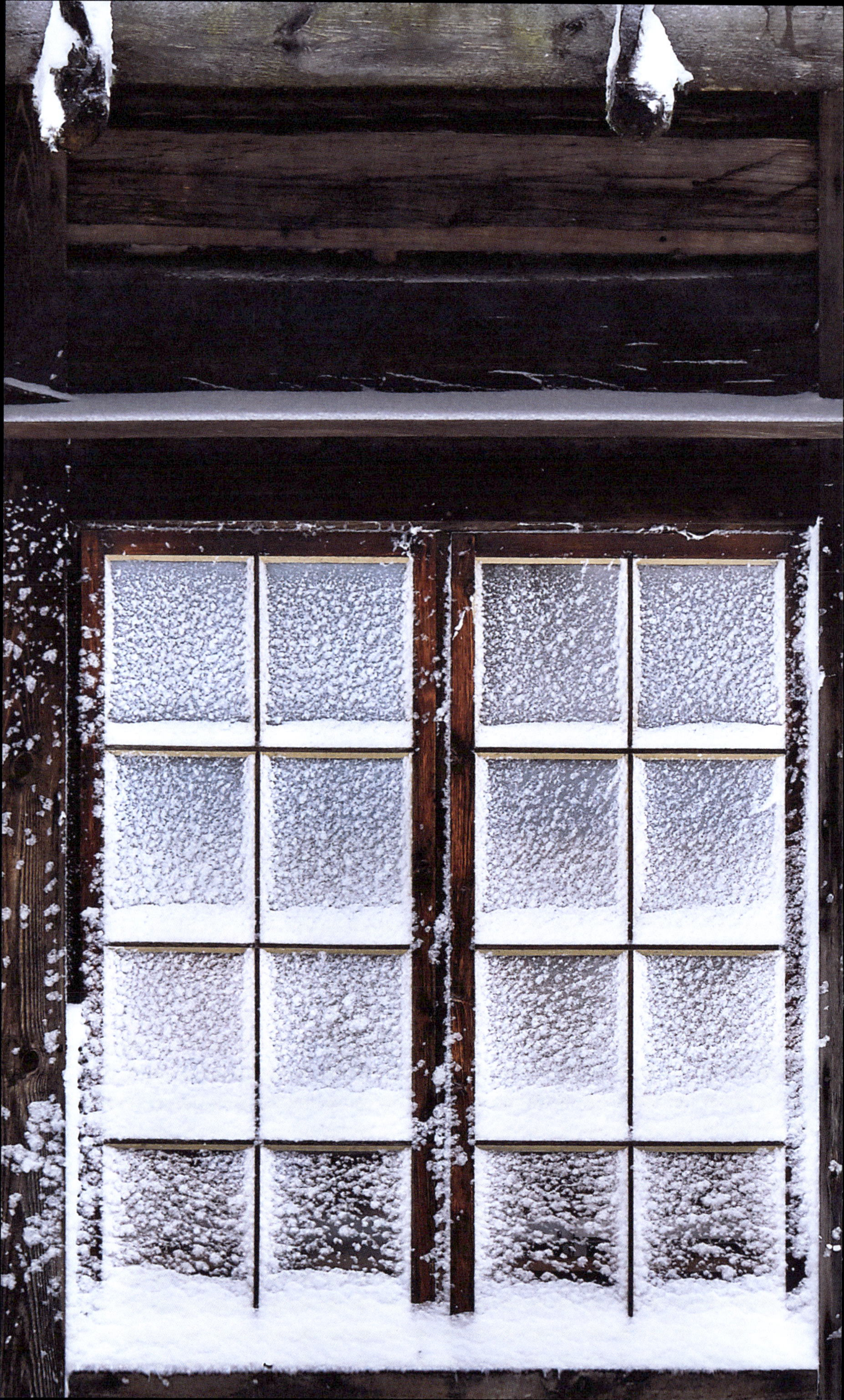

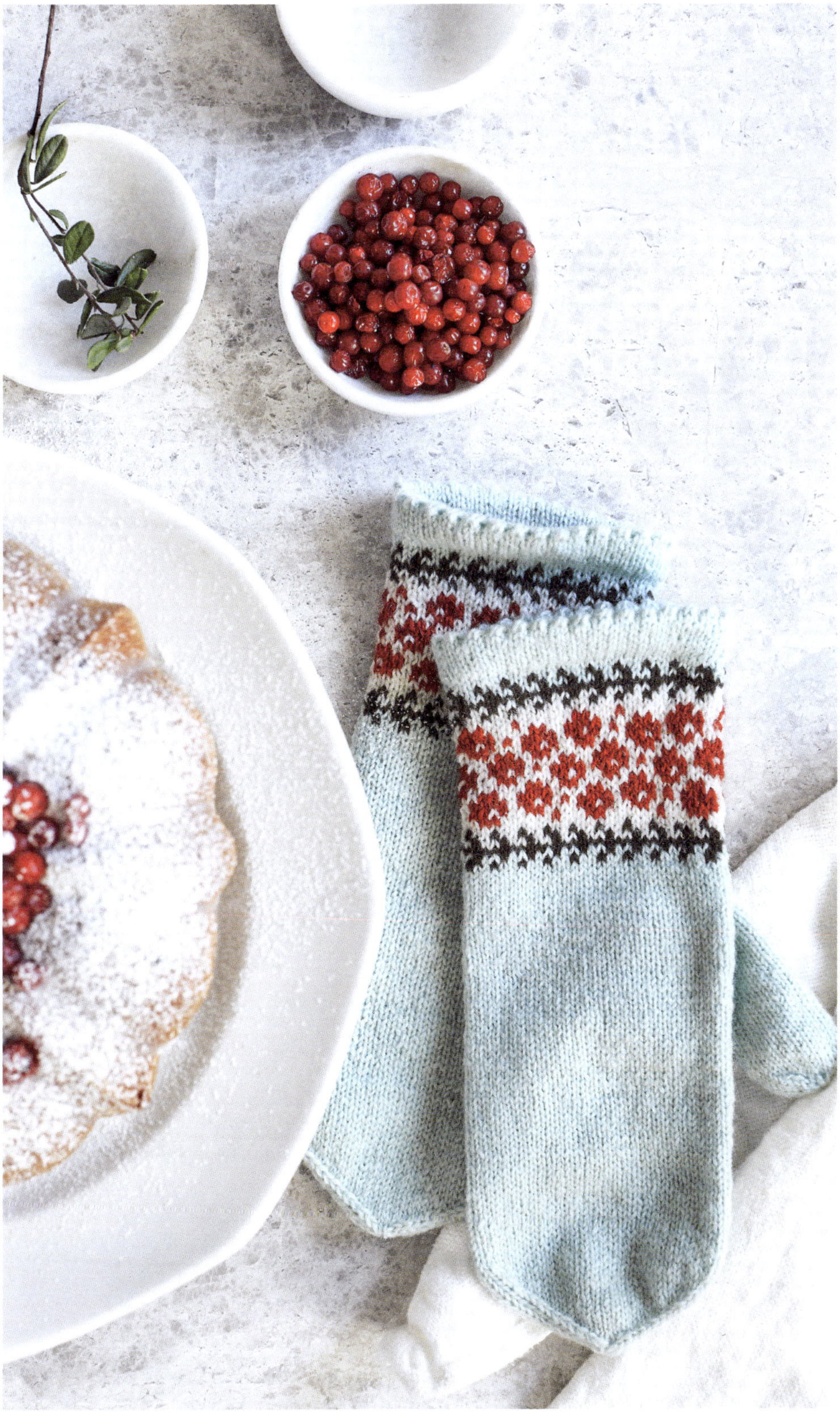

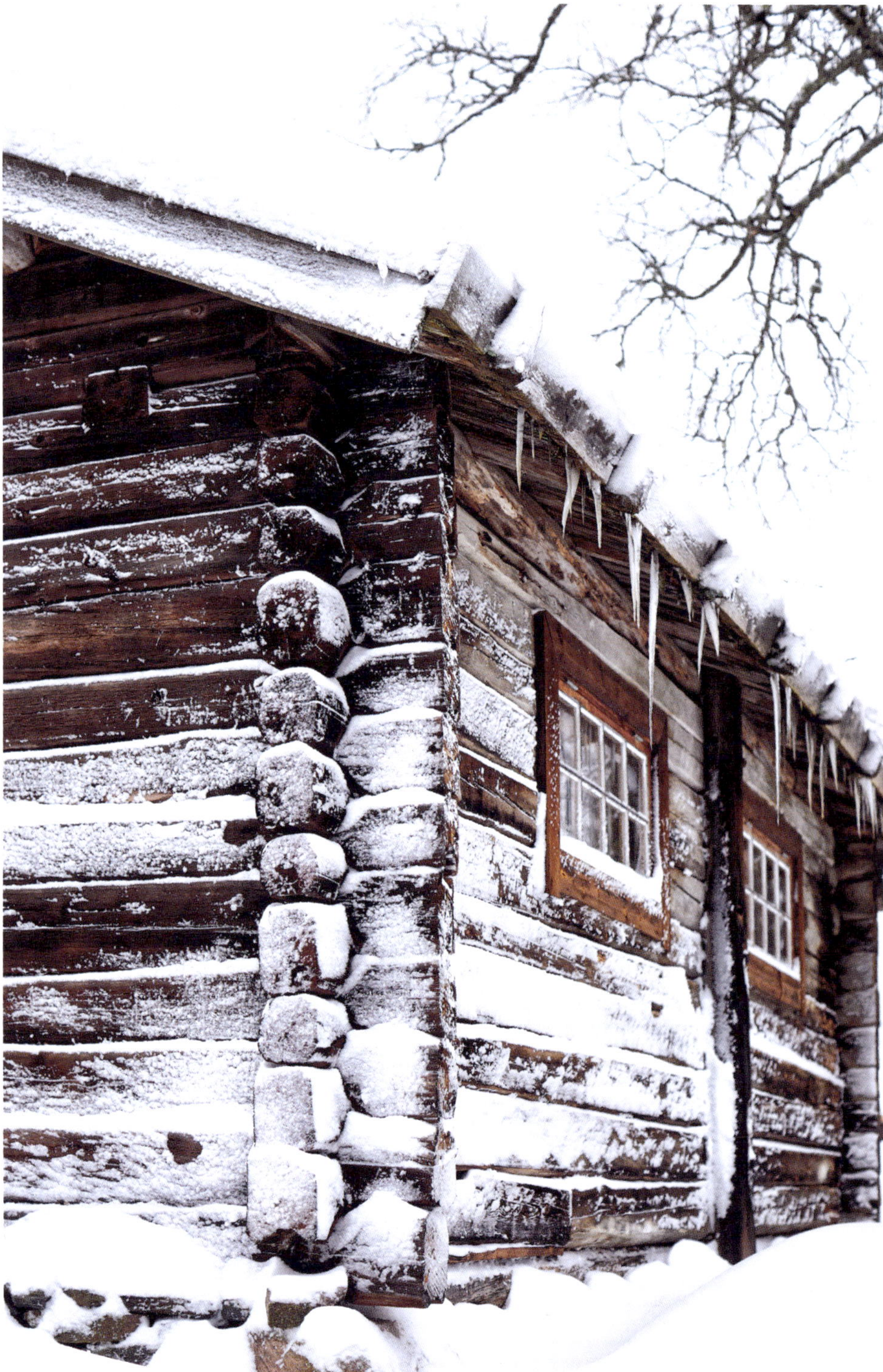

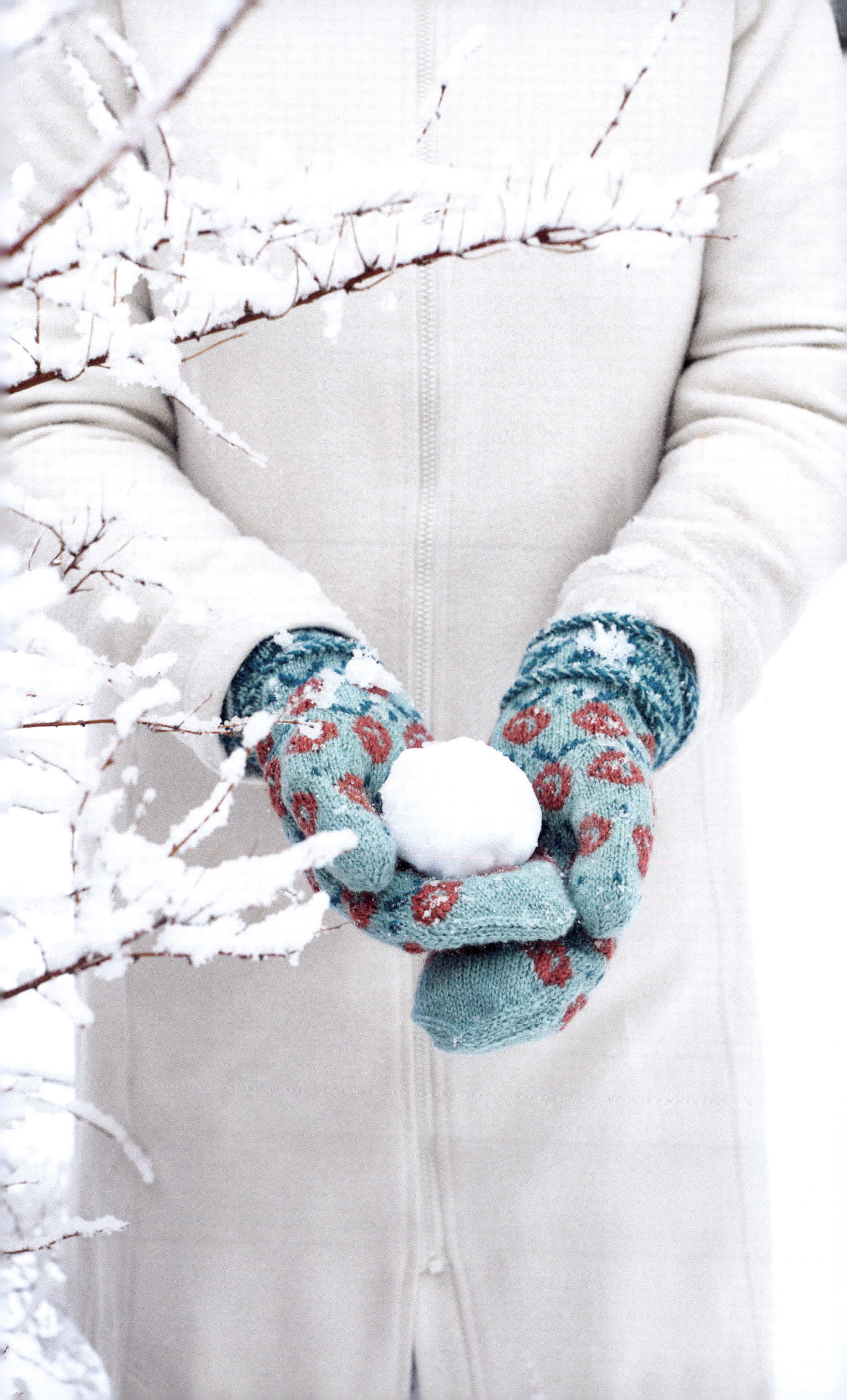

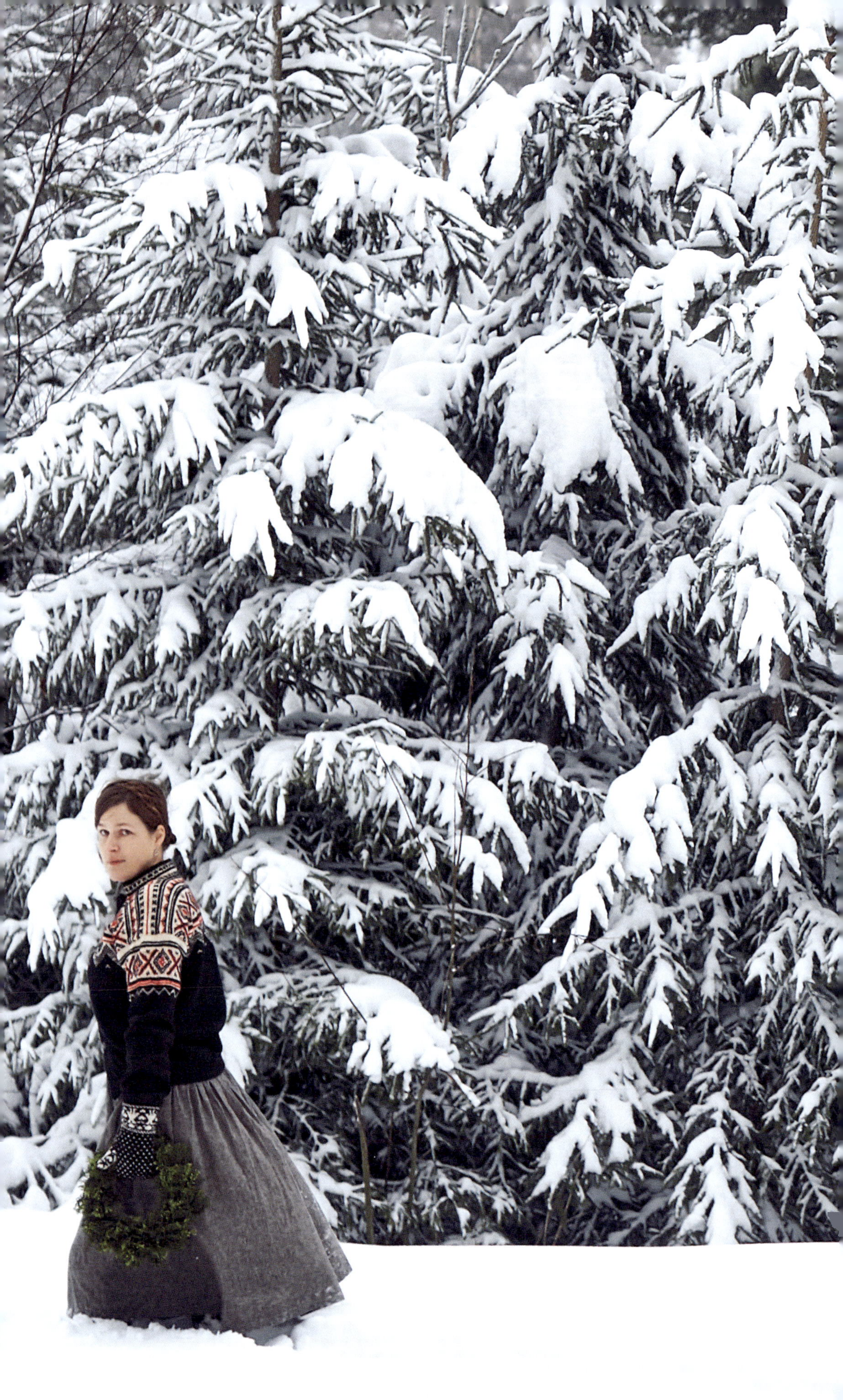

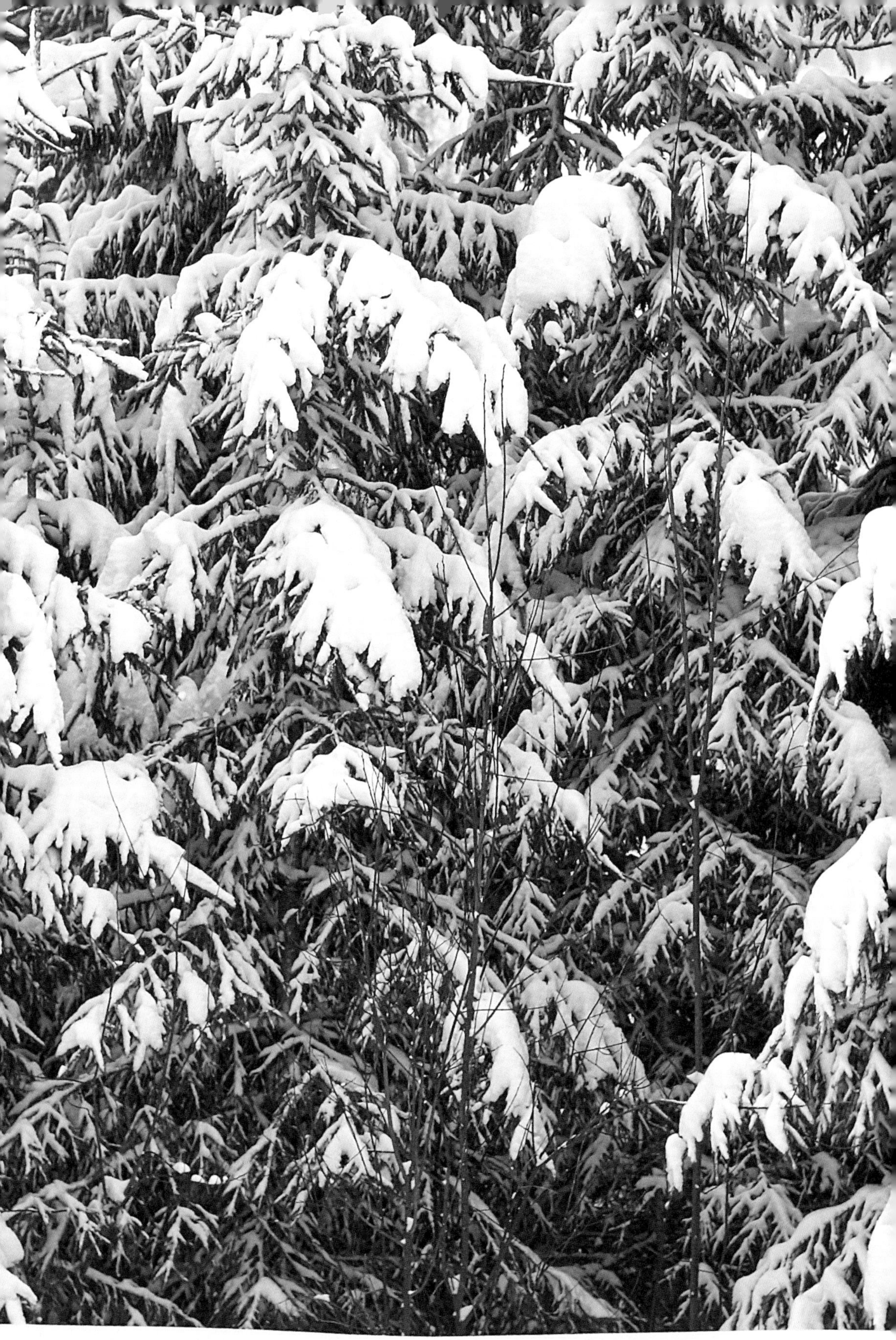

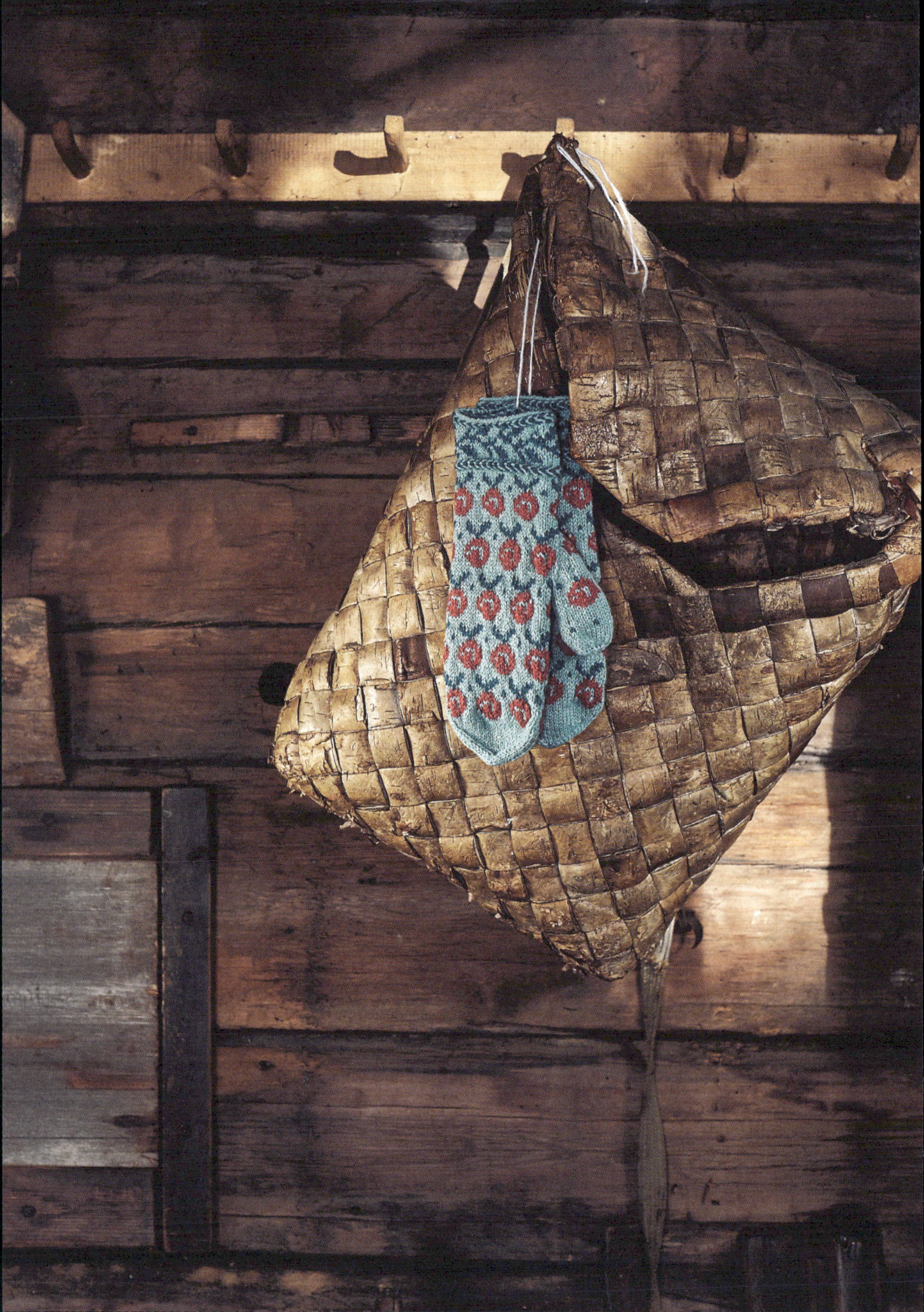

Anleitungen

EIN PAAR DINGE VORWEG

◊ Die meisten Anleitungen passen einer durchschnittlichen Damengröße. Bei Bedarf kann man die Größe anpassen, indem man eine halbe Nadelstärke nach oben oder unten geht und/oder den Bund verkürzt oder verlängert.

◊ Vor dem Stricken die komplette Anleitung durchlesen, um eine Vorstellung der Konstruktion und der Methode zu erhalten.

◊ Abkürzungen beachten: siehe Seite 175.

◊ Vorher eine Maschenprobe von 12 × 12 cm stricken und auszählen, wie viele Maschen und Reihen auf 10 × 10 cm kommen. Stimmt die Maschenprobe nicht mit der Anleitung überein, die Nadelstärke anpassen. Bei zu wenigen Maschen auf dünnere Nadeln wechseln, bei zu vielen auf dickere.

◊ Wenn nötig, die Strickschriften aus dem Buch kopieren und dabei vergrößern.

◊ Doppellinien in der Strickschrift markieren einen Abstand von zehn Maschen/Runden, um das Zählen zu erleichtern.

◊ Wenn nicht mit der angegebenen Wolle gestrickt wird, sollte die Ersatzwolle dieselbe Zusammensetzung und Maschenprobe haben.

◊ Die Lichtverhältnisse und die Jahreszeit während des Fotografierens können Auswirkungen auf die Farbnuancen haben, sodass die tatsächliche Wollfarbe auf dem Bild etwas anders wirken kann.

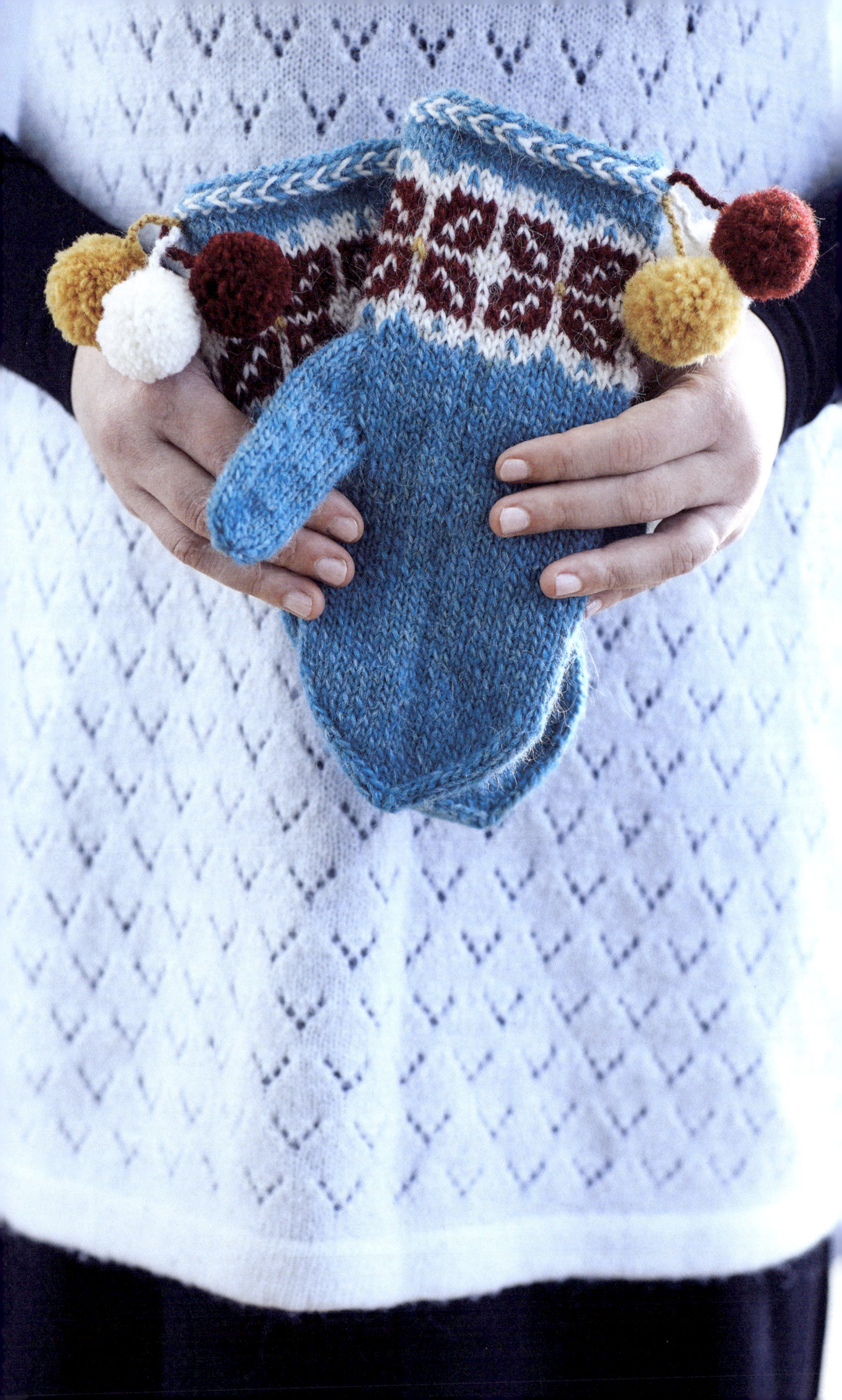

Allmoge

Die Handschuhe »Allmoge« sind meine Interpretation des rustikalen Allmogestils, der im 18. und 19. Jahrhundert bei schwedischen Bauern beliebt war. Ich habe die kräftigen Farben, die stilisierten Blumen und die Verzierungen in Form von Quasten und Bändern verwendet. Das Wort »allmoge« ist altnordisch und bedeutet ungefähr »alle Leute«, also Sie, ich und wir alle zusammen!

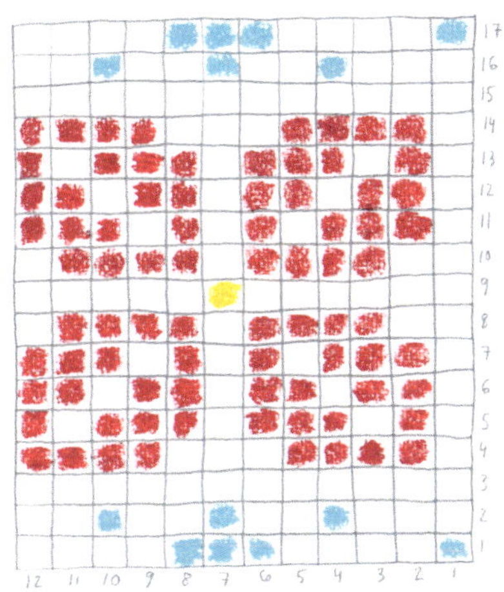

GRÖSSE: *Damen*

LÄNGE: *26 cm*

BREITE: *10 cm*

MATERIAL: *Léttlopi (100 % isländische Wolle, 50 g = 100 m)*

MENGE: *GF = 100 g Türkis (Nr. 11404), MF1 = 50 g Naturweiß (Nr. 10051), MF2 = 50 g Weinrot (Nr. 11409), MF3 = 50 g Gelb (Nr. 11703)*

NADELSPIEL: *3,5 mm*

MASCHENPROBE: *24 M × 30 Rd = 10 × 10 cm glatt rechts im Muster auf Nadelstärke 3,5 mm*

ABKÜRZUNGEN: *1 M tief zun = 1 M tief gestochen zun, siehe bebilderte Erklärung auf Seite 177.*

RECHTER HANDSCHUH

Mit Nadelspiel 3,5 mm und GF: 48 M anschlagen und gleichmäßig auf 4 Nadeln verteilen (12 M pro Nadel). Mit GF und MF1 einen lettischen Flechtzopf str (siehe bebilderte ERKLÄRUNG auf Seite 178).

Rd 1: *1 M re mit GF, 1 M re mit MF1*. Von *–* bis Rd-Ende wdh.

Rd 2: *1 M li mit GF, 1 M li mit MF1*. Von *–* bis Rd-Ende wdh. **Achtung!** Bei jedem Farbwechsel die neue Farbe unter der gerade gestrickten führen.

Rd 3: *1 M li mit GF, 1 M li mit MF1*. Von *–* bis Rd-Ende wdh. **Achtung!** Bei jedem Farbwechsel die neue Farbe über der gerade gestrickten führen.

Jetzt weiter glatt rechts str (= in Runden alle M rechts). 4 Rd mit GF str.

Laut Strickschrift der vorigen Seiten im Muster str. (über 17 Rd M 1–12, 4-mal pro Rd wdh.) 2 Rd mit GF str.

Daumenkeil

ZunahmeRd 1: Bis Nadel 3 str, in der 3. und 5. M 1 M tief zun (siehe ERKLÄRUNG auf voriger Seite). Bis RdEnde str, dann 1 Rd ohne Zunahmen.

ZunahmeRd 2: Bis Nadel 3 str, in der 3. und 7. M 1 M tief zun. Bis RdEnde str, dann 1 Rd ohne Zunahmen.

ZunahmeRd 3: Bis Nadel 3 str, in der 3. und 9. M 1 M tief zun. Bis RdEnde str, dann 1 Rd ohne Zunahmen.

ZunahmeRd 4: Bis Nadel 3 str, in der 3. und 11. M 1 M tief zun. Bis RdEnde str, dann 1 Rd ohne Zunahmen.

ZunahmeRd 5: Bis Nadel 3 str, in der 3. und 13. M 1 M tief zun. Bis RdEnde str, dann 1 Rd ohne Zunahmen.

ZunahmeRd 6: Bis Nadel 3 str, in der 3. und 15. M 1 M tief zun. Bis RdEnde str, dann 1 Rd ohne Zunahmen.

26 M str, die 15 M des Daumenkeils stilllegen.

Hand und Spitze

3 neue M »hinter« dem Daumen anschlagen und bis RdEnde str. 8,5 cm glatt rechts str. AbnahmeRd für die Spitze: 1 M re, 2 M überzogen zusstr. Weiterstricken, bis zu den letzten 3 M auf Nadel 2: 2 M re zus, 1 M re. Nadel 3: 1 M re, 2 M überzogen zusstr. Weiterstricken, bis zu den letzten 3 M auf Nadel 4: 2 M re zus, 1 M re = 4 M abgenommen.

Die AbnahmeRd 2-mal in jeder 2. Rd wdh, dann in jeder Rd, bis noch 8 M übrig sind. Faden abschneiden und durch die restl M ziehen.

Daumen

Die 15 Daumenmaschen auf 4 Nadeln verteilen und 3 neue M aus den angeschlagenen M aufnehmen = 18 M. Rundstr, bis der Daumen 5,5 cm misst.

Wie bei der Handschuhspitze abnehmen, aber direkt in jeder Rd, bis noch 10 M übrig sind. Faden abschneiden und durch die restl M ziehen. Fäden vernähen.

LINKER HANDSCHUH

Wie den rechten Handschuh str, aber das Muster gegengleich, dafür die Strickschrift von links nach rechts str, d.h. über 17 Rd M 12–1, 4-mal pro Rd wdh.

Den Daumenkeil in der 3. und 5. M vor dem Ende von Nadel 4 beginnen. Genau wie beim rechten Handschuh zun, aber nun ab dem Ende von Nadel 4 zählen anstatt vom Beginn der Nadel 3.

POMPONS

Je 2 Pompons (ca. 3,5 cm Durchmesser) aus den Musterfarben anfertigen (siehe bebilderte ERKLÄRUNG auf Seite 178). Mit extralangen Fäden abbinden, damit man sie zum Festmachen nutzen kann. Die Fäden verknoten (siehe Seite 171), um ein kräftiges Band von ca. 4 cm zu erhalten. An jeden Handschuh 3 Pompons annähen.

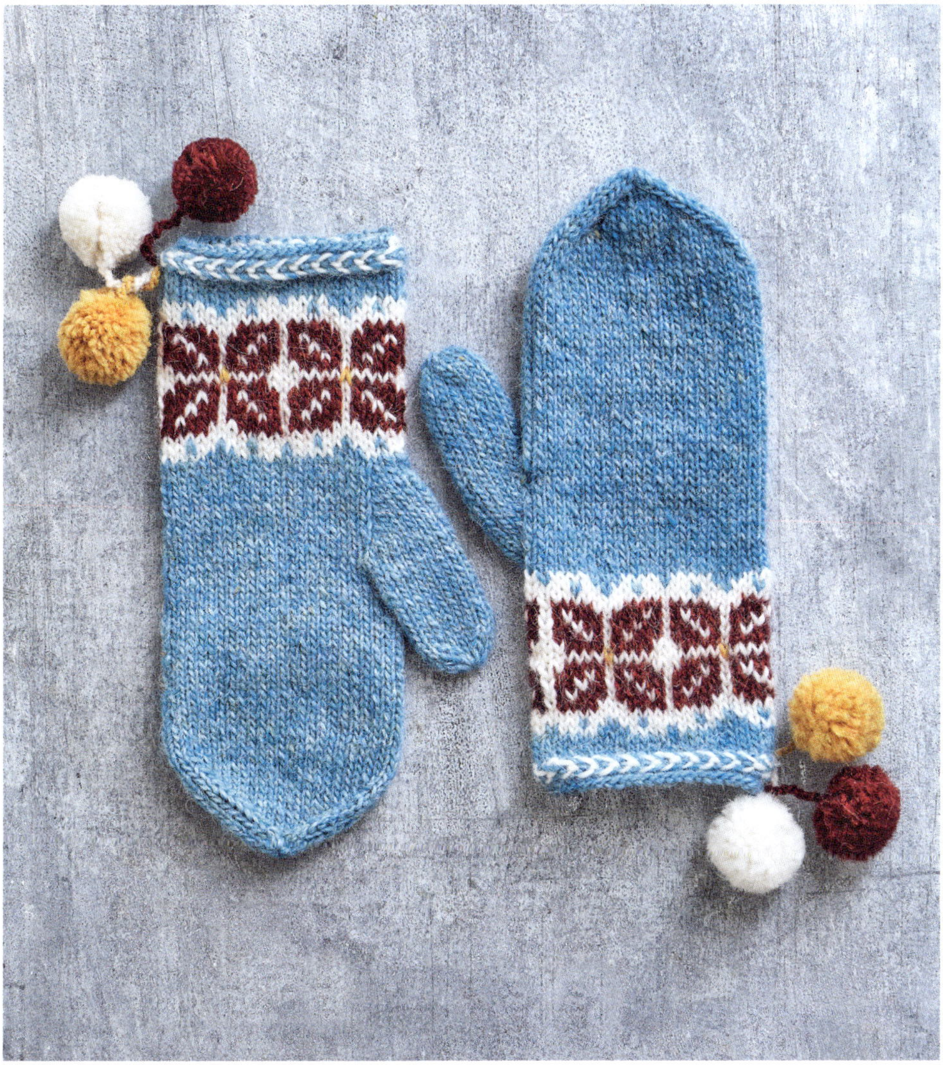

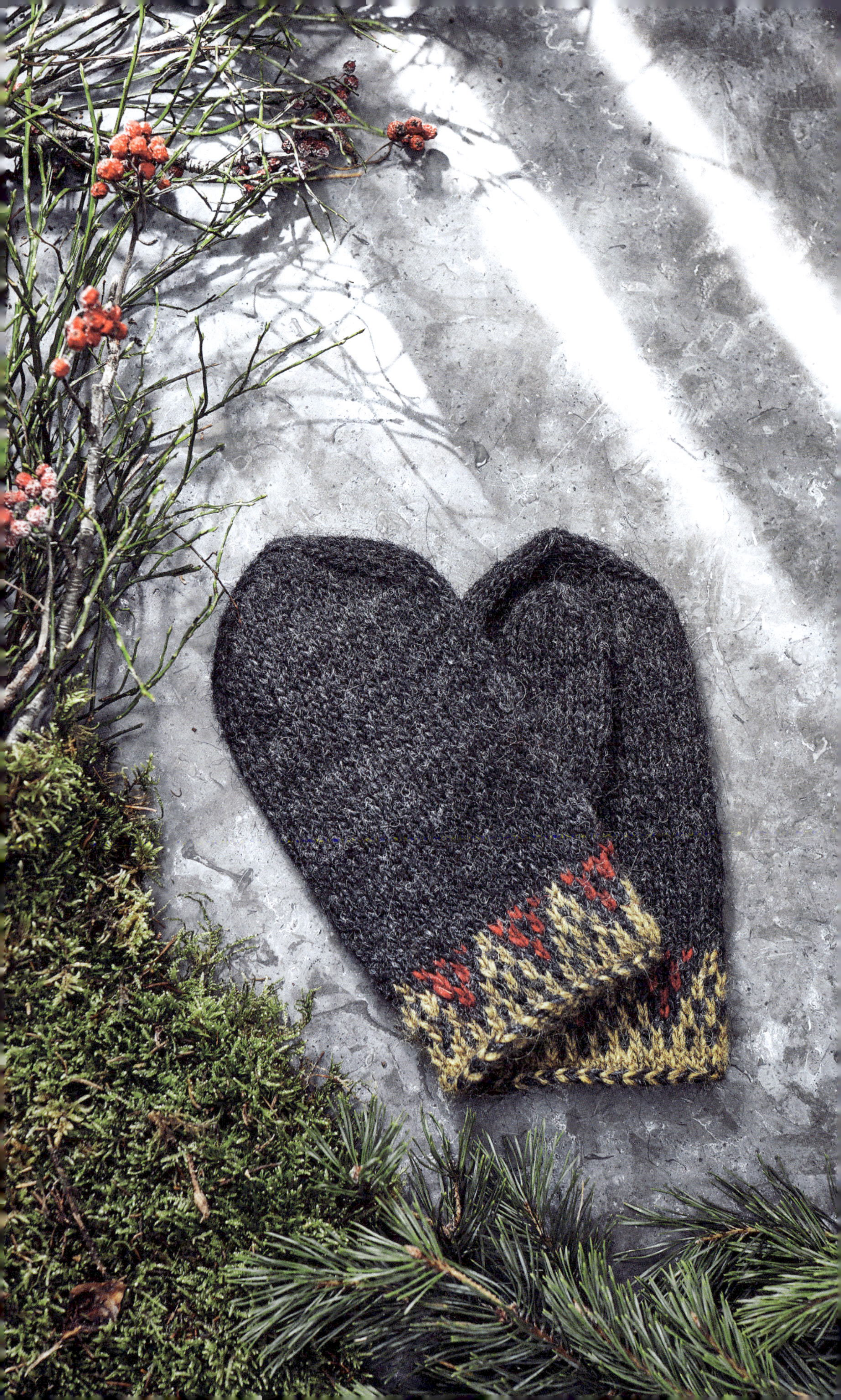

Bergmál

Bergmál bedeutet auf Isländisch »Echo« und wortwörtlich »Bergsprache«. Was für eine hübsche Vorstellung, dass der Berg seine eigene Sprache hat, die entsteht, wenn wir Menschen sprechen und rufen. Das Muster am Bund steht für dieses Echo, es zeigt einen Ruf, dem der uralte Berg antwortet. Natürlich sind die Handschuhe aus isländischer Wolle, eine robuste Faser, die besser als viele andere Wind und Wetter widersteht.

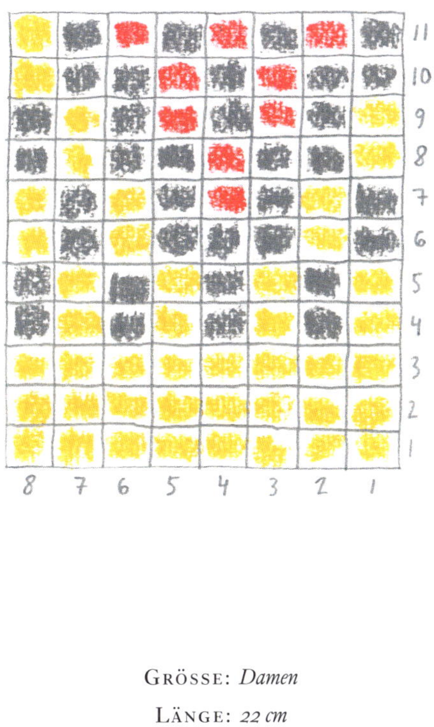

Grösse: *Damen*

Länge: *22 cm*

Breite: *11 cm*

Material: *Léttlopi (100 % isländische Wolle, 50 g = 100 m)*

Menge: *GF = 50 g Dunkelgrau (Nr. 10005), MF1 = 50 g Gelbgrün (Nr. 19426), MF2 = 50 g Weinrot (Nr. 11409)*

Nadelspiel: *3,5 mm und 4 mm*

Maschenprobe: *22 M × 26 Rd = 10 × 10 cm glatt rechts im Muster auf Nadelstärke 4 mm*

Abkürzungen: *1 M tief zun = 1 M tief gestochen zun, siehe bebilderte Erklärung auf Seite 177.*

RECHTER HANDSCHUH

Mit Nadelspiel 4 mm und GF und MF1: 48 M im zweifarbigen Zopfanschlag (siehe bebilderte ERKLÄRUNG auf Seite 177) anschlagen und gleichmäßig auf 4 Nadeln verteilen (12 M pro Nadel).

In Runden glatt rechts str (= in Runden alle M rechts) und im Muster laut der Strickschrift. (Über 11 Rd M 1–8 in der Rd wdh.)

Auf Nadelstärke 3,5 mm und GF wechseln und 4 Rd str.

DAUMENKEIL

ZunahmeRd 1: Bis Nadel 3 str, in der 3. und 5. M 1 M tief zun (siehe ERKLÄRUNG auf voriger Seite). Bis RdEnde str, dann 1 Rd ohne Zunahmen.

ZunahmeRd 2: Bis Nadel 3 str, in der 3. und 7. M 1 M tief zun. Bis RdEnde str, dann 1 Rd ohne Zunahmen.

ZunahmeRd 3: Bis Nadel 3 str, in der 3. und 9. M 1 M tief zun. Bis RdEnde str, dann 1 Rd ohne Zunahmen.

ZunahmeRd 4: Bis Nadel 3 str, in der 3. und 11. M 1 M tief zun. Bis RdEnde str, dann 1 Rd ohne Zunahmen.

ZunahmeRd 5: Bis Nadel 3 str, in der 3. und 13. M 1 M tief zun. Bis RdEnde str, dann 1 Rd ohne Zunahmen.

ZunahmeRd 6: Bis Nadel 3 str, in der 3. und 15. M 1 M tief zun. Bis RdEnde str, dann 1 Rd ohne Zunahmen.

26 M str, die 15 M des Daumenkeils stilllegen.

HAND UND SPITZE

3 neue M »hinter« dem Daumen anschlagen und bis RdEnde str. 8 cm glatt rechts str.

AbnahmeRd für die Spitze: 1 M re, 2 M überzogen zusstr. Weiterstricken, bis zu den letzten 3 M auf Nadel 2: 2 M re zus, 1 M re.

Nadel 3: 1 M re, 2 M überzogen zusstr. Weiterstricken, bis zu den letzten 3 M auf Nadel 4: 2 M re zus, 1 M re = 4 M abgenommen.

Die AbnahmeRd 2-mal in jeder 2. Rd wdh, dann in jeder Rd, bis noch 8 M übrig sind. Faden abschneiden und durch die restl M ziehen.

DAUMEN

Mit Nadelspiel 3,5 mm und GF: Die 15 Daumenmaschen auf 4 Nadeln verteilen und 3 neue M aus den angeschlagenen M aufnehmen = 18 M. Rundstr, bis der Daumen 5,5 cm misst.

Wie bei der Handschuhspitze abnehmen, aber direkt in jeder Rd, bis noch 10 M übrig sind. Faden abschneiden und durch die restl M ziehen. Fäden vernähen.

LINKER HANDSCHUH

Wie den rechten Handschuh str, aber das Muster gegengleich, dafür die Strickschrift von links nach rechts str anstatt von rechts nach links.

Den Daumenkeil in der 3. und 5. M vor dem Ende von Nadel 4 beginnen. Genau wie beim rechten Handschuh zun, aber nun ab dem Ende von Nadel 4 zählen anstatt vom Beginn der Nadel 3.

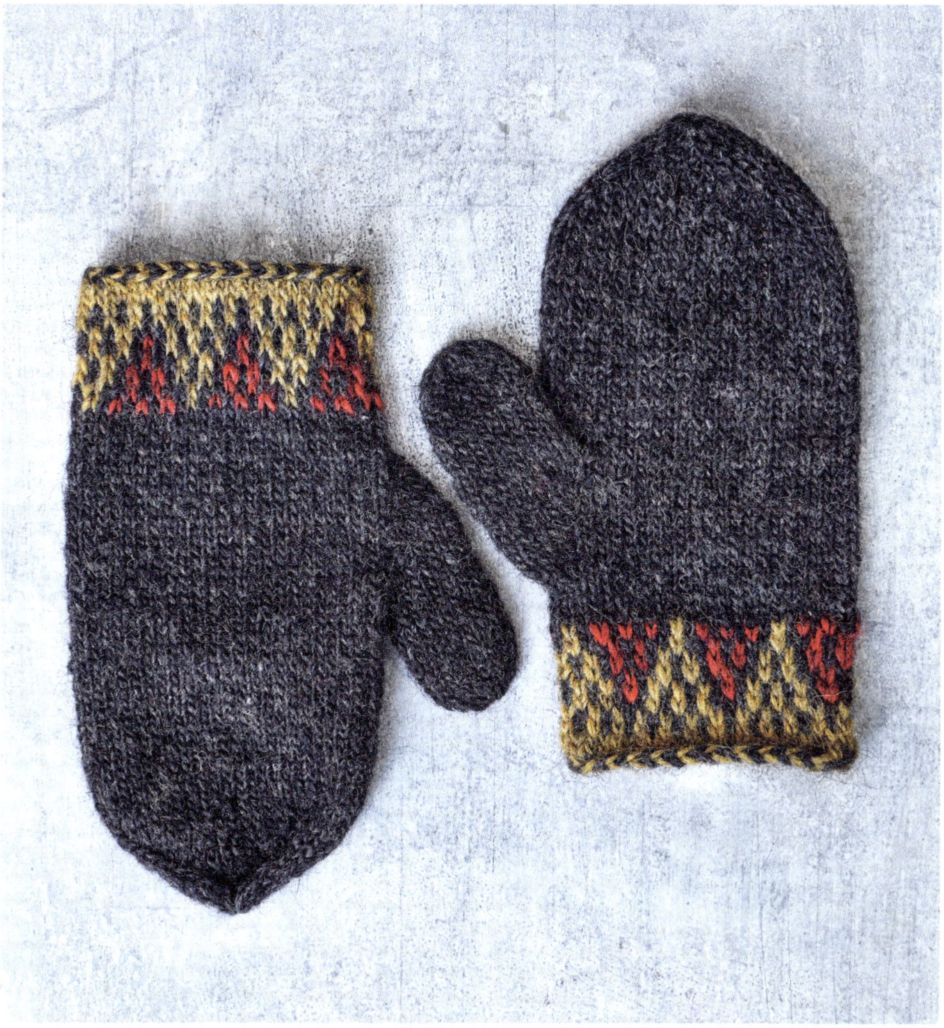

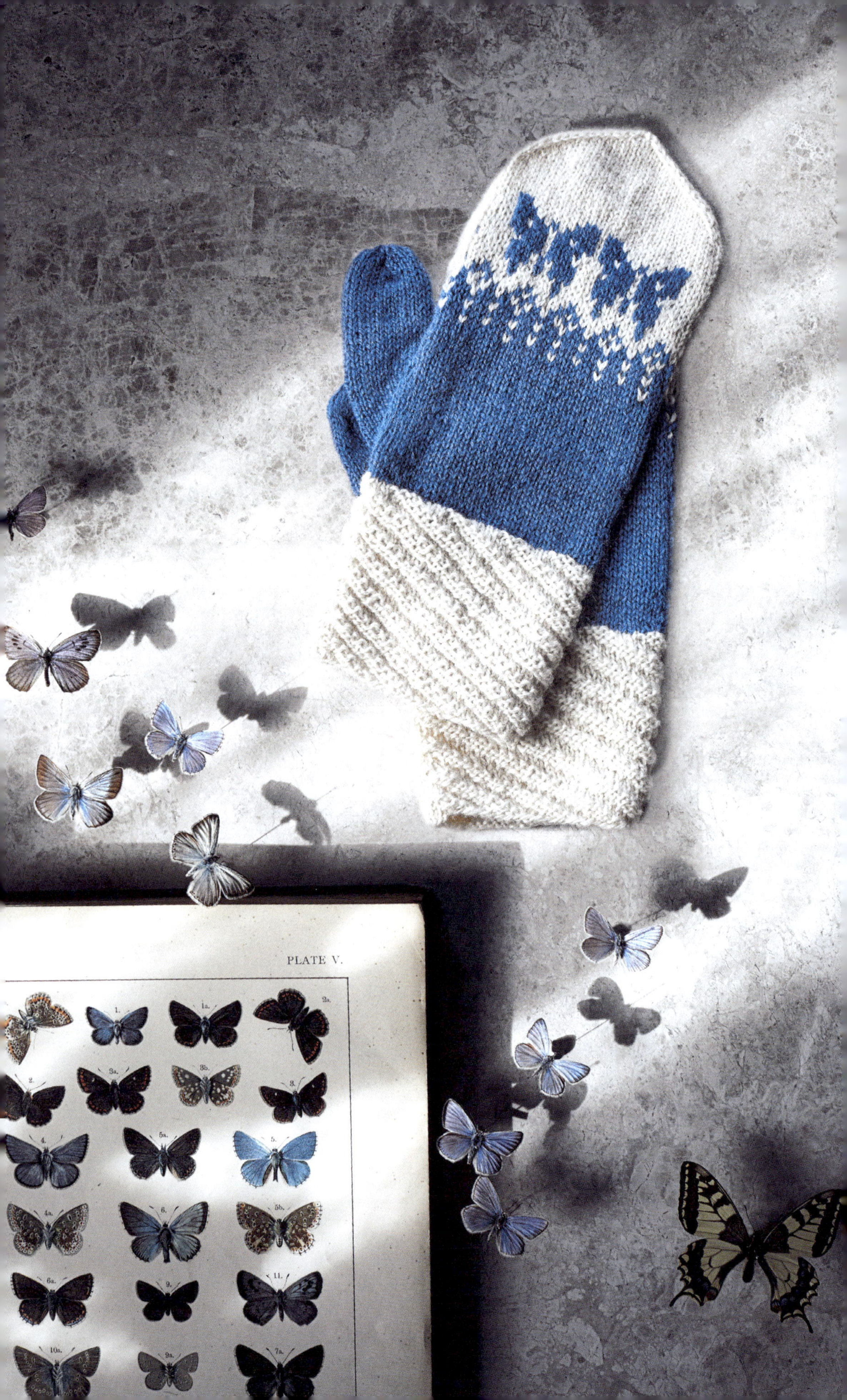
PLATE V.

Bläulinge

Als Kind habe ich die Schmetterlingssammlung meines Papas bewundert. Es war so spannend, den gelben Schwalbenschwanz zu sehen und mehr über die verschiedenen Arten unter dem Glas zu lernen. Und Papa hat sie schon als Kind gesammelt! Diese Handschuhe sind von den Bläulingen inspiriert, von denen in Deutschland 43 Arten leben. Die Schmetterlinge haben wir aus der großartigen Sammlung des Naturhistoriska Riksmuseum ausgeliehen. Sehen Sie den Schwalbenschwanz unter all den Bläulingen?

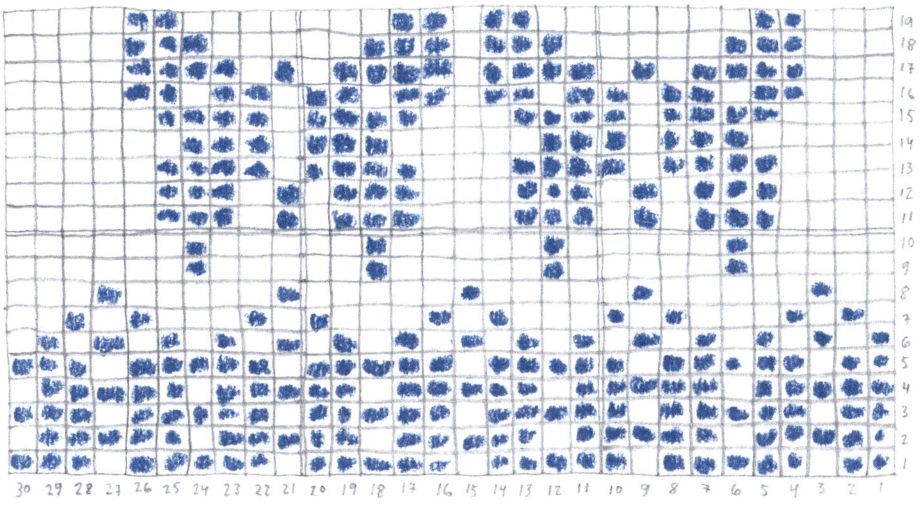

GRÖSSE: *Damen*

LÄNGE: *27 cm*

BREITE: *10 cm*

MATERIAL: *Finullgarn von Rauma Ullvarefabrikk (100 % reine Schurwolle, 50 g = 175 m)*

MENGE: *GF = 50 g Naturweiß (Nr. 401), MF = 50 g Blau (Nr. 4605)*

NADELSPIEL: *2,5 mm*

MASCHENPROBE: *30 M × 32 Rd = 10 × 10 cm glatt rechts im Muster auf Nadelstärke 2,5 mm*

ABKÜRZUNGEN: *1 M tief zun = 1 M tief gestochen zun, siehe bebilderte Erklärung auf Seite 177.*

RECHTER HANDSCHUH

Mit Nadelspiel 2,5 mm und GF: 53 M anschlagen, auf 4 Nadeln verteilen und Spiralrippen stricken.

Rd 1: *3 M re, 3 M li*. Von *–* wdh, bis noch 2 M übrig sind, 2 M li. Die nächste M ist die 3. linke M und wird in die 1. rechte M auf der 1. Nadel gestrickt. Weiter 3 M re, 3 M li str. So verschiebt sich die Rippe in jeder Rd um 1 M.

Weiterstricken, bis der Bund 8 cm misst. Ab jetzt glatt rechts stricken (= in Runden alle M rechts).

Mit MF: 2 Rd stricken. Dann in der nächsten Rd 7 M gleichmäßig verteilt zun = 60 M. Noch 1 Rd stricken.

Daumenkeil

ZunahmeRd 1: Bis Nadel 3 str, in der 3. und 5. M 1 M tief zun (siehe Erklärung auf voriger Seite). Bis RdEnde str, dann 1 Rd ohne Zunahmen.

ZunahmeRd 2: Bis Nadel 3 str, in der 3. und 7. M 1 M tief zun. Bis RdEnde str, dann 1 Rd ohne Zunahmen.

ZunahmeRd 3: Bis Nadel 3 str, in der 3. und 9. M 1 M tief zun. Bis RdEnde str, dann 1 Rd ohne Zunahmen.

ZunahmeRd 4: Bis Nadel 3 str, in der 3. und 11. M 1 M tief zun. Bis RdEnde str, dann 1 Rd ohne Zunahmen.

ZunahmeRd 5: Bis Nadel 3 str, in der 3. und 13. M 1 M tief zun. Bis RdEnde str, dann 1 Rd ohne Zunahmen.

ZunahmeRd 6: Bis Nadel 3 str, in der 3. und 15. M 1 M tief zun. Bis RdEnde str, dann 1 Rd ohne Zunahmen.

ZunahmeRd 7: Bis Nadel 3 str, in der 3. und 17. M 1 M tief zun. Bis RdEnde str, dann 1 Rd ohne Zunahmen.

ZunahmeRd 8: Bis Nadel 3 str, in der 3. und 19. M 1 M tief zun. Bis RdEnde str und dann 1 Rd ohne Zunahmen.

ZunahmeRd 9: Bis Nadel 3 str, in der 3. und 21. M 1 M tief zun. Bis RdEnde str, dann 1 Rd ohne Zunahmen.

32 M str, die 21 M des Daumenkeils stilllegen.

Hand und Spitze

3 neue M »hinter« dem Daumen anschlagen = 60 M. Bis RdEnde str, dann noch 8 Rd str.

Im Muster laut Strickschrift str (Rd 1–19, und 1–30 M pro Rd 2-mal wdh) dann 7 Rd mit GF.

AbnahmeRd für die Spitze: 1 M re, 2 M überzogen zusstr. Weiterstricken, bis zu den letzten 3 M auf Nadel 2: 2 M re zus, 1 M re.

Nadel 3: 1 M re, 2 M überzogen zusstr. Weiterstricken, bis zu den letzten 3 M auf Nadel 4: 2 M re zus, 1 M re = 4 M abgenommen.

Die AbnahmeRd 2-mal in jeder 2. Rd wdh, dann in jeder Rd, bis noch 8 M übrig sind. Faden abschneiden und durch die restl M ziehen. Fäden vernähen.

Daumen

Die 21 Daumenmaschen auf 4 Nadeln verteilen und 3 neue M aus den angeschlagenen M aufnehmen = 24 M. Rundstr, bis der Daumen 5,5 cm misst.

Nach demselben Prinzip wie an der Spitze abnehmen, aber direkt in jeder Rd, bis noch 8 M übrig sind. Faden abschneiden und durch die restl M ziehen. Fäden vernähen.

LINKER HANDSCHUH

Wie den rechten Handschuh str, aber das Muster gegengleich, dafür die Strickschrift von links nach rechts str anstatt von rechts nach links.

Den Daumenkeil in der 3. und 5. M vor dem Ende von Nadel 4 beginnen. Nach demselben Prinzip wie am rechten Handschuh zun, aber ab dem Ende der 4. Nadel rechnen anstatt vom Anfang der 3. Nadel.

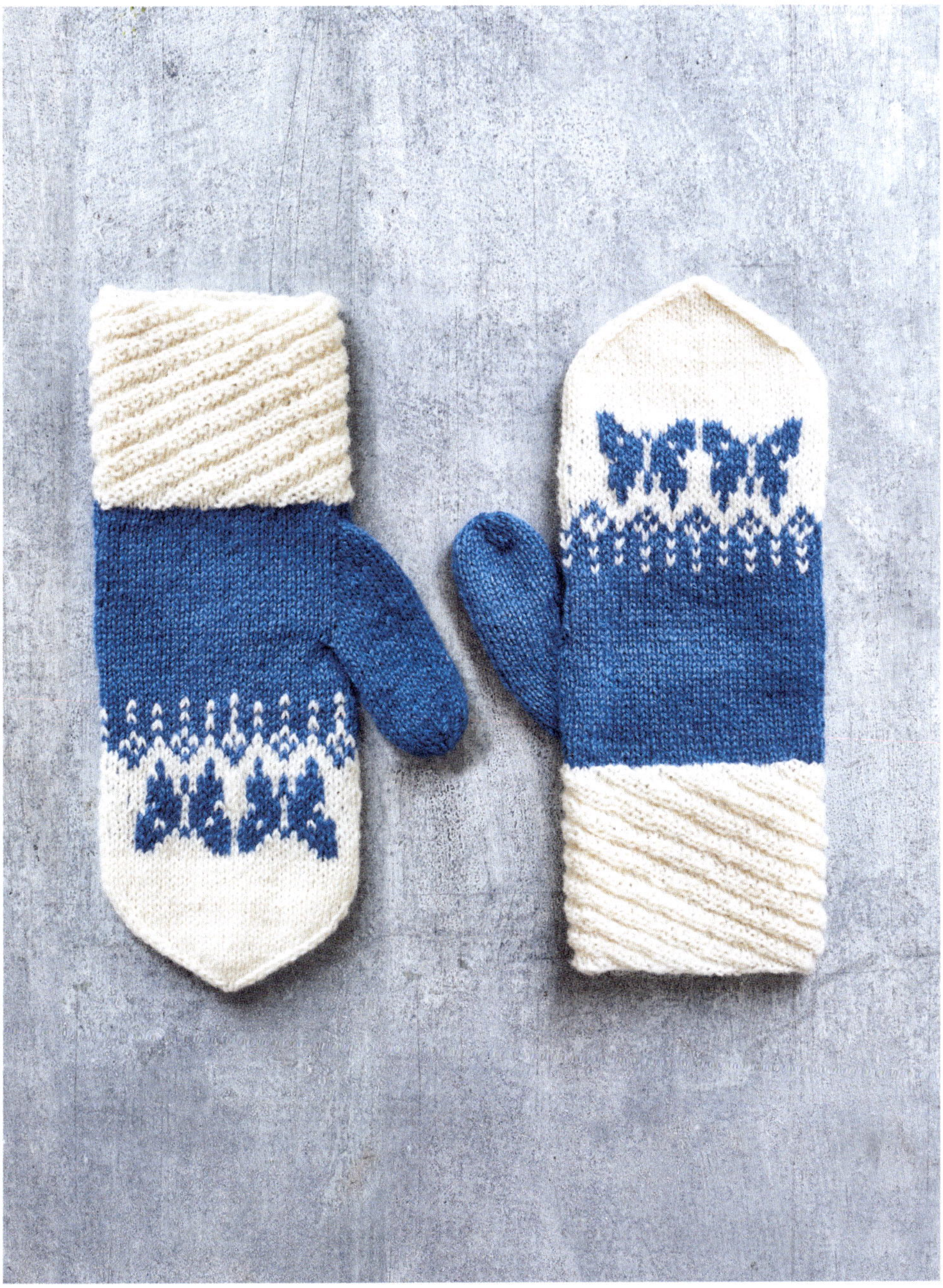

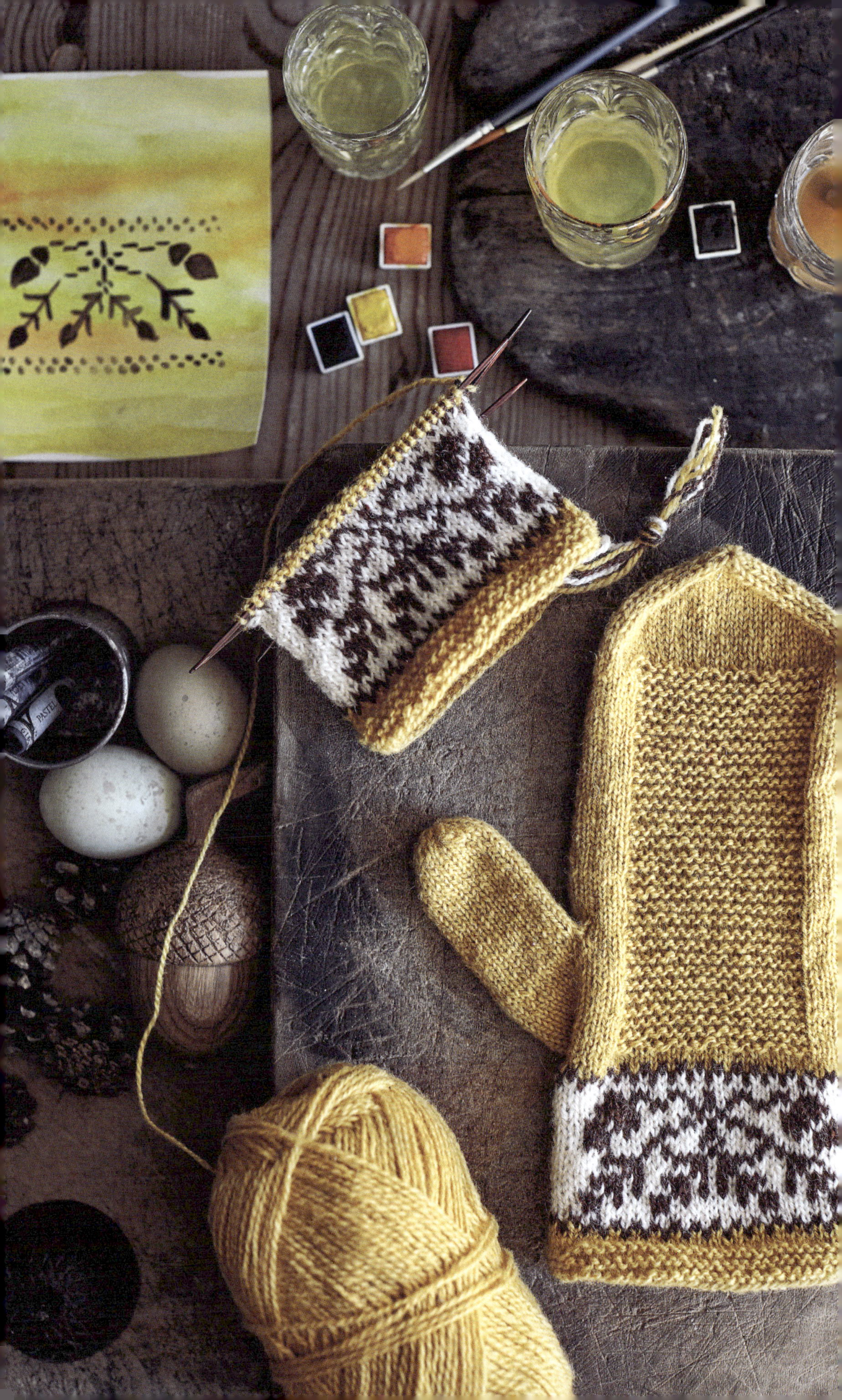

Eichel

Wenn ich eine Eichel finde, fühlt es sich an, als hätte ich einen Schatz gefunden! Die wunderschöne Form inspiriert mich wie so vieles andere in der Natur. Wenn der Herbst kommt, möchte ich all diese kostbaren kleinen Dinge sammeln – sie auf meinem Schreibtisch sortieren, von ihnen beeinflusst werden, sie malen … Sie werden zur Basis neuer Muster, anderer Farbkombinationen und einer Unmenge fantastischer Kreationen.

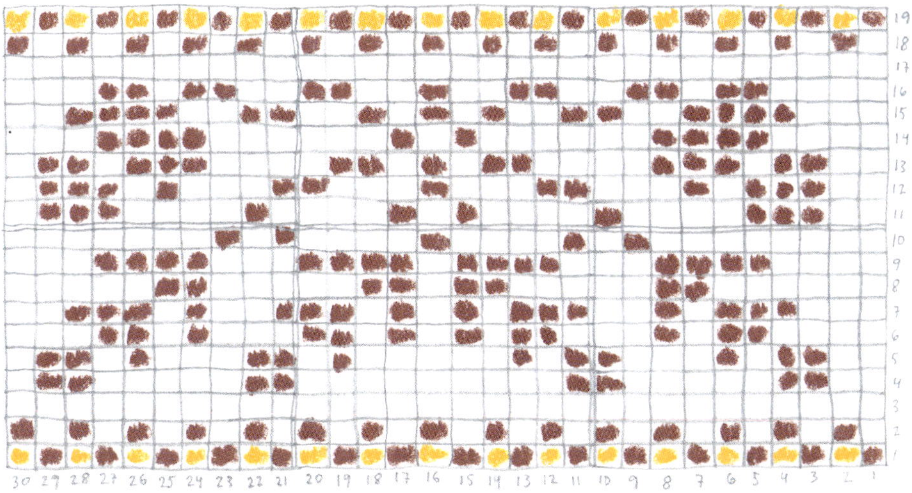

Grösse: *Damen*

Länge: *27 cm*

Breite: *10 cm*

Material: *Finullgarn von Rauma Ullvarefabrikk (100 % reine Schurwolle, 50 g = 175 m)*

Menge: *GF = 100 g Gelb (Nr. 4805), MF1 = 50 g Braun (Nr. 4081), MF2 = 50 g Naturweiß (Nr. 401)*

Nadelspiel: *2,5 mm*

Maschenprobe: *30 M × 32 Rd = 10 × 10 cm glatt rechts im Muster auf Nadelstärke 2,5 mm*

Abkürzungen: *1 M tief zun = 1 M tief gestochen zun, siehe bebilderte Erklärung auf Seite 177.*

Krausrippe = beim Rundstricken entspricht sie 1 Rd re und 1 Rd li.

RECHTER HANDSCHUH

Mit Nadelspiel 2,5 mm und GF: 60 M anschlagen und gleichmäßig auf 4 Nadeln verteilen (15 M pro Nadel). In Runden stricken:

Rd 1: Links.

Rd 2: Rechts.

Rd 3: Links.

Rd 4: Rechts.

Rd 5: Links.

Rd 6–7: Rechts.

Das Muster glatt rechts stricken (= in Runden alle M rechts) laut Strickschrift Rd 1–19 (1–30 M in jeder Rd 2-mal wdh.) Dann 2 Rd mit GF.

Jetzt wie folgt abnehmen:
5 M re, 2 M re zus, *2 M re, 2 M re zus*. Ab *–* 4-mal wdh. Dann bis RdEnde re = 54 M.

Daumenkeil

ZunahmeRd 1: 4 M re, 17 M li und 3 M re. 1 M tief zun (siehe Erklärung auf voriger Seite) auf Nadel 3 in der 3. und 5. M. Bis RdEnde str, dann 1 Rd ohne Zunahmen.

ZunahmeRd 2: 4 M re, 17 M li und 3 M re. Nadel 3: in der 3. und 7. M 1 M tief zun. Bis RdEnde str, 1 Rd ohne Zunahmen.

ZunahmeRd 3: 4 M re, 17 M li und 3 M re. Nadel 3: in der 3. und 9. M 1 M tief zun. Bis RdEnde str, 1 Rd ohne Zunahmen.

ZunahmeRd 4: 4 M re, 17 M li und 3 M re. Nadel 3: in der 3. und 11. M 1 M tief zun. Bis RdEnde str, 1 Rd ohne Zunahmen.

ZunahmeRd 5: 4 M re, 17 M li und 3 M re. Nadel 3: in der 3. und 13. M 1 M tief zun. Bis RdEnde str, 1 Rd ohne Zunahmen.

ZunahmeRd 6: 4 M re, 17 M li und 3 M re. Nadel 3: in der 3. und 15. M 1 M tief zun. Bis RdEnde str, 1 Rd ohne Zunahmen.

ZunahmeRd 7: 4 M re, 17 M li und 3 M re. Nadel 3: in der 3. und 17. M 1 M tief zun. Bis RdEnde str, 1 Rd ohne Zunahmen.

ZunahmeRd 8: 4 M re, 17 M li und 3 M re. Nadel 3: in der 3. und 19. M 1 M tief zun. Bis RdEnde str, 1 Rd ohne Zunahmen.

ZunahmeRd 9: 4 M re, 17 M li und 3 M re. Nadel 3: in der 3. und 21. M 1 M tief zun. Bis RdEnde str, 1 Rd ohne Zunahmen.

4 M re, 17 M li und 5 M re. Die 21 M des Daumenkeils stilllegen, 3 neue M »hinter« dem Daumen anschlagen und bis RdEnde re = 54 M.

Hand und Spitze

Weiter wie folgt 10 cm oben auf der Hand im Strukturmuster mit Querrippen (siehe Erklärung auf voriger Seite):

Rd 1: Rechts.

Rd 2: 4 M re, 17 M li, bis RdEnde re.

Mit Rd 1 enden.

ZunahmeRd: 5 M re, 1 M tief zun, *2 M re, 1 M tief zun*. Ab *–* 4-mal wdh, bis RdEnde re = 60 M.

AbnahmeRd für die Spitze: 1 M re, 2 M überzogen zusstr. Weiterstricken, bis zu den letzten 3 M auf Nadel 2: 2 M re zus, 1 M re.

Nadel 3: 1 M re, 2 M überzogen zusstr. Weiterstricken, bis zu den letzten 3 M auf Nadel 4: 2 M re zus, 1 M re = 4 M abgenommen.

Die AbnahmeRd 2-mal in jeder 2. Rd wdh, dann in jeder Rd, bis noch 8 M übrig sind. Faden abschneiden und durch die restl M ziehen. Fäden vernähen.

Daumen

Die 21 Daumenmaschen auf 4 Nadeln verteilen und 3 neue M aus den angeschlagenen M aufnehmen = 24 M. Rundstr, bis der Daumen 5,5 cm misst.

Nach demselben Prinzip wie an der Spitze abnehmen, aber direkt in jeder Rd, bis noch 16 M übrig sind. Dann 2 M re zus bis RdEnde stricken = 8 M.

Faden abschneiden, durch die restl M fädeln und festziehen. Fäden vernähen.

LINKER HANDSCHUH

Wie den rechten Handschuh str, aber das Muster gegengleich, dafür die Strickschrift von links nach rechts str anstatt von rechts nach links. In allen Rd, bei denen 17 li M auf der Oberseite gestrickt werden, sind sie wie folgt verteilt: 3 M re, 17 M li, 4 M re.

Den Daumenkeil in der 3. und 5. M ab dem Ende von Nadel 4 beginnen. Nach demselben Prinzip wie am rechten Handschuh zun, aber ab dem Ende der 4. Nadel rechnen anstatt vom Anfang der 3. Nadel.

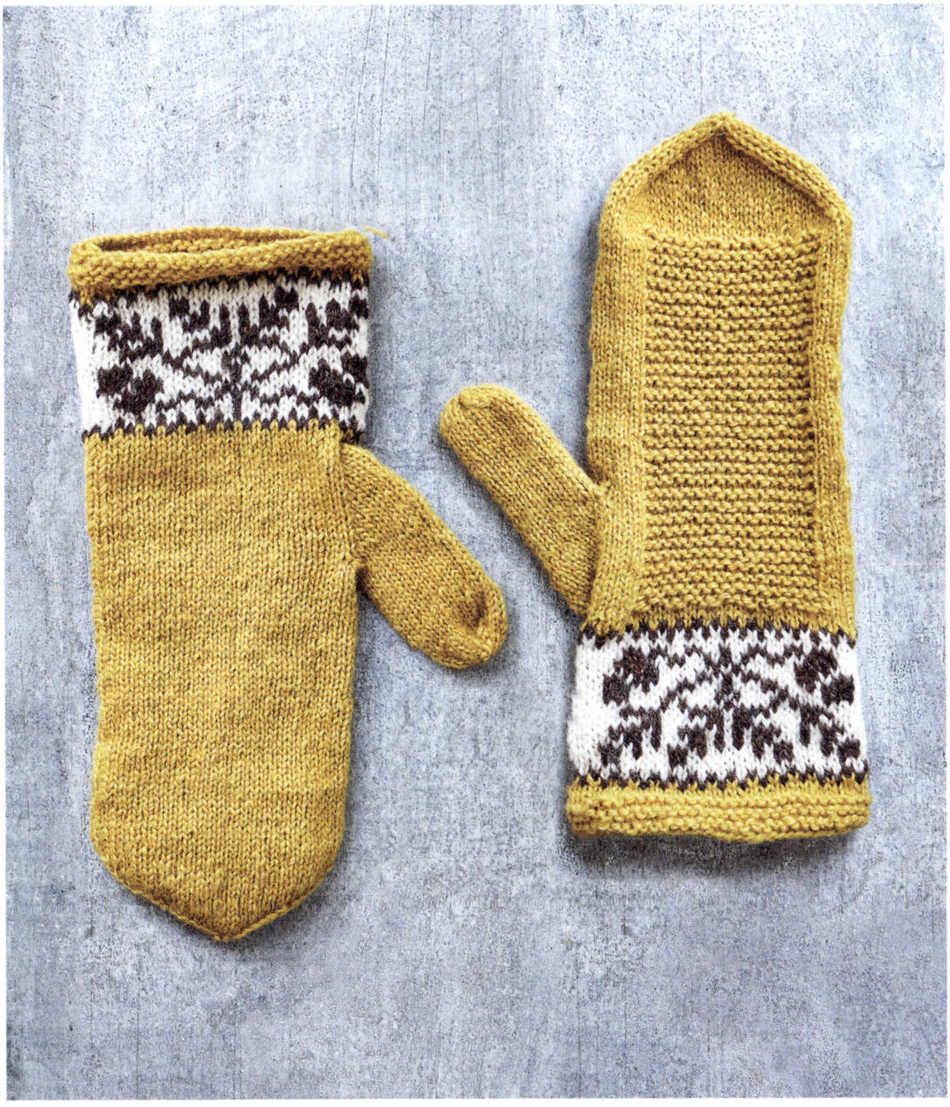

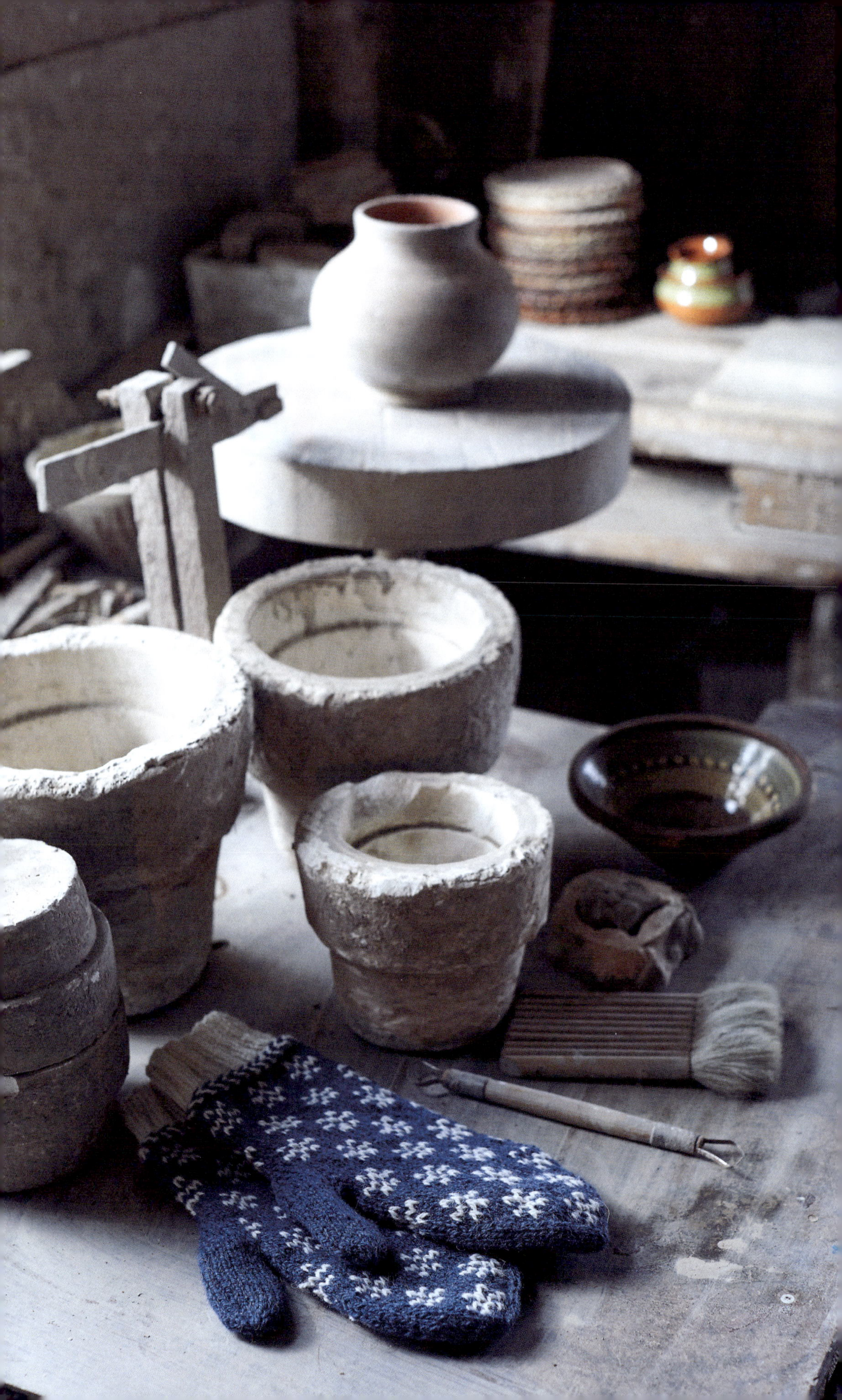

Flocke

Eine Schneeflocke besteht aus ungefähr 100 kleinen Schneesternen. Keine Flocke gleicht der anderen, sie ist eine einzigartige Naturschöpfung. Schneeflocken tauchen in der nordischen Mustertradition oft auf – nicht zuletzt auf Handschuhen. Das Muster ist meist üppig ausgeschmückt und die Maschen bilden detailreiche Kristalle. Ich habe meine eigene, strengere Version von Schneeflocken entworfen, die über einen nachtblauen Himmel tanzen.

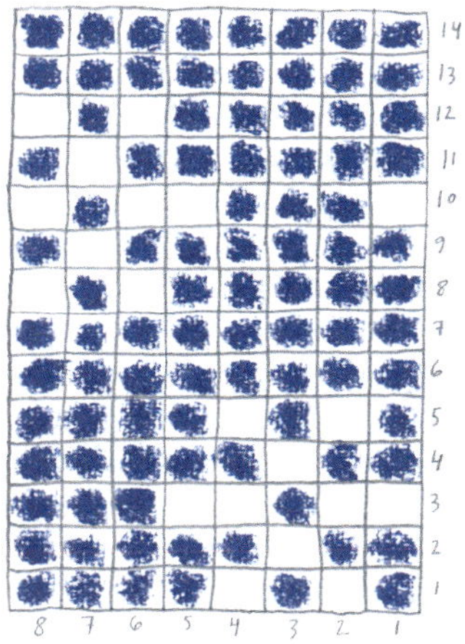

GRÖSSE: *Damen*

LÄNGE: *26 cm*

BREITE: *9 cm*

MATERIAL: *Hverdagsuld (100 % Biowolle, 50 g = 150 m)*

MENGE: *GF = 50 g Dunkelblau (Nr. 23), MF = 50 g Naturweiß (Nr. 2)*

NADELSPIEL: *3 mm und 3,5 mm*

MASCHENPROBE: *22 M × 30 Rd = 10 × 10 cm glatt rechts im Muster auf Nadelstärke 3,5 mm*

ZUBEHÖR: *1 Maschenmarkierer (MM)*

RECHTER HANDSCHUH

Mit Nadelspiel 3 mm und MF: 48 M anschlagen und gleichmäßig auf 4 Nadeln verteilen (12 M pro Nadel). 4 cm Rippen rund str (2 M re, 2 M li).

Mit GF und MF einen lettischen Flechtzopf str (siehe bebilderte Erklärung auf Seite 178).

Rd 1: *1 M re mit GF, 1 M re mit MF*. Von *–* bis Rd-Ende wdh.

Rd 2: *1 M li mit GF, 1 M li mit MF*. Von *–* bis Rd-Ende wdh. **Achtung!** Bei jedem Farbwechsel die neue Farbe unter der gerade gestrickten führen.

Rd 3: *1 M li mit GF, 1 M li mit MF*. Von *–* bis Rd-Ende wdh. **Achtung!** Bei jedem Farbwechsel die neue Farbe über der gerade gestrickten führen.

Jetzt weiter glatt rechts str (= in Runden alle M rechts). Auf Nadelstärke 3,5 mm wechseln, 2 Rd mit GF, dann Rd 1–13 laut Strickschrift str.

Rd 14: Die 2. M der Rd markieren (= Daumenmasche).

Rd 15 (Daumenkeilzun): Beidseitig der markierten M 1 M mit 1 U zun. In der nächsten Rd den U verschränkt stricken.

Rd 1–14 für den restlichen Handschuh wdh. Die Zunahmen 5-mal in jeder 2. Rd wdh = 13 Daumenmaschen und 60 M insgesamt. Die 13 Daumenmaschen stilllegen und in der nächsten Rd 1 M »hinter« den Daumenmaschen anschl = 48 M.

Hand und Spitze

Im Muster weiterstricken, bis der Handschuh 21 cm misst.

AbnahmeRd für die Spitze: 2 M überzogen zusstr. Weiterstricken, bis zu den letzten 3 M auf Nadel 2: 2 M re zus, 1 M re. Nadel 3: 2 M überzogen zusstr. Weiterstricken, bis zu den letzten 3 M auf Nadel 4: 2 M re zus, 1 M re = 4 M abgenommen.

Achtung! Während der Abnahmen wird weiter laut Strickschrift gestrickt, aber die seitlichen M werden nicht im Muster gestrickt, weil dort abgenommen wird. Also die 3 ersten M auf Nadel 1 und 3 sowie die 3 letzten M auf Nadel 2 und 4 immer mit GF str, damit die seitlichen Abnahmen hübsch aussehen. Die AbnahmeRd 5-mal in jeder 2. Rd wdh, dann 4-mal in jeder Rd = 8 M.

Faden abschneiden, durch die restl M fädeln und festziehen. Fäden vernähen.

Daumen

Die 13 Daumenmaschen auf Nadeln 3,5 mm verteilen und 3 neue M aus den angeschlagenen M aufnehmen = 16 M. Mit GF 6 cm glatt rechts str.

2 M re zus bis RdEnde = 8 M. Faden abschneiden, durch die restl M fädeln und festziehen.

LINKER HANDSCHUH

Wie den rechten Handschuh str, aber das Muster gegengleich, dafür die Strickschrift von links nach rechts str anstatt von rechts nach links.

Daumenkeil: Beidseitig der vorletzten, markierten M der Rd zunehmen.

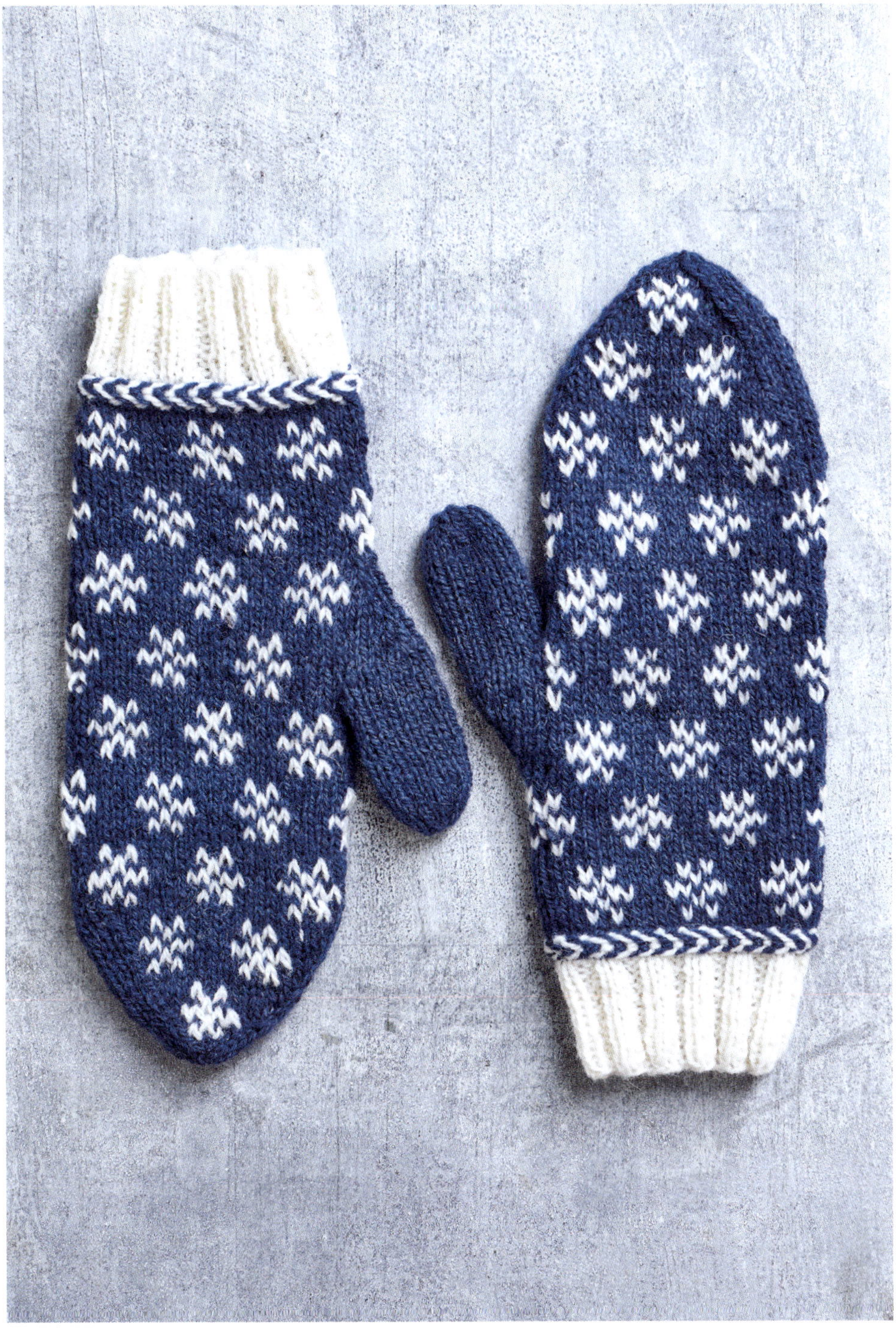

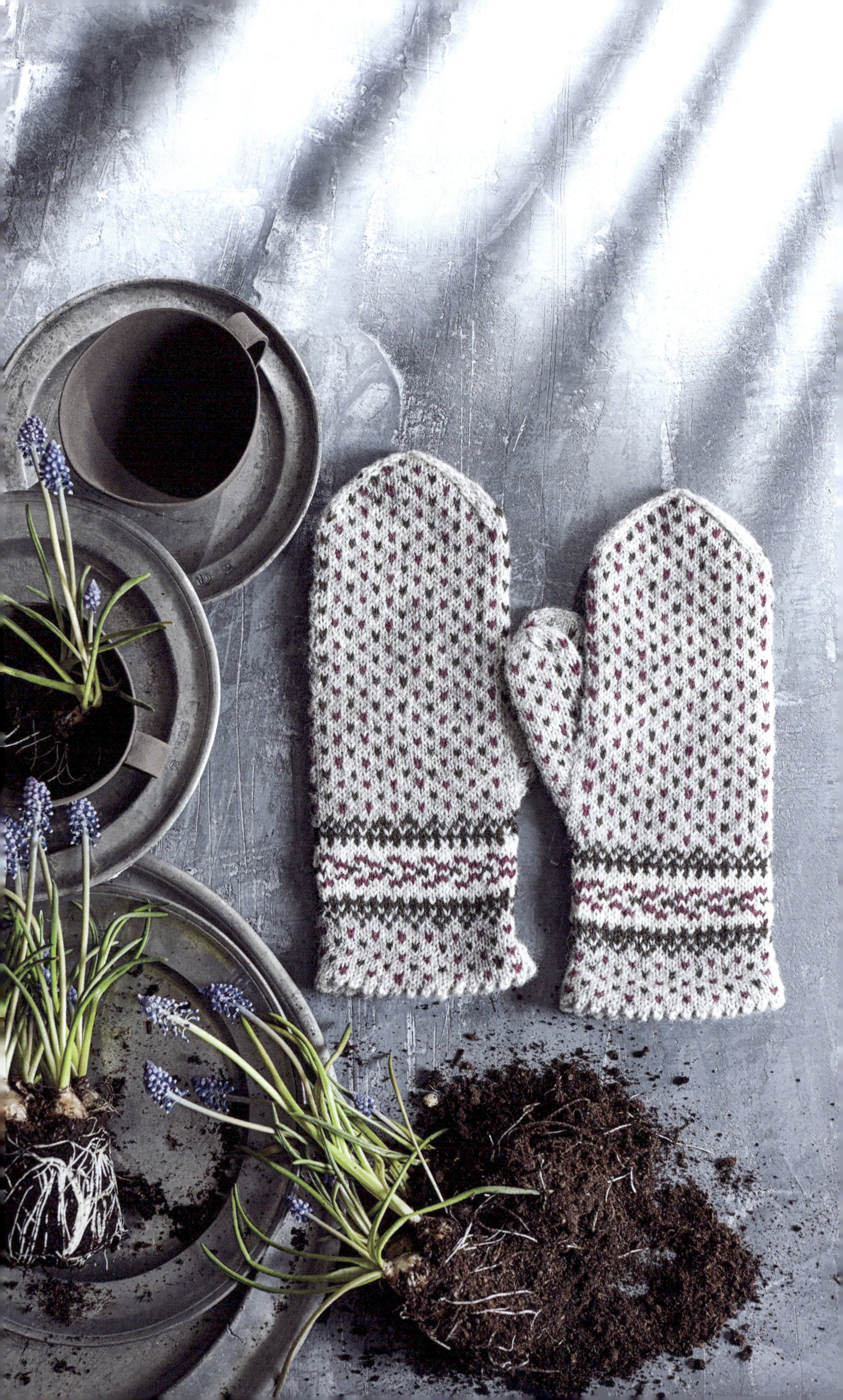

Samen

Diese vielversprechende Zeit im Frühling, wenn der Samen in die Erde soll, damit neues Leben wachsen kann. Hände voller Erde und Sonnenschein – und dann die Verwandlung, wenn aus Kleinem Großes wird und schließlich blüht. Dieses Gefühl wollte ich mit diesen Handschuhen einfangen. Eine keimende Hoffnung auf den Sommer!

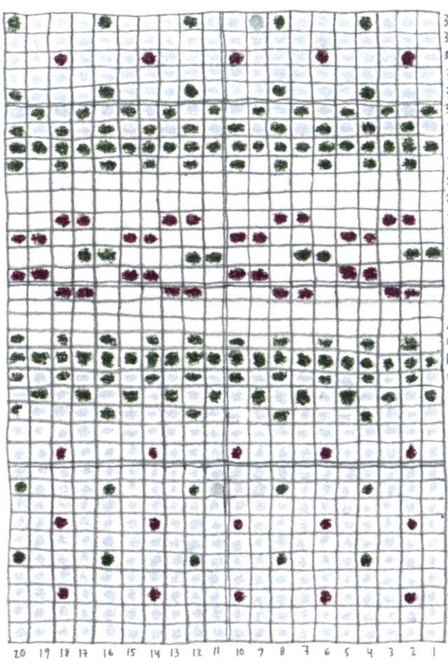

A

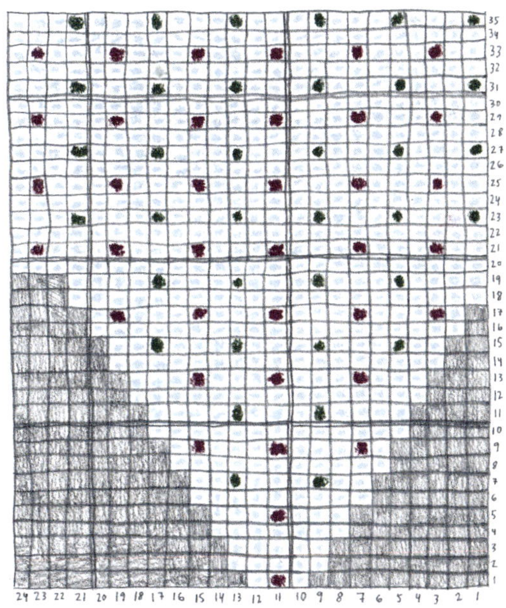

B

GRÖSSE: *Damen*

LÄNGE: *29 cm*

BREITE: *10 cm*

MATERIAL: *Finullgarn von Rauma Ullvarefabrikk (100 % reine Schurwolle, 50 g = 175 m)*

MENGE: *GF = 50 g Grau (Nr. 403), MF1 = 50 g Lila (Nr. 427), MF2 = 50 g Dunkelgrün (Nr. 486), MF3 = 50 g Naturweiß (Nr. 401)*

NADELSPIEL: *2,5 mm*

MASCHENPROBE: *30 M × 32 Rd = 10 × 10 cm glatt rechts im Muster auf Nadelstärke 2,5 mm*

ABKÜRZUNGEN: *1 M tief zun = 1 M tief gestochen zun, siehe bebilderte Erklärung auf Seite 177.*

Graue Kästchen in der Strickschrift B bedeuten keine Masche.

RECHTER HANDSCHUH

Zunächst wird die Blende für den Bund gestrickt. Mit Nadelspiel 2,5 mm und GF: 60 M anschlagen und gleichmäßig auf 4 Nadeln verteilen (15 M pro Nadel). 7 Rd glatt rechts str (= alle M re).

Bruchkante: *1 U, 2 M re zus*. Von *–* bis Rd-Ende wdh.

Im Muster laut Strickschrift A str (1.–20. M 3-mal wdh = 1 Rd), Rd 1–7.

Die ersten 7 Rd auf die linke Seite umfalten. Dann den Anschlag in der nächsten Rd (= Rd 8 der Strickschrift) feststricken. Dafür immer 1 M vom Anschlag mit 1 M von der Nadel zusammenstricken.

Im Muster laut Strickschrift str, Rd 9–32. In Rd 33 den Daumenkeil beginnen (Strickschrift B).

Daumenkeil

32 M im Muster laut Strickschrift A str. Für den Daumenkeil zunächst die folgenden 3 M durch die ersten M der Strickschrift B ersetzen, die restl Rd laut Strickschrift A stricken. Dann Rd 2–5 wdh und gleichzeitig für den Daumenkeil, wie in den »Treppenstufen« in Strickschrift B gezeigt, zunehmen (1 M tief zun, siehe Erklärung auf voriger Seite).

Nach Rd 19 der Strickschrift B: Die 21 Daumenmaschen stilllegen.

Hand und Spitze

3 neue M »hinter« dem Daumen anschlagen = 60 M und weiter wie bisher Punkte stricken.

10 cm im Muster str.

Jetzt für die Spitze abnehmen und weiter Punkte stricken. Die Punkte an den Seiten nach und nach durch die Abnahmen verschwinden lassen. Dafür die 3 ersten M auf Nadel 1 und 3 sowie die 3 letzten M auf Nadel 2 und 4 immer mit GF str.

AbnahmeRd für die Spitze: 1 M re, 2 M überzogen zusstr. Weiterstricken, bis zu den letzten 3 M auf Nadel 2: 2 M re zus, 1 M re.

Nadel 3: 1 M re, 2 M überzogen zusstr. Weiterstricken, bis zu den letzten 3 M auf Nadel 4: 2 M re zus, 1 M re = 4 M abgenommen.

Die AbnahmeRd 2-mal in jeder 2. Rd wdh, dann in jeder Rd, bis noch 8 M übrig sind. Faden abschneiden und durch die restl M ziehen. Fäden vernähen.

Daumen

Die 21 Daumenmaschen auf 4 Nadeln verteilen und 3 neue M aus den angeschlagenen M aufnehmen = 24 M.

Weiter im Muster laut Strickschrift B str (Rd 20–35), dann 2 Rd mit GF.

Nach demselben Prinzip wie an der Spitze abnehmen, aber direkt in jeder Rd, bis noch 16 M übrig sind. Bis RdEnde 2 M re = 8 M.

Faden abschneiden, durch die restl M fädeln und festziehen. Fäden vernähen.

LINKER HANDSCHUH

Wie den rechten Handschuh str, aber das Muster gegengleich, dafür die Strickschrift A von links nach rechts str anstatt von rechts nach links.

Wie folgt den Daumen vorbereiten: Im Muster laut Strickschrift str, aber Strickschrift B so platzieren, dass die ersten M die 3., 4. und 5. M, vom Ende der Nadel 4 gezählt, ersetzen.

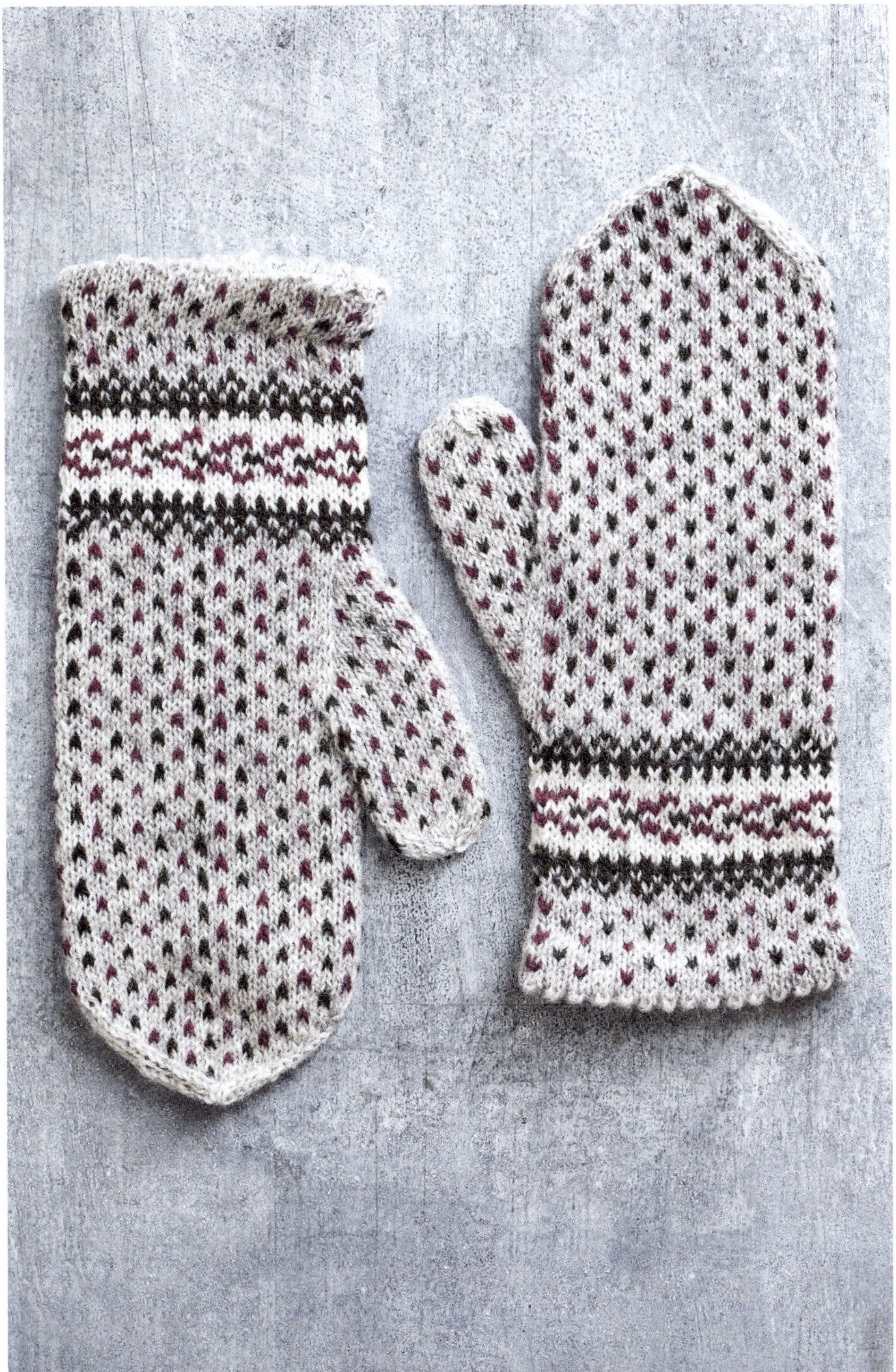

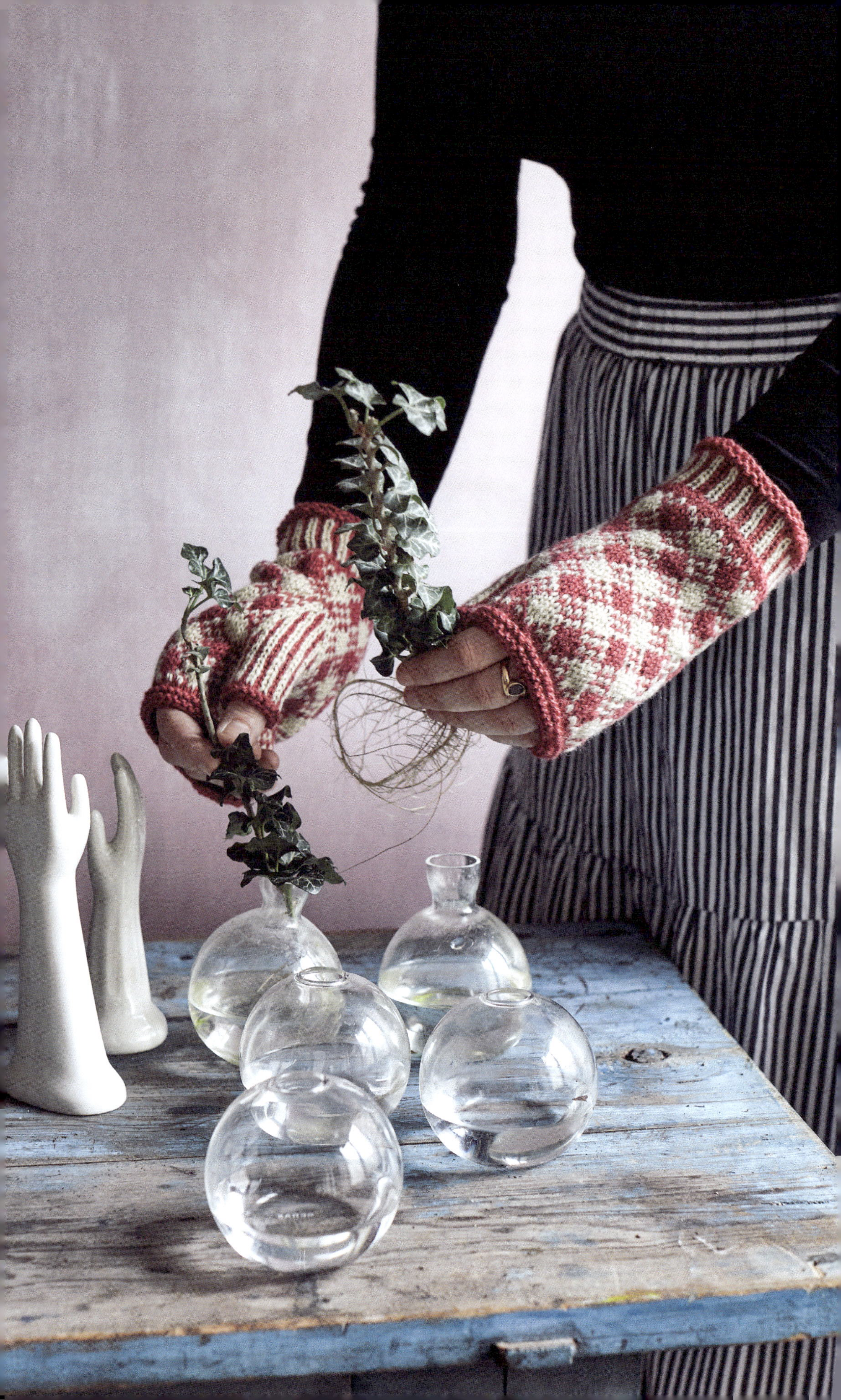

Feine Dame

Die ersten Frühlingstage im Gewächshaus sind jedes Jahr spannend. Die Luft ist kühl, obwohl hellwache Sonnenstrahlen durchs Glas dringen. Ich bleibe hier, solange es geht – schrubbe Blumentöpfe und säe –, dabei träume ich von den Tomatenpflanzen im nächsten Sommer. Fingerlose Handschuhe halten meine Hände warm und schränken meine Fingerfertigkeit nicht ein! (Und pssst … fingerlose Handschuhe sind auch perfekt, wenn man im Frühling und Herbst draußen stricken will.)

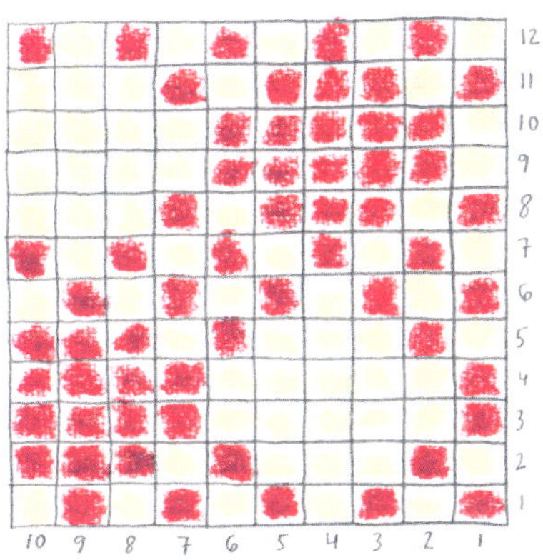

A

GRÖSSE: *Damen*

LÄNGE: *17 cm*

BREITE: *10 cm*

MATERIAL: *Finullgarn von Rauma Ullvarefabrikk (100 % reine Schurwolle, 50 g = 175 m)*

MENGE: GF = *50 g Rosa (Nr. 4686)*, MF = *50 g Hellgelb (Nr. 402)*

NADELSPIEL: *3 mm*

MASCHENPROBE: *30 M × 32 Rd = 10 × 10 cm glatt rechts im Muster auf Nadelstärke 2,5 mm*

ABKÜRZUNGEN: *1 M tief zun = 1 M tief gestochen zun, siehe bebilderte Erklärung auf Seite 177.*

1 M li neig zun, siehe bebilderte Erklärung auf Seite 176.

1 M re neig zun, siehe bebilderte Erklärung auf Seite 176.

Graue Kästchen in der Strickschrift B bedeuten keine Masche.

RECHTER HANDSCHUH

Mit Nadelspiel 2,5 mm und GF: 40 M anschlagen und auf 4 Nadeln verteilen (10 M pro Nadel).

Rd 1: Links.

Rd 2: Rechts.

Rd 3: Links.

Rd 4: Rechts.

Gestreifter Bund

1 M re mit GF, 1 M re mit MF. Von *–* bis Rd-Ende wdh. Noch 7 weitere Rd Streifen str, dann 1 Rd re mit GF.

Noch 1 Rd re str, dabei in jeder 2. M mit 1 M tief zun (siehe Erklärung auf voriger Seite) = 60 M. 1 Rd re mit GF.

Das Muster laut Strickschrift A 3 Rd glatt rechts stricken.

Daumenkeil

Rd 9: Weiter im Muster laut Strickschrift A str. Für den Daumenkeil (Strickschrift B) zunächst die 3., 4. und 5. M auf Nadel 3 ersetzen. Alle anderen M, außer den Keilmaschen, weiter laut Strickschrift A str, nach den »Treppenstufen« in Strickschrift B zun (1 M li neig zun und 1 M re neig zun, siehe Erklärung auf voriger Seite). Für Streifen wie folgt str:

1 M re, 1 M li neig zun (in der Farbe zun, die von der folgenden M abweicht, dh. wenn die nächste M gelb ist, dann mit Rosa zunehmen und umgekehrt). Bis zur letzten M laut Strickschrift re, 1 M re neig zun (in der Farbe zun, die von der folgenden M abweicht, d.h. wenn die nächste M gelb ist, dann mit Rosa zunehmen und umgekehrt), 1 M re.

Nach Beendigung von Strickschrift B: Die 17 Daumenmaschen stilllegen.

Hand und Spitze

3 neue M »hinter« dem Daumen anschlagen (= 60 M). Ca. 4,5 cm im Muster laut Strickschrift A stricken und mit Rd 12 der Strickschrift enden. 2 Rd mit GF str.

AbnahmeRd: *2 M re zus, 3 M re*. Von *–* bis RdEnde wdh = 48 M.

1 Rd li str.

1 Rd re str.

1 Rd li str.

Rechts abketten. Fäden vernähen.

Daumen

Die 17 Daumenmaschen auf 4 Nadeln verteilen, im Streifenmuster str und 3 neue M aus den angeschlagenen M aufnehmen = 20 M. Die neuen M ins Streifenmuster integrieren: abwechselnd Rosa und Gelb. Stricken, bis der Daumen 2 cm ab dem Keilende misst.

2 Rd re mit GF str. 1 Rd li str. Rechts abketten. Fäden vernähen.

LINKER HANDSCHUH

Wie den rechten Handschuh str, aber das Muster gegengleich, dafür die Strickschrift von links nach rechts str anstatt von rechts nach links.

Den Daumenkeil in der 3., 4. und 5. M vor dem Ende von Nadel 4 beginnen. Nach demselben Prinzip wie am rechten Handschuh zun, aber ab dem Ende der 4. Nadel rechnen anstatt vom Anfang der 3. Nadel. Wie beim rechten Handschuh zun.

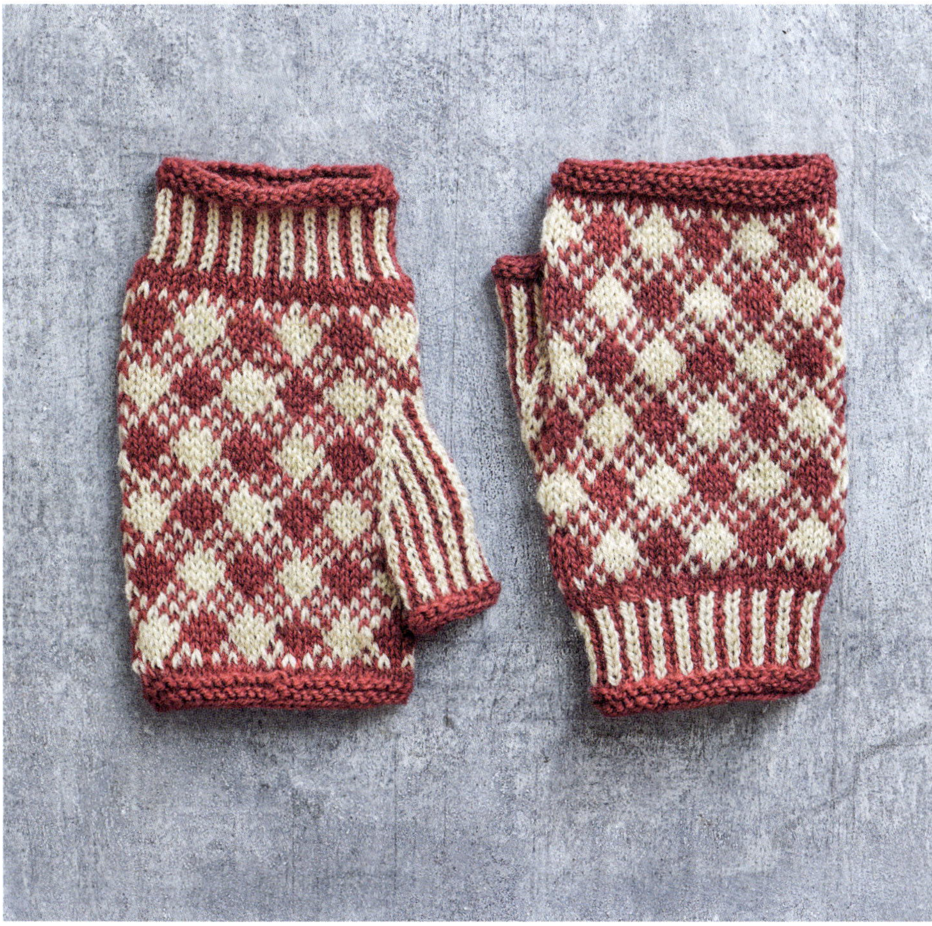

B

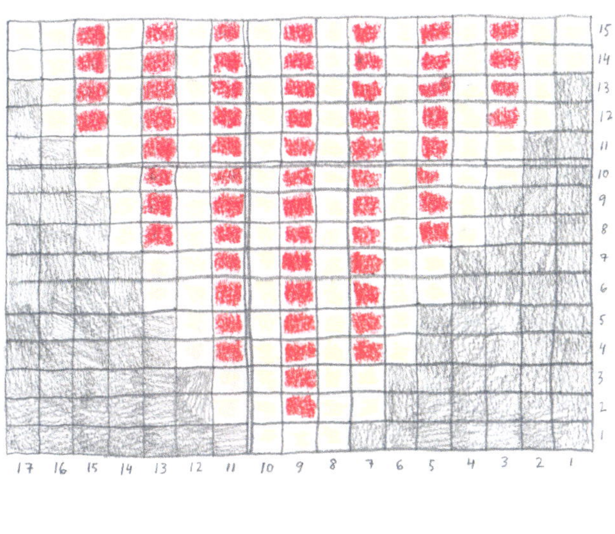

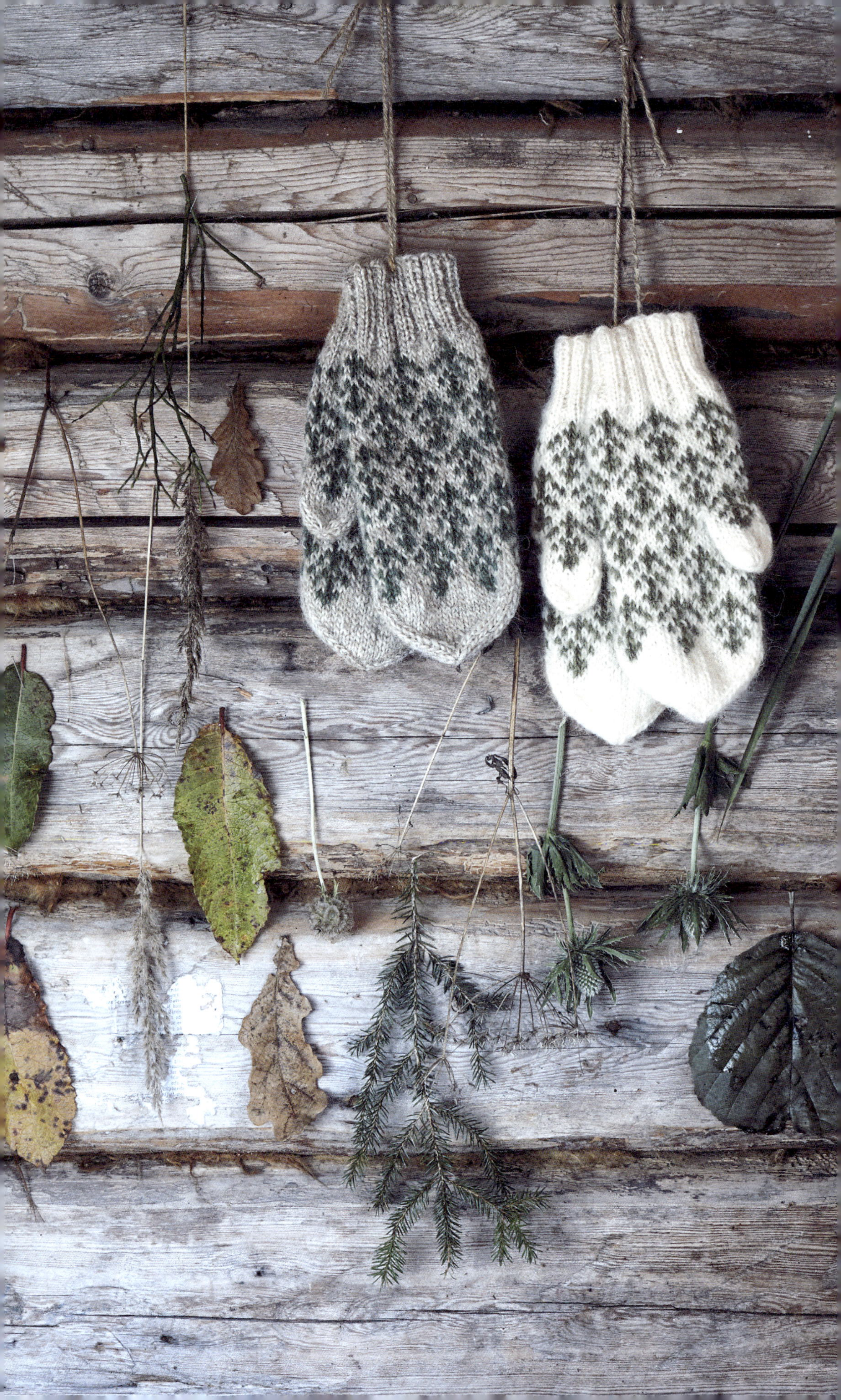

Fichtentriebe

Wissen Sie, wie Fichtentriebe schmecken? Als Kind fand ich es so spannend, dass man diese hellgrünen, feinen Nadeln essen kann. Nicht, weil sie sonderlich gut schmecken würden, bloß irgendwie frisch. Als hätte man den Frühling auf der Zunge! Wollen Sie auch mal kosten? Zwei bis drei Fichtentriebe mit heißem Wasser übergossen und zehn Minuten ziehen lassen ergibt einen stärkenden Tee. Geben Sie etwas Honig oder Zitrone dazu, wenn Sie möchten. Die Handschuhe »Fichtentriebe« sind rustikal und warm und perfekt für einen langen Spaziergang im Fichtenwald.

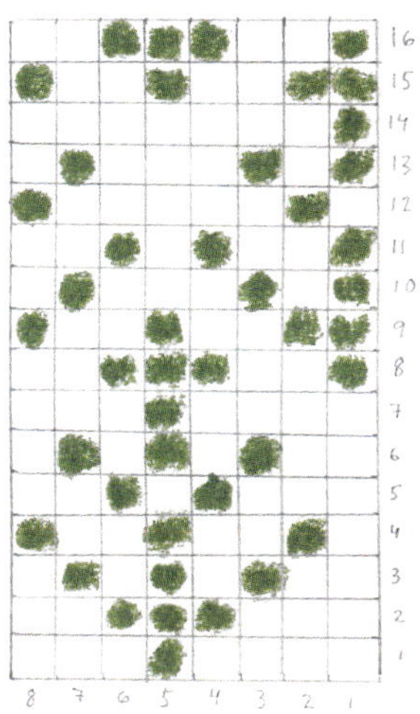

A

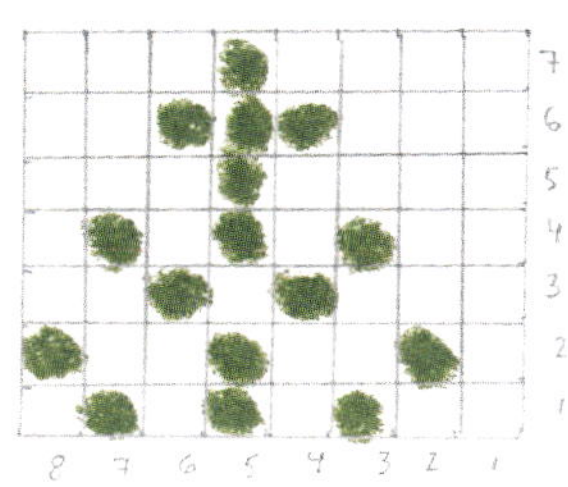

B

Grösse: *Damen*

Länge: *26 cm*

Breite: *10 cm*

Material: *Léttlopi (100 % isländische Wolle, 50 g = 100 m)*

Menge: *GF = 100 g Naturweiß (Nr. 10051), MF = 50 g Grün (Nr. 11407)*

Nadelspiel: *3 mm und 4 mm*

Maschenprobe: *22 M × 24 Rd = 10 × 10 cm glatt rechts im Muster auf Nadelstärke 4 mm*

RECHTER HANDSCHUH

Mit Nadelspiel 3 mm und GF: 48 M anschlagen und gleichmäßig auf 4 Nadeln verteilen (12 M pro Nadel). 5 cm Rippen (2 M re, 2 M li) in Runden str.

Auf Nadelstärke 4 mm wechseln und ab jetzt glatt rechts str (= in Runden alle M rechts).

1 Rd stricken, danach im Muster laut Strickschrift A, Rd 1–16.

Daumen vorbereiten

Weiter im Muster laut Strickschrift A (Rd 3) über die ersten 24 M str. Dann die folgenden 9 M mit einem Wollfaden in Kontrastfarbe str. Diese 9 M zurück auf die linke Nadel schieben und mit dem Arbeitsfaden stricken. Restl 15 M str.

Hand und Spitze

Strickschrift A, Rd 4–16 str, dann Strickschrift B, Rd 1–7. 1 Rd re str.

AbnahmeRd für die Spitze: 1 M re, 2 M überzogen zusstr. Weiterstricken, bis zu den letzten 3 M auf Nadel 2: 2 M re zus, 1 M re.

Nadel 3: 1 M re, 2 M überzogen zusstr. Weiterstricken, bis zu den letzten 3 M auf Nadel 4: 2 M re zus, 1 M re = 4 M abgenommen. Die AbnahmeRd 2-mal in jeder 2. Rd wdh, dann in jeder Rd, bis noch 8 M übrig sind.

Faden abschneiden, durch die restl M fädeln und festziehen. Fäden vernähen.

Daumen

Den Faden, der den Daumen markiert, lösen. Mit GF und Nadelspiel 4 mm: die 18 Daumenmaschen aufnehmen und in Runden laut Strickschrift C stricken, bis der Daumen 5,5 cm misst.

Wie bei der Handschuhspitze abnehmen, aber direkt in jeder Rd, bis noch 10 M übrig sind.

Faden abschneiden, durch die restl M fädeln und festziehen. Fäden vernähen.

LINKER HANDSCHUH

Wie den rechten Handschuh str, aber das Muster gegengleich, dafür die Strickschrift von links nach rechts str anstatt von rechts nach links.

Für den Daumen im Muster laut Strickschrift A str (Rd 3): erst 39 M, dann die folgenden 9 M mit einem kontrastfarbigen Wollrest str wie beim rechten Handschuh. Dann diese 9 M wieder auf die linke Nadel schieben.

Das Daumenmuster gegengleich str, dafür die Strickschrift C von links nach rechts str anstatt von rechts nach links.

C

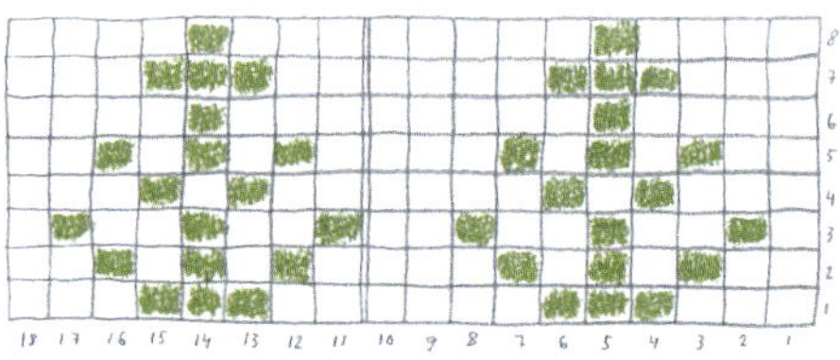

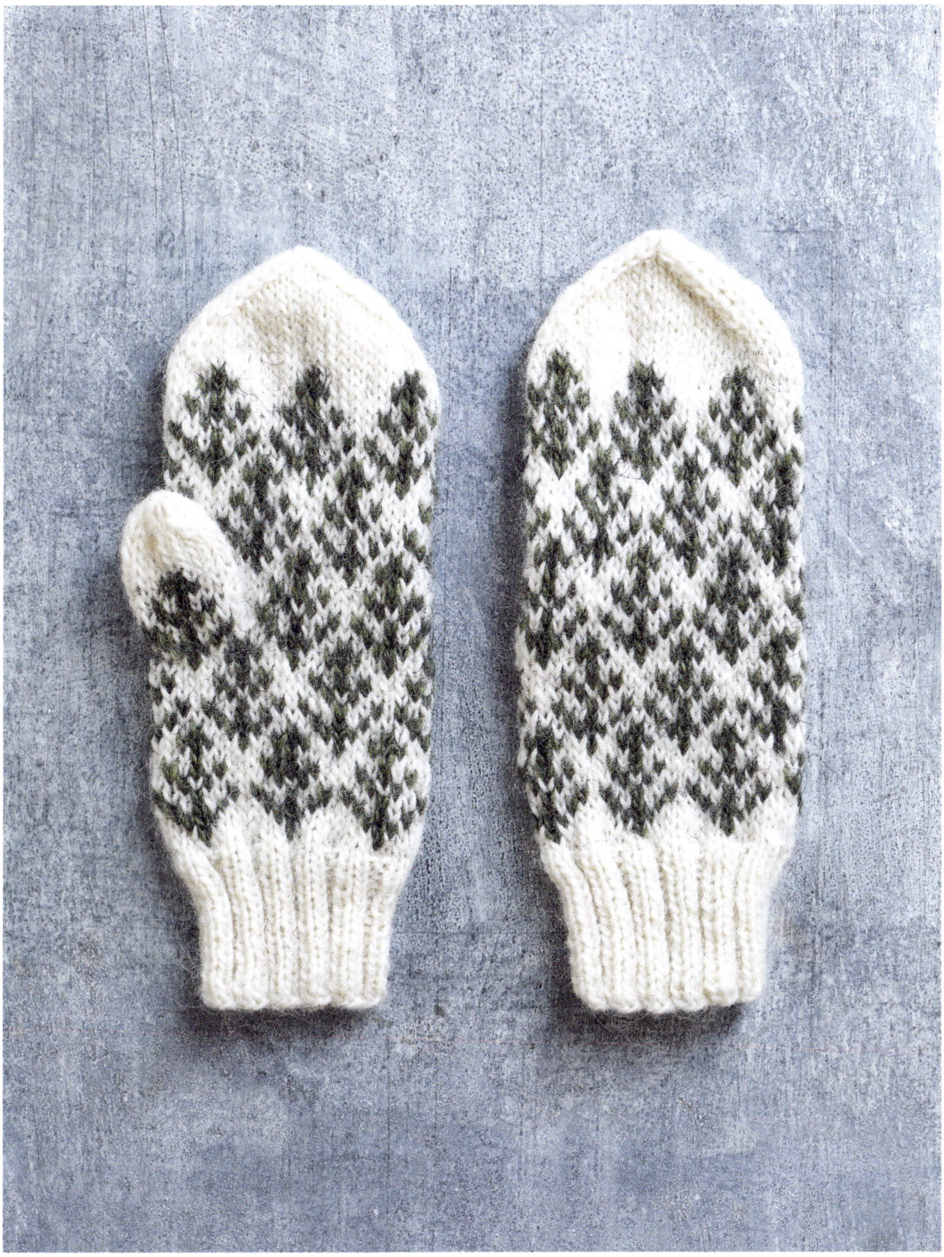

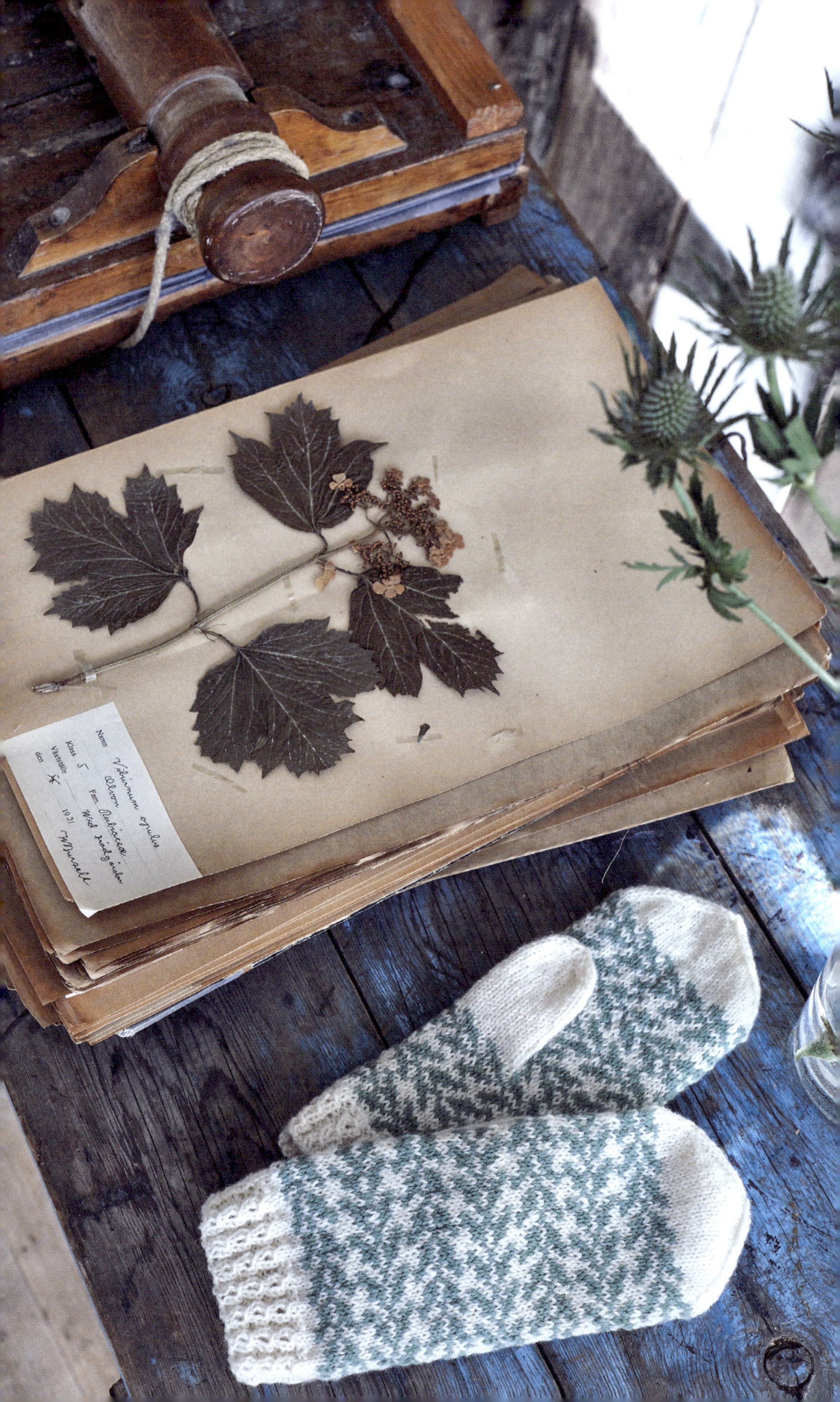
Namn Viburnum opulus
Klass 5
Fam.
Växtställe
den

Herbarium

Schon als Kind habe ich eine alte Blumenpresse gekauft, um mein eigenes, kleines Herbarium herzustellen. Meine Oma hat mir gezeigt, wie es geht, denn als Grundschullehrerin kannte sie sich mit Botanik aus. Heute kehre ich jeden Sommer ein paar Mal zur Blumenpresse zurück, um meine Lieblingsblumen zu pressen. Die Pflanzen auf dem Foto wurden Anfang des 20. Jahrhunderts gesammelt. Die Handschuhe »Herbarium« sind mit ihrem Blattmuster und dem zarten Spitzenbund echte Frühlingshandschuhe.

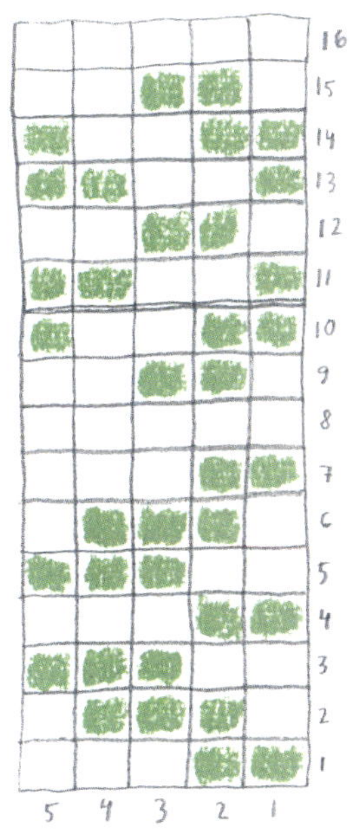

GRÖSSE: *Damen*

LÄNGE: *25 cm*

BREITE: *10 cm*

MATERIAL: *Finullgarn von Rauma Ullvarefabrikk (100 % reine Schurwolle, 50 g = 175 m)*

MENGE: *GF = 50 g Naturweiß (Nr. 401), MF = 50 g Grün (Nr. 4215)*

NADELSPIEL: *2,5 mm*

MASCHENPROBE: *30 M × 32 Rd = 10 × 10 cm glatt rechts im Muster auf Nadelstärke 2,5 mm*

RECHTER HANDSCHUH

Mit Nadelspiel 2,5 mm und GF: 60 M anschlagen und auf 4 Nadeln verteilen (15 M pro Nadel). In Runden Rippen mit falschen Zöpfen stricken:

Rd 1: *1 M li, 2 M re, 1 M li*. Von *–* bis Rd-Ende wdh.

Rd 2: *1 M li, 1 M re, 1 U, 1 M re, 1 M li*. Von *–* bis Rd-Ende wdh.

Rd 3: *1 M li, 3 M re, 1 M li*. Von *–* bis Rd-Ende wdh.

Rd 4: *1 M li, 3 M überzogen zusstr, 1 M li*. Von *–* bis Rd-Ende wdh.

Rd 5: *1 M li, 2 M re, 1 M li*. Von *–* bis Rd-Ende wdh.

Rd [2–5] 2-mal wdh.

Ab jetzt glatt rechts str (= in Runden alle M rechts) und 2 Rd stricken.

23 Rd im Muster laut Strickschrift str. (1.–5. M, 12-mal pro Rd wdh.)

Daumen vorbereiten

Weiter im Muster laut Strickschrift über die ersten 30 M str. Dann die folgenden 12 M mit einem Wollfaden in Kontrastfarbe str. Diese 12 M zurück auf die linke Nadel schieben und mit GF stricken. Restl 18 M laut Strickschrift str.

Hand und Spitze

32 Rd im Muster laut Strickschrift str, dann 1 Rd mit GF.

AbnahmeRd für die Spitze: 1 M re, 2 M überzogen zusstr. Weiterstricken, bis zu den letzten 3 M auf Nadel 2: 2 M re zus, 1 M re. Nadel 3: 1 M re, 2 M überzogen zusstr. Weiterstricken, bis zu den letzten 3 M auf Nadel 4: 2 M re zus, 1 M re = 4 M abgenommen.

Die AbnahmeRd 2-mal in jeder 2. Rd wdh, dann in jeder Rd, bis noch 8 M übrig sind. Faden abschneiden und durch die restl M ziehen. Fäden vernähen.

Daumen

Den Faden, der den Daumen markiert, lösen. Mit GF und Nadelspiel 4: Die 16 Daumenmaschen aufnehmen und in Rd str, bis der Daumen 5,5 cm misst.

Nach demselben Prinzip wie an der Spitze abnehmen, aber direkt in jeder Rd, bis noch 16 M übrig sind. Bis RdEnde 2 M re zusstr = 8 M.

Faden abschneiden, durch die restl M fädeln und festziehen. Fäden vernähen.

LINKER HANDSCHUH

Wie den rechten Handschuh str, aber das Muster gegengleich, dafür die Strickschrift von links nach rechts str anstatt von rechts nach links.

Für den Daumen im Muster laut Strickschrift über die ersten 48 M str. Dann die folgenden 12 M mit einem Wollfaden in Kontrastfarbe str. Diese 12 M zurück auf die linke Nadel schieben und mit GF stricken.

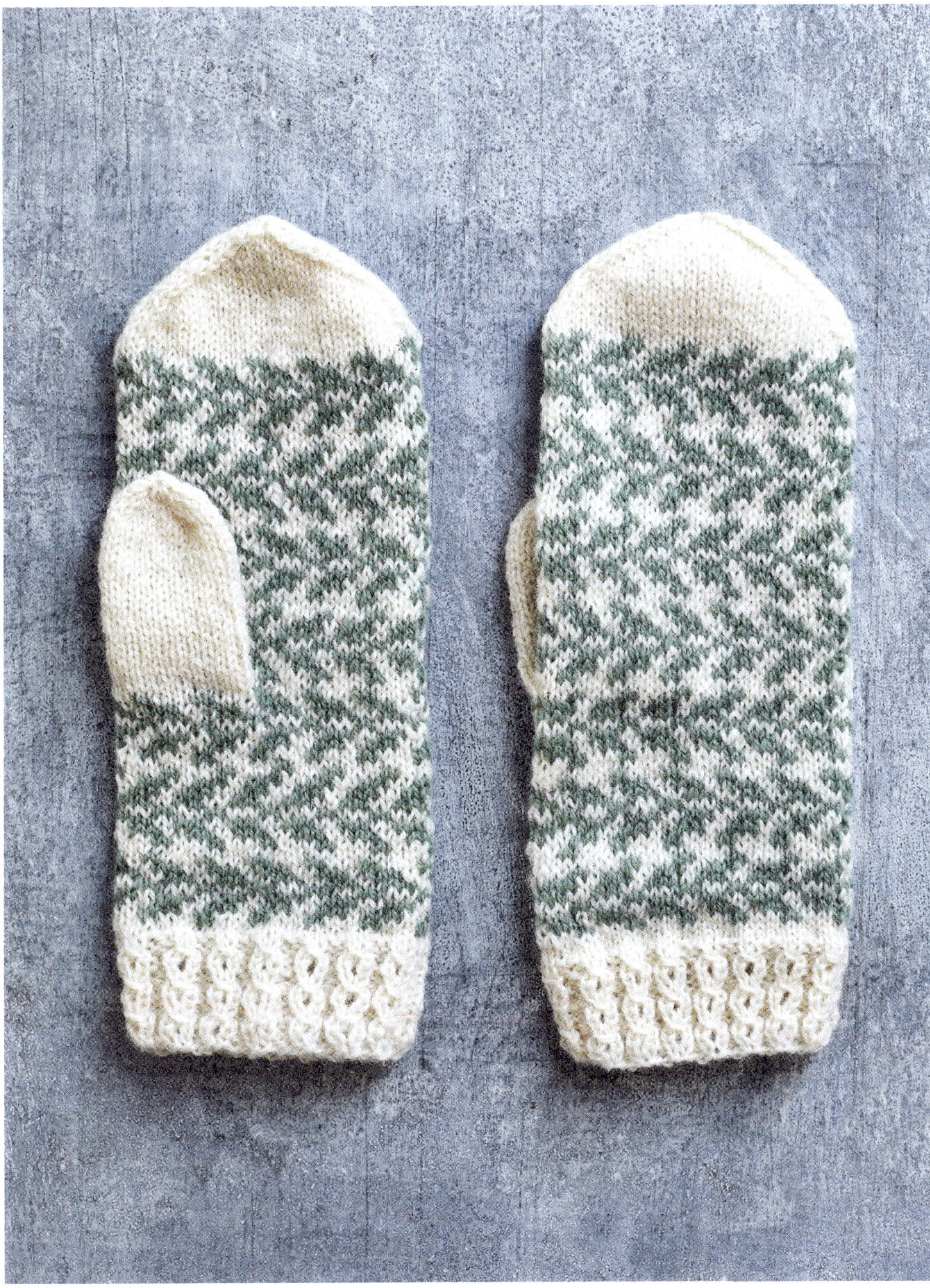

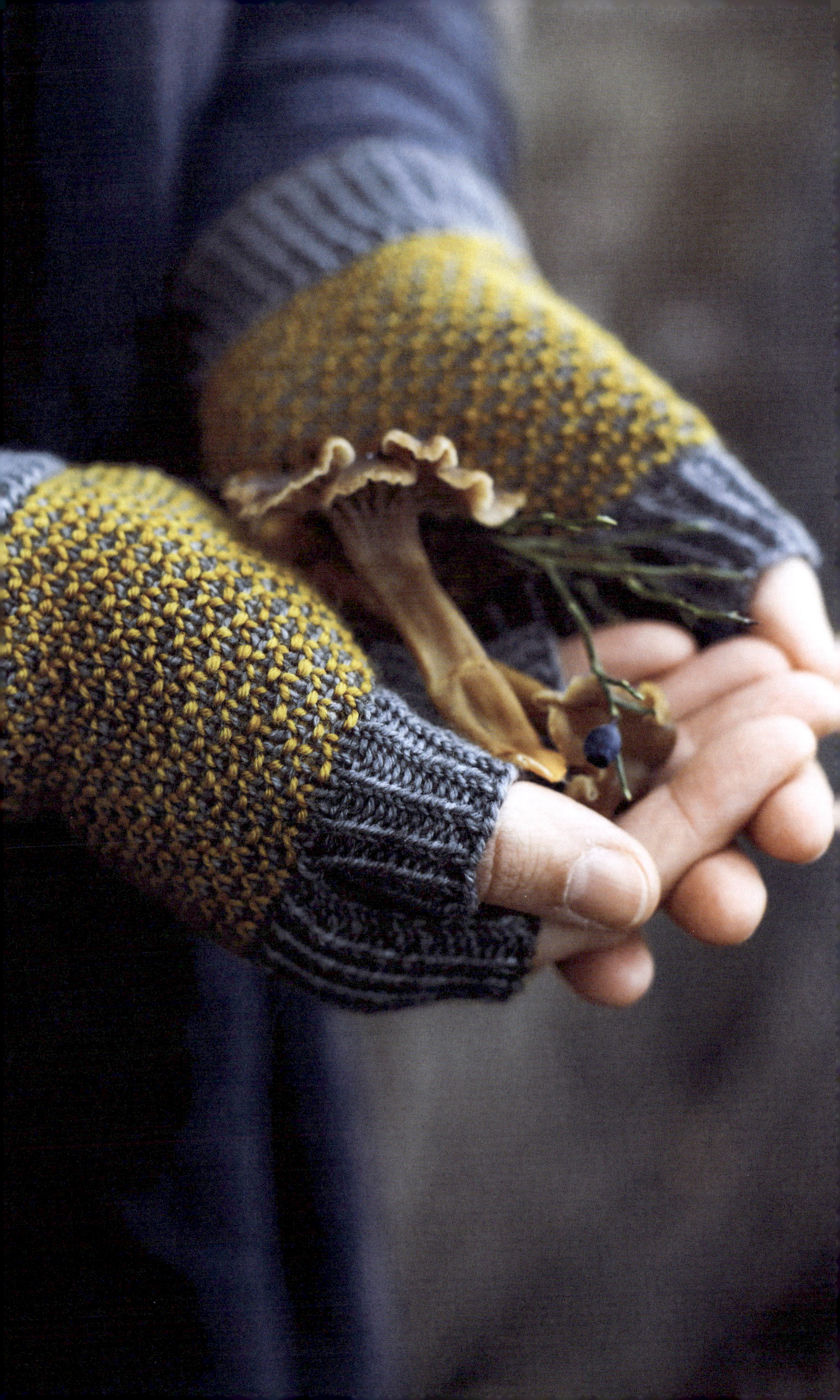

Herbstleuchten

Im Herbst ist der Wald eine einzige Speisekammer.
Wer hinausgeht, wird mit Pilzen und Beeren reich belohnt.
Meine Lieblinge sind Pfifferlinge und Preiselbeeren.
Ja, Trompetenpfifferlinge sind auch lecker.
Ich trockne die Pilze und gebe sie im Winter in die Fleischsauce.
Und Preiselbeermarmelade ist natürlich genial im Porridge!
Für fleißige Pilzsammler sind fingerlose Handschuhe ein Muss.
Das Modell »Herbstleuchten« wirkt aufwendig, ist aber einfach
zu stricken, weil man immer nur mit einer Farbe pro Reihe
strickt. Trotzdem vermittelt das clevere Strukturmuster
die Illusion eines traditionellen Einstrickmusters.

GRÖSSE: *Damen*

LÄNGE: *17,5 cm*

BREITE: *9,5 cm*

MATERIAL: *Alegría von Manos del Uruguay, (75 % Merinowolle »superwash«, 25 % Polyamid, 100 g = 425 m)*

MENGE: *GF = 50 g Dunkelgrau (Nr. 14759), MF = 50 g Gelb (Nr. 14754)*

NADELSPIEL: *2,5 mm und 3 mm*

MASCHENPROBE: *28 M × 40 Rd = 10 × 10 cm glatt rechts im Muster auf Nadelstärke 3 mm*

RECHTER HANDSCHUH

Mit Nadelspiel 2,5 mm und GF: 60 M anschlagen und gleichmäßig auf 4 Nadeln verteilen (15 M pro Nadel). In Runden verschränkte Rippen stricken: *1 M re verschr, 1 M li*. Von *–* bis Rd-Ende wdh. 5 cm Rippen str.

Auf Nadeln 3 mm wechseln und 1 Rd re str. Jetzt das Strukturmuster str.

Rd 1, MF: Rechts.

Rd 2, GF: *1 M re, 1 M li*. Von *–* bis RdEnde wdh.

Rd 3, MF: Rechts.

Rd 4, GF: *1 M li, 1 M re*. Von *–* bis RdEnde wdh.

Rd 1–4 wdh, bis das Strukturmuster 7,5 cm misst. Zu GF wechseln: 1 Rd re str.

Daumen vorbereiten

Die ersten 30 M str. Dann die folgenden 12 M mit einem Wollfaden in Kontrastfarbe str. Diese 12 M zurück auf die linke Nadel schieben und mit GF stricken. Restl 18 M str.

Hand und Spitze

Auf 2,5 mm Nadeln wechseln und 5 cm verschränkte Rippen str. Im Rippenmuster abketten. Fäden vernähen.

Daumen

Den Faden, der den Daumen markiert, lösen. Mit Nadelspiel 2,5 mm und GF: Die 24 Daumenmaschen aufnehmen und 1 Rd re str. Verschränkte Rippen in Runden stricken, bis der Daumen 3 cm misst. Im Rippenmuster abketten. Fäden vernähen.

LINKER HANDSCHUH

Wie den rechten Handschuh str, aber den Faden für den Daumen über die letzten 12 M der Rd (49.–60. M) einstricken anstatt wie beim rechten Handschuh über die 31.–42. M.

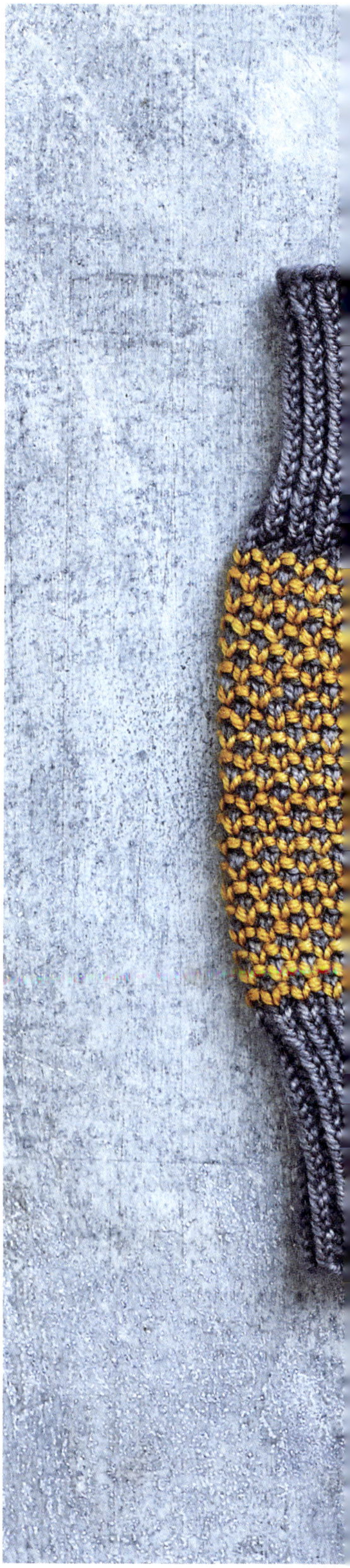

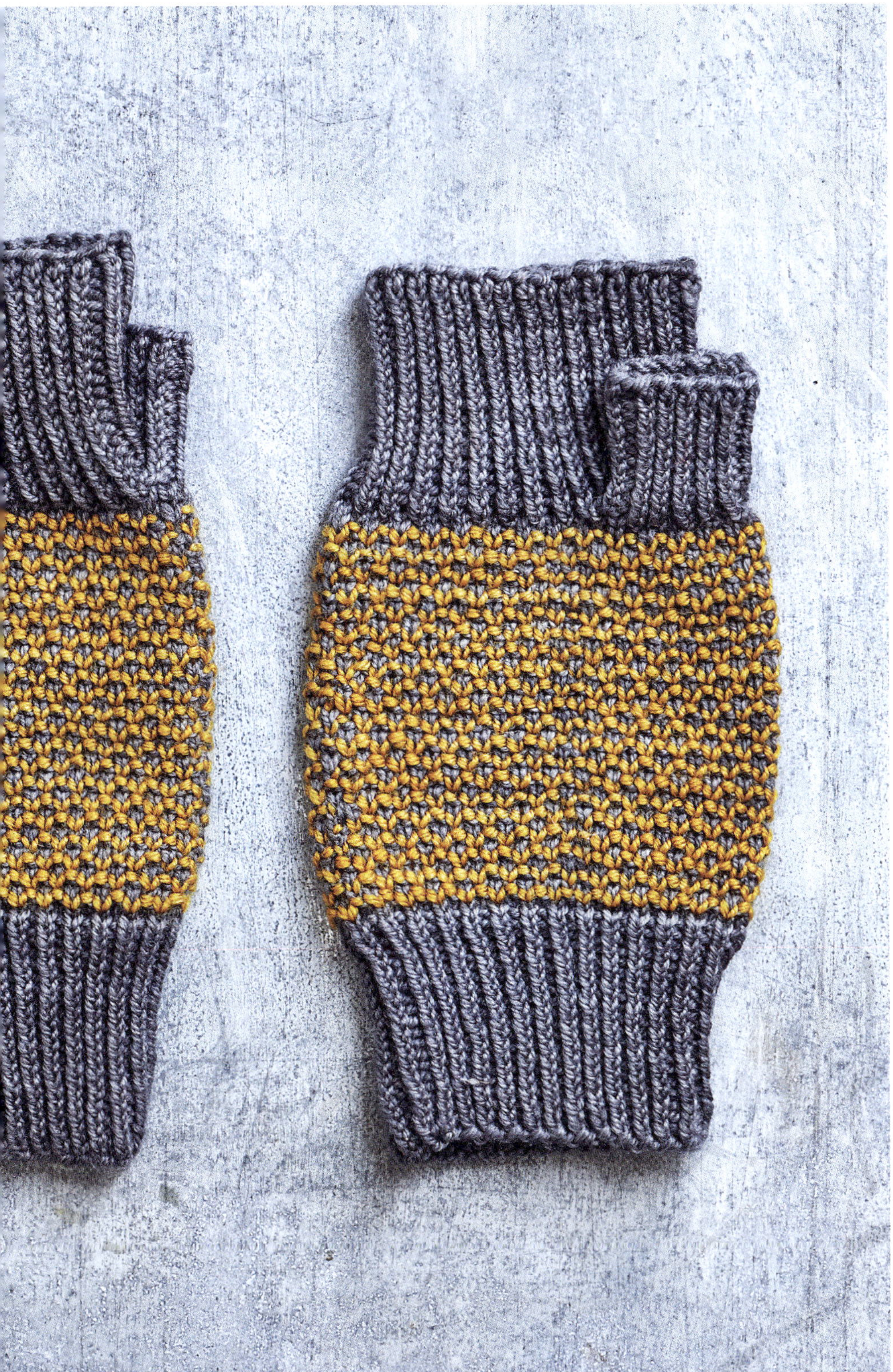

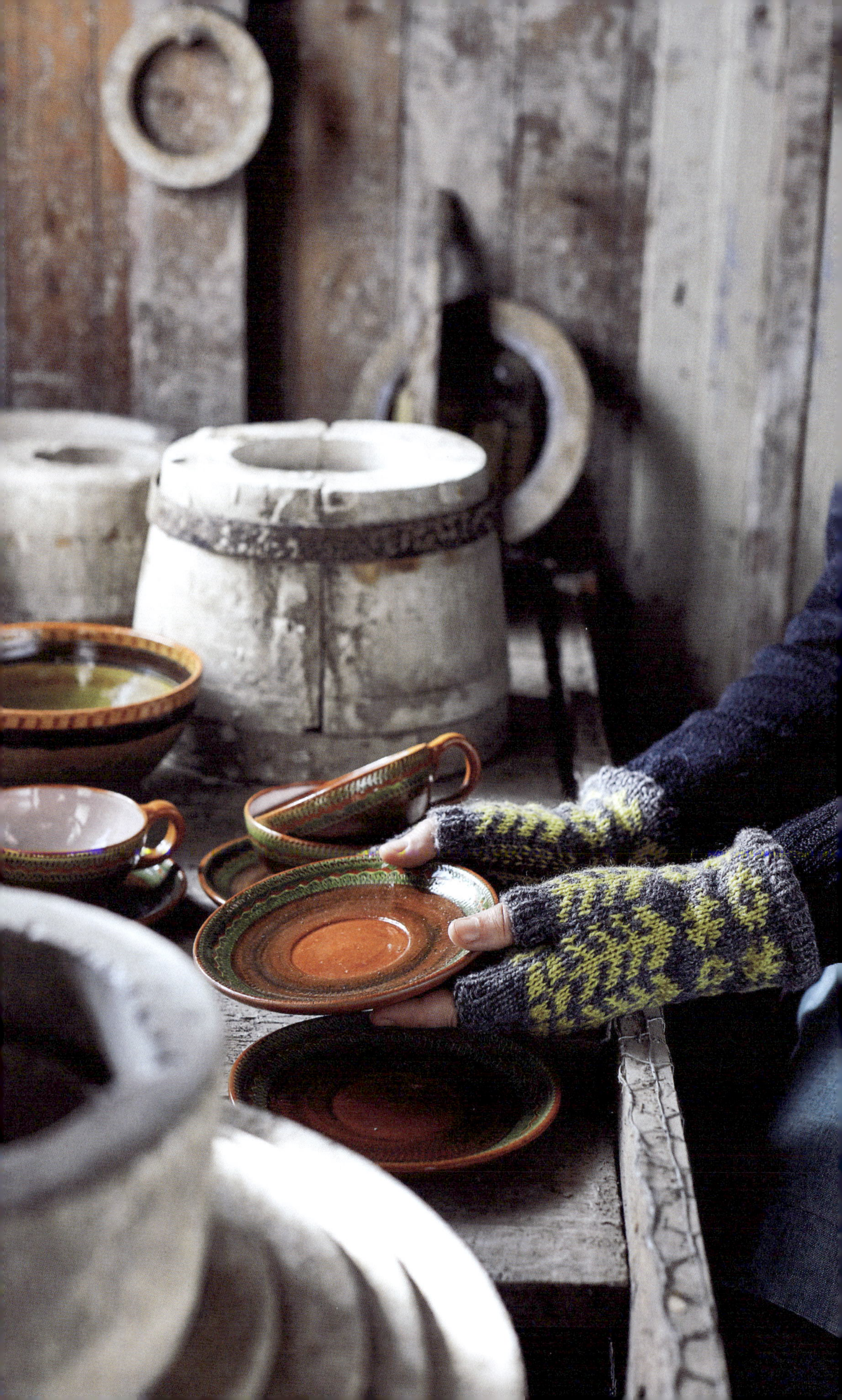

Japonica

Japanische Tradition und Design sind eine große Inspirationsquelle für mich. Mich fasziniert der Musterschatz, der mich an den schwedischen erinnert, aber doch seine ganz eigene, einzigartige Ästhetik besitzt. Mit den fingerlosen Handschuhen »Japonica« möchte ich mich der japanischen Formensprache annähern. Die Blumen auf der Hand sind schlichter, als ich sie normalerweise zeichne. Das Modell ist hübsch und sitzt eng, weil die Zunahmen für den Daumen der Form der Hand folgen.

GRÖSSE: *Damen*

LÄNGE: *20,5 cm*

BREITE: *9,5 cm*

MATERIAL: *Finullgarn von Rauma Ullvarefabrikk (100 % reine Schurwolle, 50 g = 175 m)*

MENGE: *GF = 50 g Dunkelgrau (Nr. 414), MF = 50 g Gelb (Nr. 412)*

NADELSPIEL: *2 Nadelspiele 3 mm*

MASCHENPROBE: *26 M × 28 Rd = 10 × 10 cm glatt rechts im Muster auf Nadelstärke 3 mm*

ABKÜRZUNGEN: *1 M li neig zun, siehe bebilderte Erklärung auf Seite 176.*

1 M re neig zun, siehe bebilderte Erklärung auf Seite 176.

Dunkelgraue Kästchen in der Strickschrift bedeuten hier keine Masche.

RECHTER HANDSCHUH

Mit Nadelspiel 3 mm und GF: 48 M anschlagen und gleichmäßig auf 4 Nadeln verteilen (12 M pro Nadel). 4 Rd Rippen (1 M re, 1 M li) stricken, dann 2 Rd rechts.

Das Muster laut Strickschrift glatt rechts stricken (= in Runden alle M rechts).

Für den Daumen zun (= 1 M li neig zun, siehe ERKLÄRUNG auf voriger Seite), wie die »Treppenstufen« in der Strickschrift zeigen. Die 12 Daumenmaschen, wie in der Strickschrift markiert, stilllegen und 4 neue M »hinter« dem Daumen anschlagen, wie in der Strickschrift gezeigt = 48 M.

Nach beendeter Strickschrift: 6 Rd re mit GF.

FINGER

Kleiner Finger: Die ersten 6 M von Nadel 1 und die letzten 6 M von Nadel 4 gleichmäßig auf 4 neue Nadeln verteilen = 12 M. 4 Rd Rippen (1 M re, 1 M li) str. Im Rippenmuster abketten. (**Achtung!** Damit in der 1. Rd keine Löcher entstehen, die Techniktipps auf Seite 174 lesen.)

Dann die nächsten 6 M auf Nadel 1 und die restlichen 6 M auf Nadel 4 gleichmäßig auf 4 neue Nadeln verteilen = 12 M. 2 Rd re str. 4 Rd Rippen (1 M re, 1 M li) str. Im Rippenmuster abketten.

Von *–* wdh mit den ersten 6 M auf Nadel 2 und den letzten 6 M auf Nadel 3, dann mit den letzten 6 M auf Nadel 2 und den restlichen 6 M auf Nadel 3.

DAUMEN

Die 12 Daumenmaschen auf 4 Nadeln verteilen und 2 Rd rechts mit GF. **Achtung!** In der 1. Rd 4 neue M aus den angeschlagenen M aufnehmen = 16 M.

5 Rd Rippen (1 M re, 1 M li) str. Im Rippenmuster abketten und Fäden vernähen.

LINKER HANDSCHUH

Wie den rechten Handschuh str, aber das Muster gegengleich, dafür die Strickschrift von links nach rechts str anstatt von rechts nach links. Beim Daumenkeil mit 1 M re neig zun.

Die Finger wie beim rechten Handschuh str, denken Sie daran, beim kleinen Finger nur 4 Rd Rippen zu stricken, die anderen bestehen aus 2 Rd re + 4 Rd. Rippen.

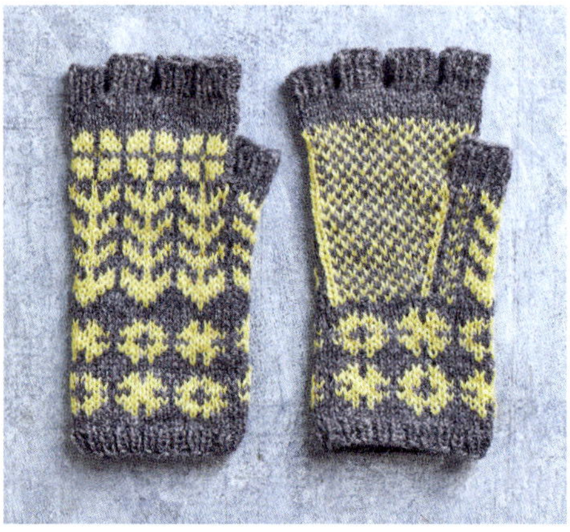

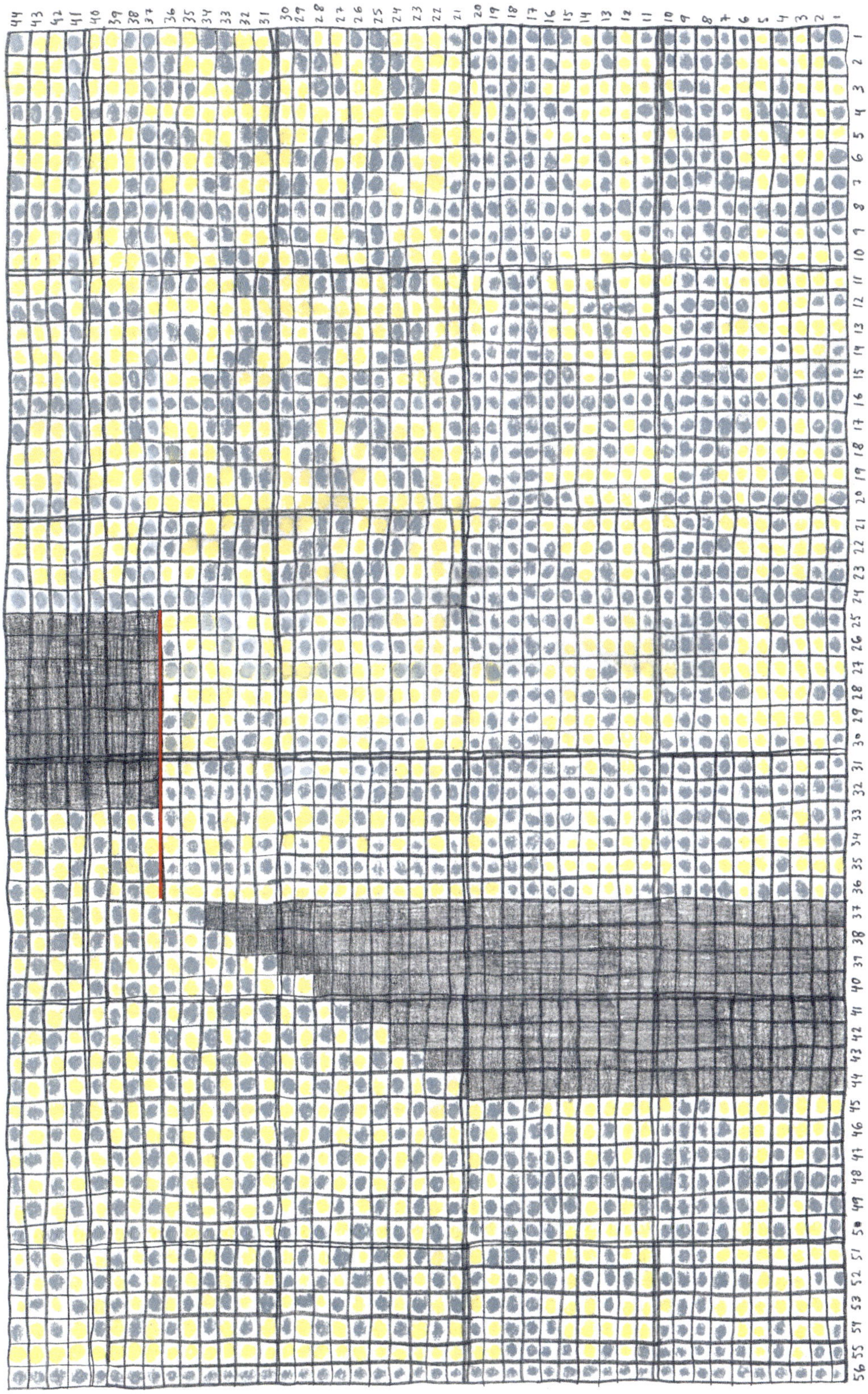

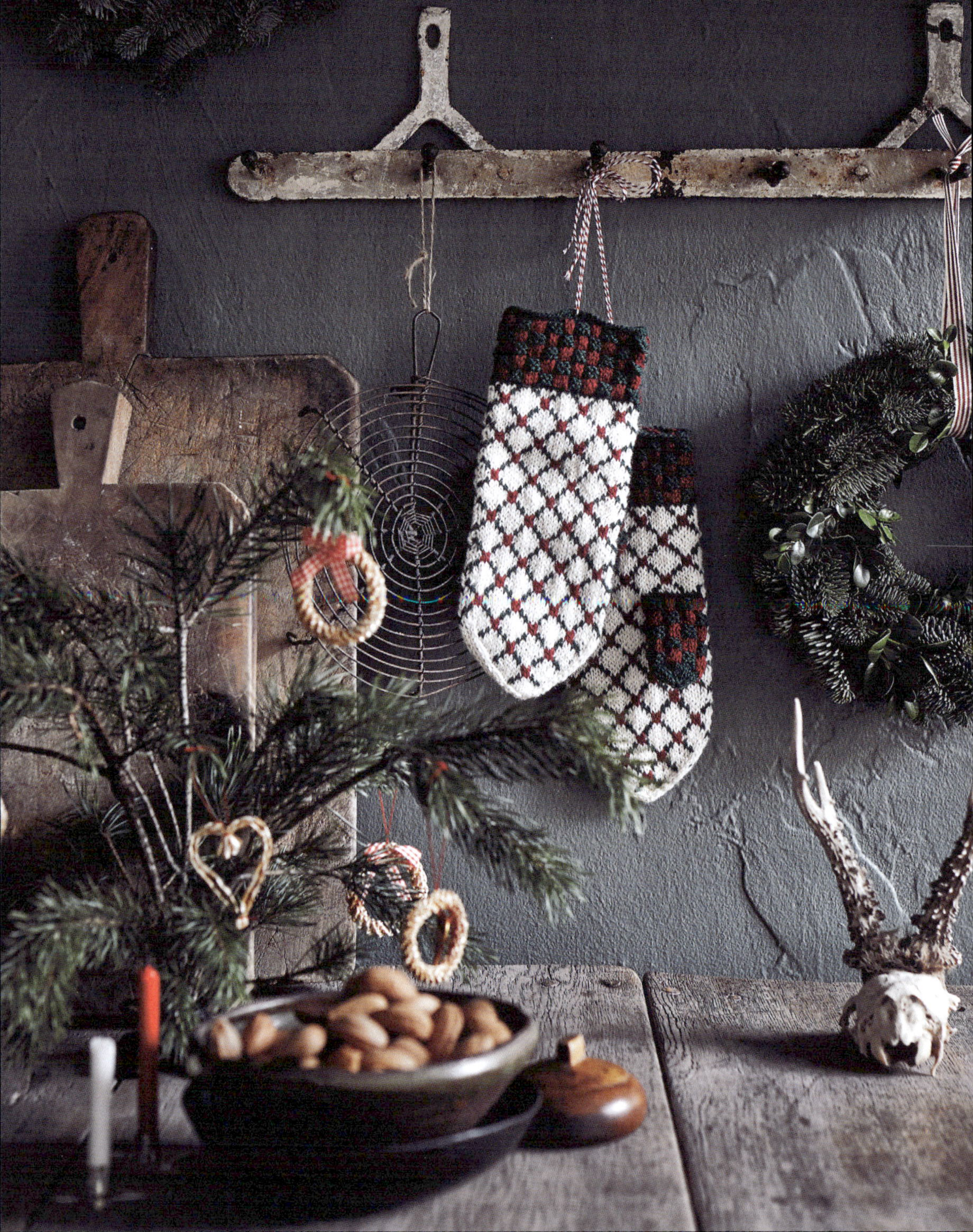

Weihnachtsrauten

»Weihnachtsrauten« sind rustikale Handschuhe, die von altmodischen Weihnachtsmorgen inspiriert sind. Man kann sie natürlich den ganzen Winter hindurch tragen. Besonders schön werden sie in den traditionellen Weihnachtsfarben Grün und Rot mit Weiß oder Grau. Bund und Daumen werden in einem flechtartigen Strukturmuster gestrickt, das den Handschuh außergewöhnlich macht. In meinem Heimatort Arvika feiern wir die Christmette in der Mikaelikyrka. Draußen brennen dann Hunderte Kerzen auf einer langen Mauer. Es ist so schön! Und wir genießen die Pracht, wenn wir nach Hause spazieren, meine Tochter und ich Hand in Hand – Handschuh in Handschuh.

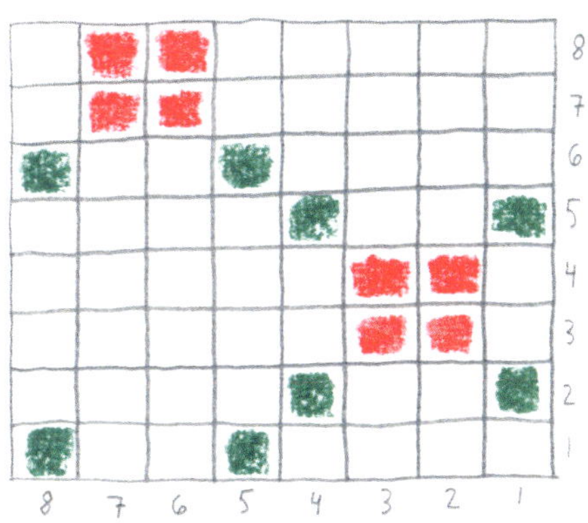

Grösse: *Damen*

Länge: *26 cm*

Breite: *10 cm*

Material: *Finullgarn von Rauma Ullvarefabrikk (100 % reine Schurwolle, 50 g = 175 m)*

Menge: *GF = 50 g Weiß (Nr. 400), MF1 = 50 g Dunkelgrün (Nr. 432), MF2 = 50 g Weinrot (Nr. 497)*

Nadelspiel: *3 mm*

Maschenprobe: *30 M × 30 Rd = 10 × 10 cm glatt rechts im Muster auf Nadelstärke 3 mm*

RECHTER HANDSCHUH

Karierter Bund – Mit Nadelspiel 3 mm und MF1: 60 M anschlagen und auf 4 Nadeln verteilen (15 M pro Nadel). 1 Rd rechts.

Rd 1: *3 M re mit MF2, 3 M re mit MF1*. Von *–* bis Rd-Ende wdh.

Rd 2–3: *3 M re mit MF2, 3 M li mit MF1*. Von *–* bis Rd-Ende wdh.

Rd 4: *3 M re mit MF1, 3 M re mit MF2*. Von *–* bis Rd-Ende wdh.

Rd 5–6: 3 M li mit MF1, 3 M re mit MF2*. Von *–* bis Rd-Ende wdh.

Rd [1–6] 1-mal wdh, dann Rd [1–3] 1-mal wdh.

Ab jetzt glatt rechts stricken (= in Runden alle M rechts). Mit MF1: 1 Rd stricken.

18 Rd im Muster laut Strickschrift str (Rd 1–8 wdh).

Daumen vorbereiten

Weiter im Muster laut Strickschrift über die ersten 30 M str. Dann die folgenden 12 M mit einem Wollfaden in Kontrastfarbe str. Diese 12 M zurück auf die linke Nadel schieben und mit GF stricken. Restl 18 M laut Strickschrift str.

Hand und Spitze

30 Rd im Muster laut Strickschrift str.

Weiter im Muster str und dabei mit den Abnahmen für die Spitze beginnen. Die abgenommenen M fallen aus dem Muster, damit die Seiten hübsch aussehen, die ersten 3 M auf Nadel 1 und 3 sowie die letzten 3 M auf Nadel 2 und 4 mit GF str.

AbnahmeRd für die Spitze: 1 M re, 2 M überzogen zusstr. Weiterstricken, bis zu den letzten 3 M auf Nadel 2: 2 M re zus, 1 M re. Nadel 3: 1 M re, 2 M überzogen zusstr. Weiterstricken, bis zu den letzten 3 M auf Nadel 4: 2 M re zus, 1 M re = 4 M abgenommen.

Die AbnahmeRd 2-mal in jeder 2. Rd wdh, dann in jeder Rd, bis noch 8 M übrig sind. Faden abschneiden und durch die restl M ziehen. Fäden vernähen.

Daumen

Den Faden, der den Daumen markiert, lösen. Mit Nadelspiel 4 und MF1: Die 24 Daumenmaschen aufnehmen und 2 Rd str.

Das Karomuster wie am Bund str, Rd [1–6] 2-mal, und Rd [1–3] 1-mal. Mit MF1: 1 Rd stricken.

Nach demselben Prinzip wie an der Spitze abnehmen, aber direkt in jeder Rd, bis noch 16 M übrig sind. Bis RdEnde 2 M re zusstr = 8 M.

Faden abschneiden, durch die restl M fädeln und festziehen. Fäden vernähen.

LINKER HANDSCHUH

Wie den rechten Handschuh str, aber das Muster gegengleich, dafür die Strickschrift von links nach rechts str anstatt von rechts nach links.

Den Daumen wie folgt vorbereiten: Im Muster laut Strickschrift über die ersten 48 M str. Dann die folgenden 12 M mit einem Wollfaden in Kontrastfarbe str. Diese 12 M zurück auf die linke Nadel schieben und mit GF stricken.

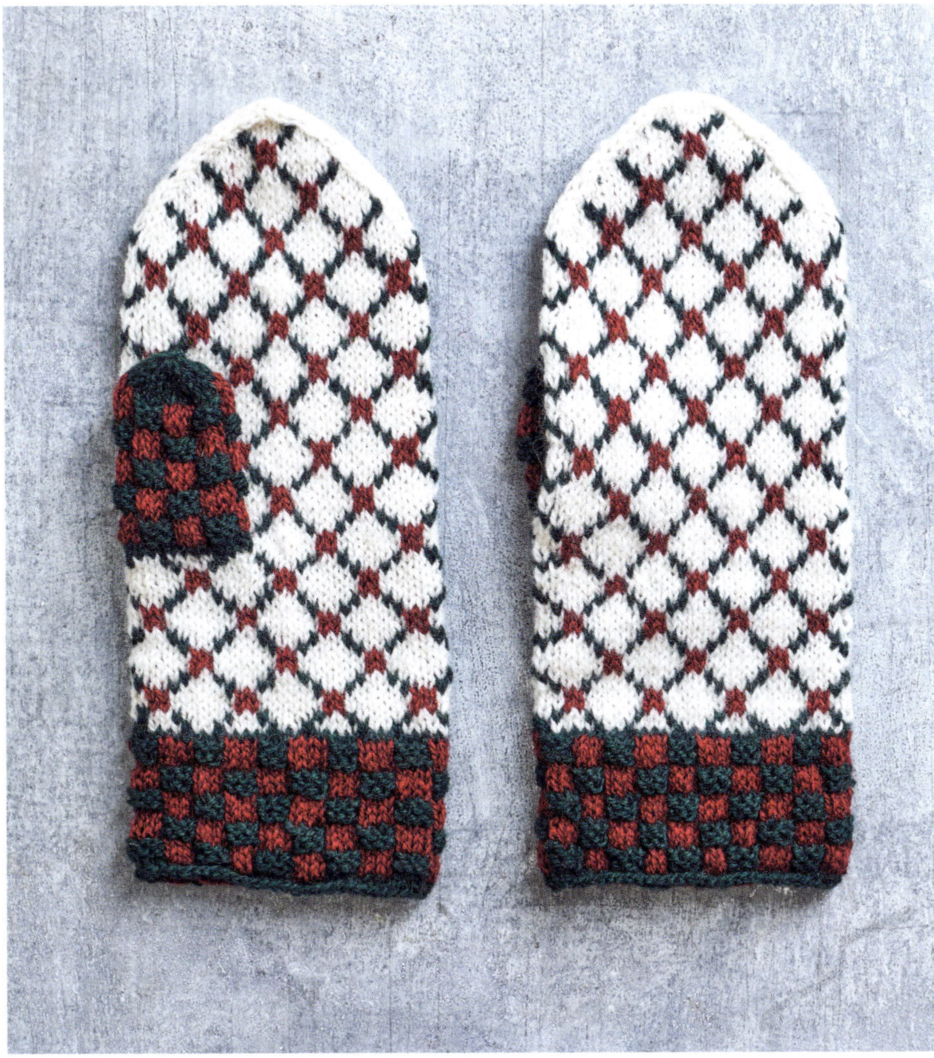

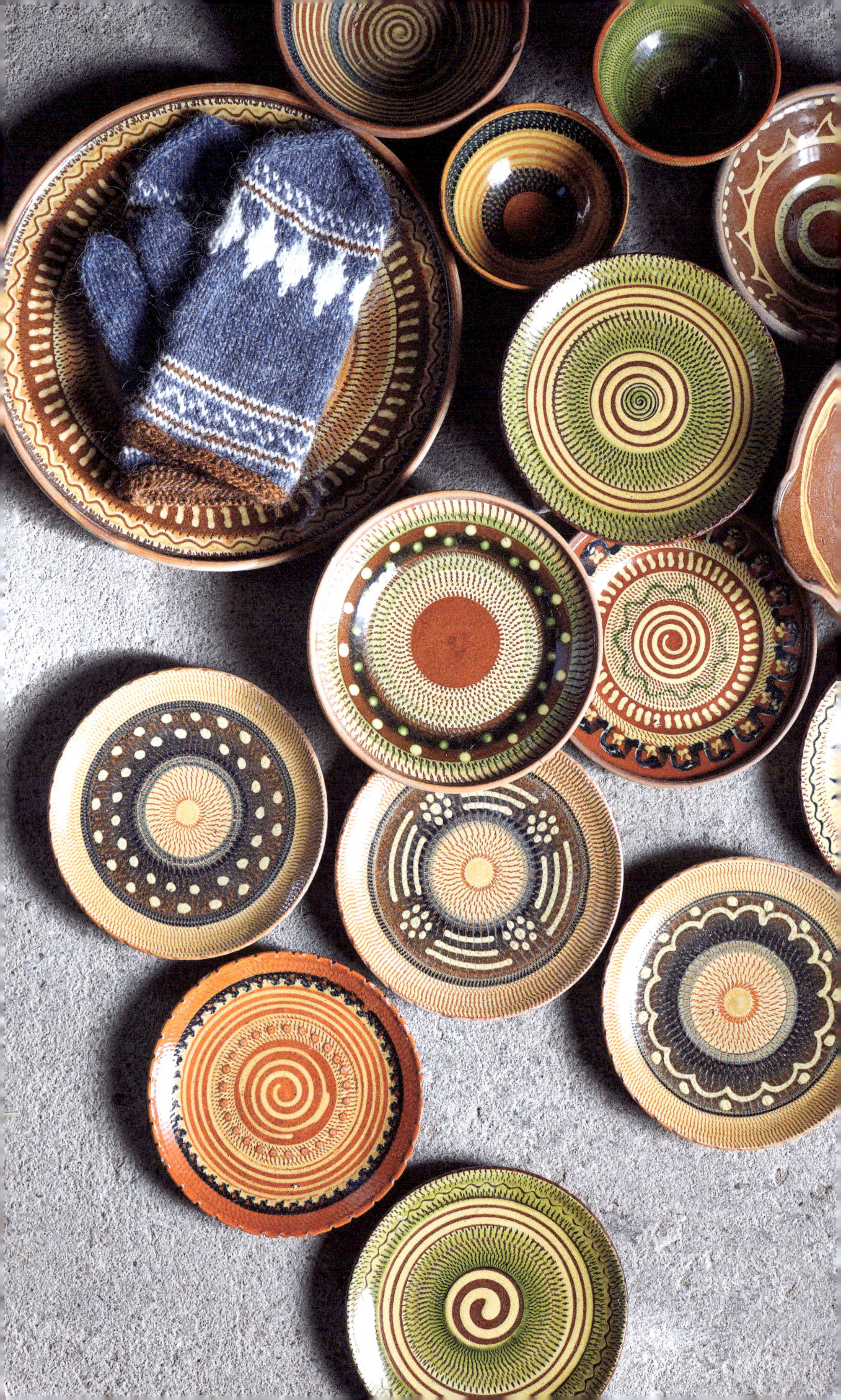

Keramik

In meinem Heimatort Arvika gibt es eine reichhaltige Kunsthandwerkstradition, und die Töpfer sind dort schon lange aktiv. Die hübschen Gebrauchsgegenstände mit ihrem typischen Dekor sind daher ein wichtiger Teil des värmländischen Kulturerbes. Die Handschuhe »Keramik« sind vom Töpfer Viktor Axelsson (1884–1946) inspiriert. Seine Keramik ist oft blau, braun und weiß – genau wie das Handschuhmuster.

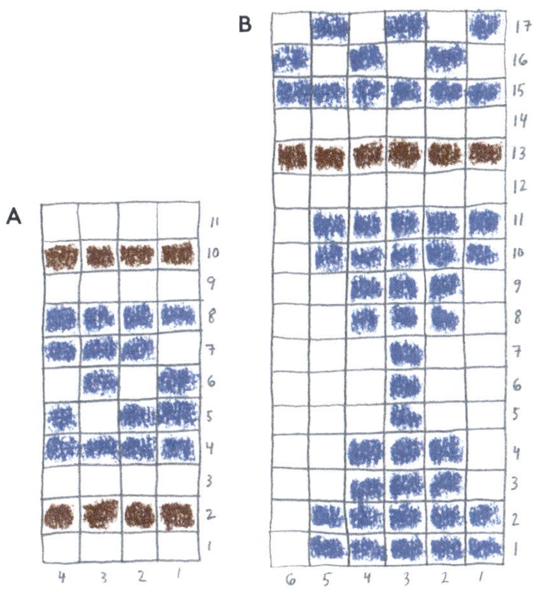

GRÖSSE: *Damen*

LÄNGE: *24 cm*

BREITE: *11 cm*

MATERIAL: *Léttlopi (100 % isländische Wolle, 50 g = 100 m)*

MENGE: *GF = 50 g Blau (Nr. 11701), MF1 = 50 g Braun (Nr. 19427), MF2 = 50 g Naturweiß (Nr. 10051)*

NADELSPIEL: *3,5 mm und 4 mm*

MASCHENPROBE: *22 M × 26 Rd = 10 × 10 cm glatt rechts im Muster auf Nadelstärke 4 mm*

ABKÜRZUNGEN: *1 M tief zun = 1 M tief gestochen zun, siehe bebilderte Erklärung auf Seite 177.*

RECHTER HANDSCHUH

Mit Nadelspiel 3,5 mm und MF1: 48 M anschlagen und gleichmäßig auf 4 Nadeln verteilen (12 M pro Nadel). In Runden stricken:

Rd 1: Links.

Rd 2: Rechts.

Rd 3: Links.

Auf Nadelstärke 4 mm wechseln und ab jetzt glatt rechts str (= in Runden alle M rechts). 3 Rd mit GF.

11 Rd im Muster laut Strickschrift A str, dabei 1.–4. M in der Rd wdh. 6 Rd mit GF.

Daumenkeil

ZunahmeRd 1: Bis Nadel 3 str, in der 3. und 5. M 1 M tief zun (siehe Erklärung auf voriger Seite). Bis RdEnde str, dann 1 Rd ohne Zunahmen.

ZunahmeRd 2: Bis Nadel 3 str, in der 3. und 7. M 1 M tief zun. Bis RdEnde str, dann 1 Rd ohne Zunahmen.

ZunahmeRd 3: Bis Nadel 3 str, in der 3. und 9. M 1 M tief zun. Bis RdEnde str, dann 1 Rd ohne Zunahmen.

ZunahmeRd 4: Bis Nadel 3 str, in der 3. und 11. M 1 M tief zun. Bis RdEnde str, dann 1 Rd ohne Zunahmen.

ZunahmeRd 5: Bis Nadel 3 str, in der 3. und 13. M 1 M tief zun. Bis RdEnde str, dann 1 Rd ohne Zunahmen.

ZunahmeRd 6: Bis Nadel 3 str, in der 3. und 15. M 1 M tief zun. Bis RdEnde str, dann 1 Rd ohne Zunahmen.

26 M str, die 15 M des Daumenkeils stilllegen.

Hand und Spitze

3 neue M »hinter« dem Daumen anschlagen und bis RdEnde str = (48 M). 4 Rd mit GF str, dann im Muster laut Strickschrift B (17 Rd, dabei 1.–6. M in der Rd wdh). Dann 2 Rd mit GF.

AbnahmeRd für die Spitze: 1 M re, 2 M überzogen zusstr. Weiterstricken, bis zu den letzten 3 M auf Nadel 2: 2 M re zus, 1 M re.

Nadel 3: 1 M re, 2 M überzogen zusstr. Weiterstricken, bis zu den letzten 3 M auf Nadel 4: 2 M re zus, 1 M re = 4 M abgenommen. Die AbnahmeRd 2-mal in jeder 2. Rd wdh, dann in jeder Rd, bis noch 8 M übrig sind. Faden abschneiden und durch die restl M ziehen.

Daumen

Die 15 Daumenmaschen auf 4 Nadeln 4 mm verteilen und 3 neue M aus den angeschlagenen M aufnehmen = 18 M. In Rd str, bis der Daumen 5,5 cm misst.

Wie bei der Handschuhspitze abnehmen, aber direkt in jeder Rd, bis noch 10 M übrig sind.

Faden abschneiden und durch die restl M ziehen. Fäden vernähen.

LINKER HANDSCHUH

Wie den rechten Handschuh str, aber das Muster gegengleich, dafür die Strickschrift von links nach rechts str anstatt von rechts nach links.

Den Daumenkeil in der 3. und 5. M vor dem Ende von Nadel 4 beginnen. Nach demselben Prinzip wie am rechten Handschuh zun, aber ab dem Ende der 4. Nadel rechnen anstatt vom Anfang der 3. Nadel.

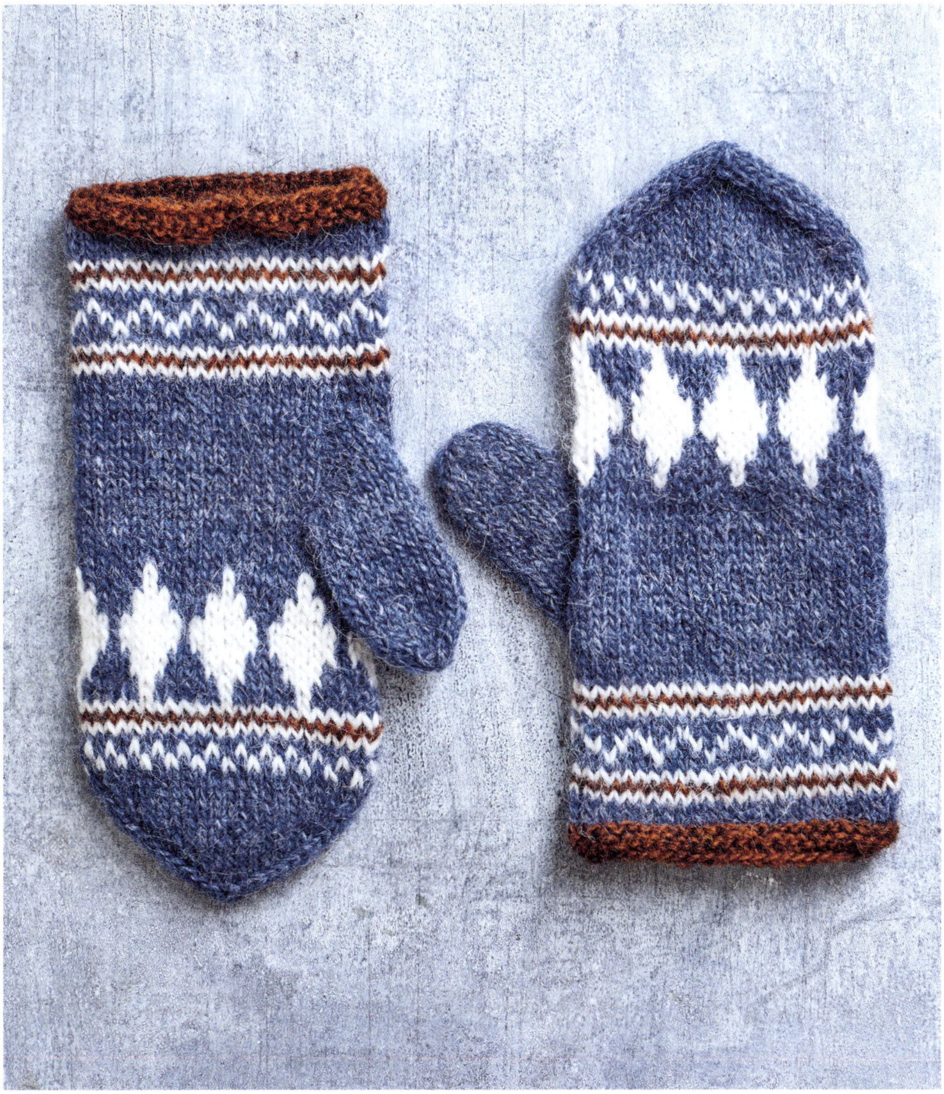

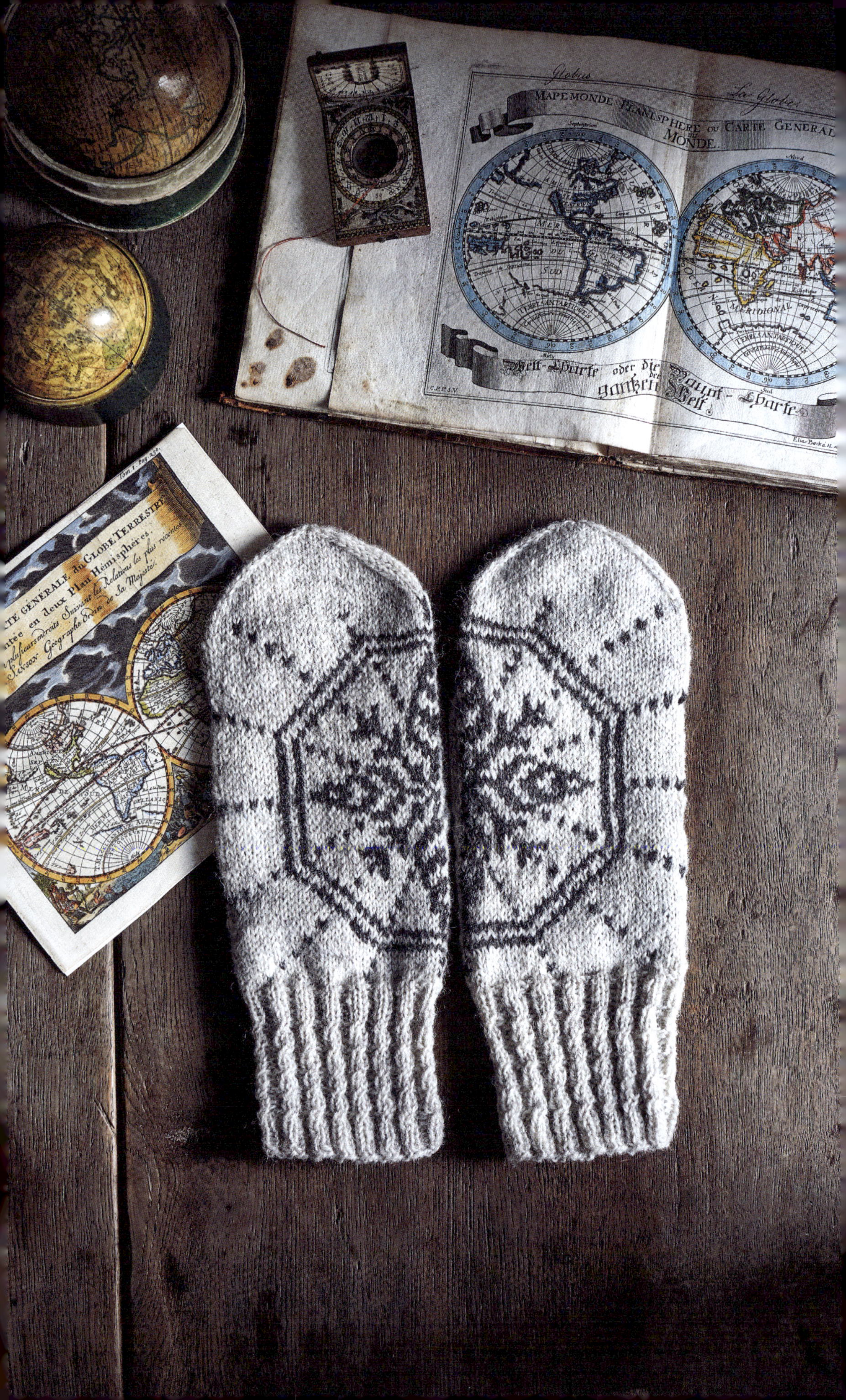

Globus
La Globe
MAPEMONDE PLANISPHERE ou CARTE GENERALE DU MONDE

Kompassrose

Eine Kompassrose zeigt auf Karten und Kompassen die Himmelsrichtungen. Ich finde es faszinierend, wie schön sie ist und dass sie mich an die Achtblattrose erinnert. Auch in der Symbolik der Kompassrose liegt etwas Schönes, wie sie dem verirrten Seemann den Weg weist. Vielleicht brauchen wir alle manchmal eine Kompassrose, die uns die Richtung anzeigt?

A

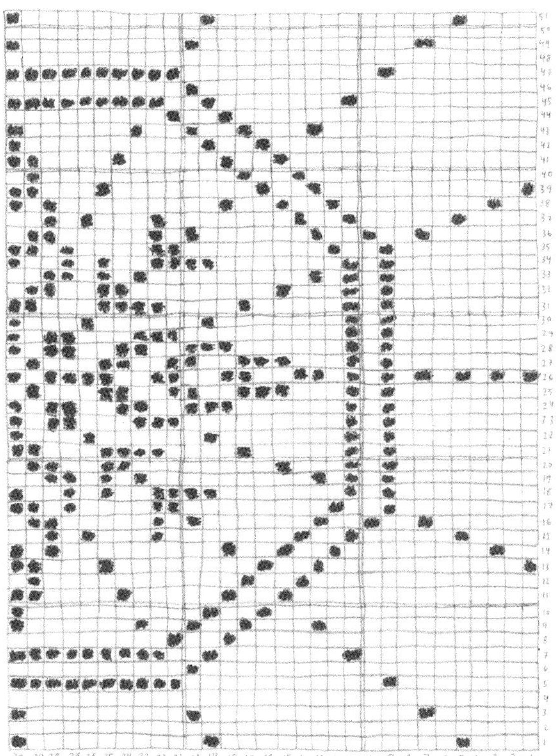

GRÖSSE: *Damen*

LÄNGE: *29 cm*

BREITE: *10 cm*

MATERIAL: *Finullgarn von Rauma Ullvarefabrikk (100 % reine Schurwolle, 50 g = 175 m)*

MENGE: *GF = 50 g Hellgrau (Nr. 403), MF1 = 50 g Dunkelgrau (Nr. 414)*

NADELSPIEL: *2,5 mm*

MASCHENPROBE: *30 M × 32 Rd = 10 × 10 cm glatt rechts im Muster auf Nadelstärke 2,5 mm*

RECHTER HANDSCHUH

Mit Nadelspiel 2,5 mm und GF: 60 M anschlagen und auf 4 Nadeln verteilen (15 M pro Nadel). 7 Rd Rippen (2 M re, 2 M li) str.

****Zopf-Rd:** *1 M re in die 2. M auf der linken Nadel und die M auf der Nadel lassen. Die 1. M re, dann beide M auf die rechte Nadel heben, 2 M li*. Von *–* bis Rd-Ende wdh.

3 Rd Rippen str.**

Ab **–** 3-mal wdh. Dann eine letzte Zopf-Rd str, danach noch 5 Rd normale Rippen. Ab jetzt glatt rechts str (= in Runden alle M rechts) und 2 Rd mit GF str.

21 Rd im Muster laut Strickschrift A (1.–30. M) und Strickschrift B (31.–60. M) str. (Strickschrift B: Rd 1–5 wdh.)

Daumen vorbereiten

Weiter im Muster laut Strickschrift A über die ersten 30 M str. Dann die folgenden 12 M mit einem Wollfaden in Kontrastfarbe str. Diese 12 M zurück auf die linke Nadel schieben und mit GF stricken. Restl 18 M laut Strickschrift str.

Hand und Spitze

29 Rd im Muster laut Strickschrift A (oben) und B (unten) str. (Strickschrift B endet mit Rd 1.) Jetzt mit GF weiterarbeiten. 2 Rd mit GF str.

AbnahmeRd für die Spitze: 1 M re, 2 M überzogen zusstr. Weiterstricken, bis zu den letzten 3 M auf Nadel 2: 2 M re zus, 1 M re. Nadel 3: 1 M re, 2 M überzogen zusstr. Weiterstricken, bis zu den letzten 3 M auf Nadel 4: 2 M re zus, 1 M re = 4 M abgenommen.

Die AbnahmeRd 2-mal in jeder 2. Rd wdh, dann in jeder Rd, bis noch 8 M übrig sind. Faden abschneiden und durch die restl M ziehen. Fäden vernähen.

Daumen

Den Faden, der den Daumen markiert, lösen. Mit Nadelspiel 4 und GF: Die 24 Daumenmaschen aufnehmen und gleichmäßig auf 4 Nadeln verteilen. In Rd str, bis der Daumen 5,5 cm misst.

Nach demselben Prinzip wie an der Spitze abnehmen, aber direkt in jeder Rd, bis noch 16 M übrig sind. Dann 2 M re zus bis RdEnde stricken = 8 M.

Faden abschneiden, durch die restl M fädeln und festziehen. Fäden vernähen.

LINKER HANDSCHUH

Wie den rechten Handschuh str, aber das Muster gegengleich, dafür die Strickschrift von links nach rechts str anstatt von rechts nach links.

Für den Daumen über die ersten 48 M im Muster laut Strickschrift str. Dann die folgenden 12 M mit einem Wollfaden in Kontrastfarbe str. Diese 12 M zurück auf die linke Nadel schieben und mit GF stricken.

B

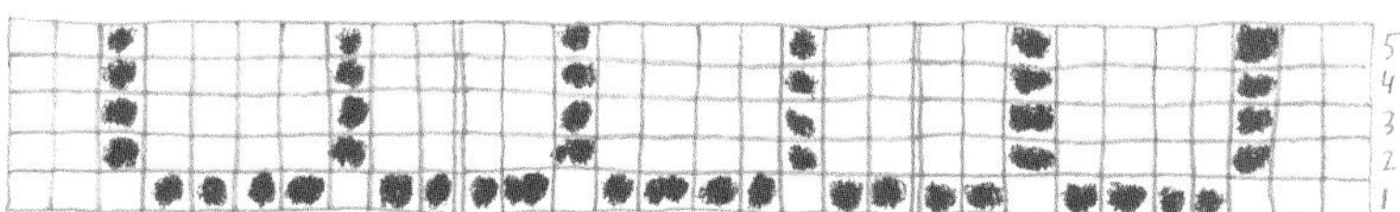

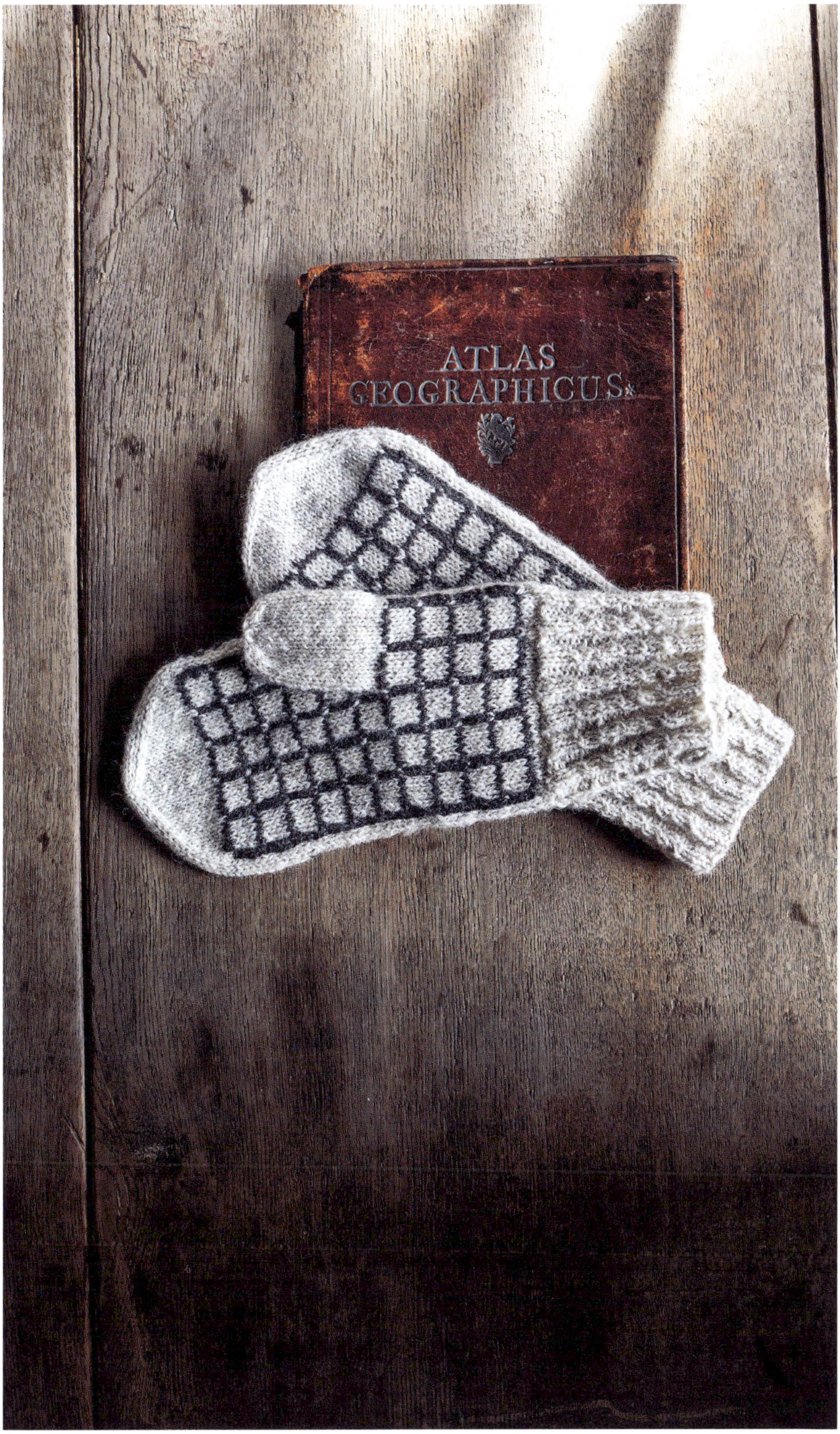
ATLAS
GEOGRAPHICUS

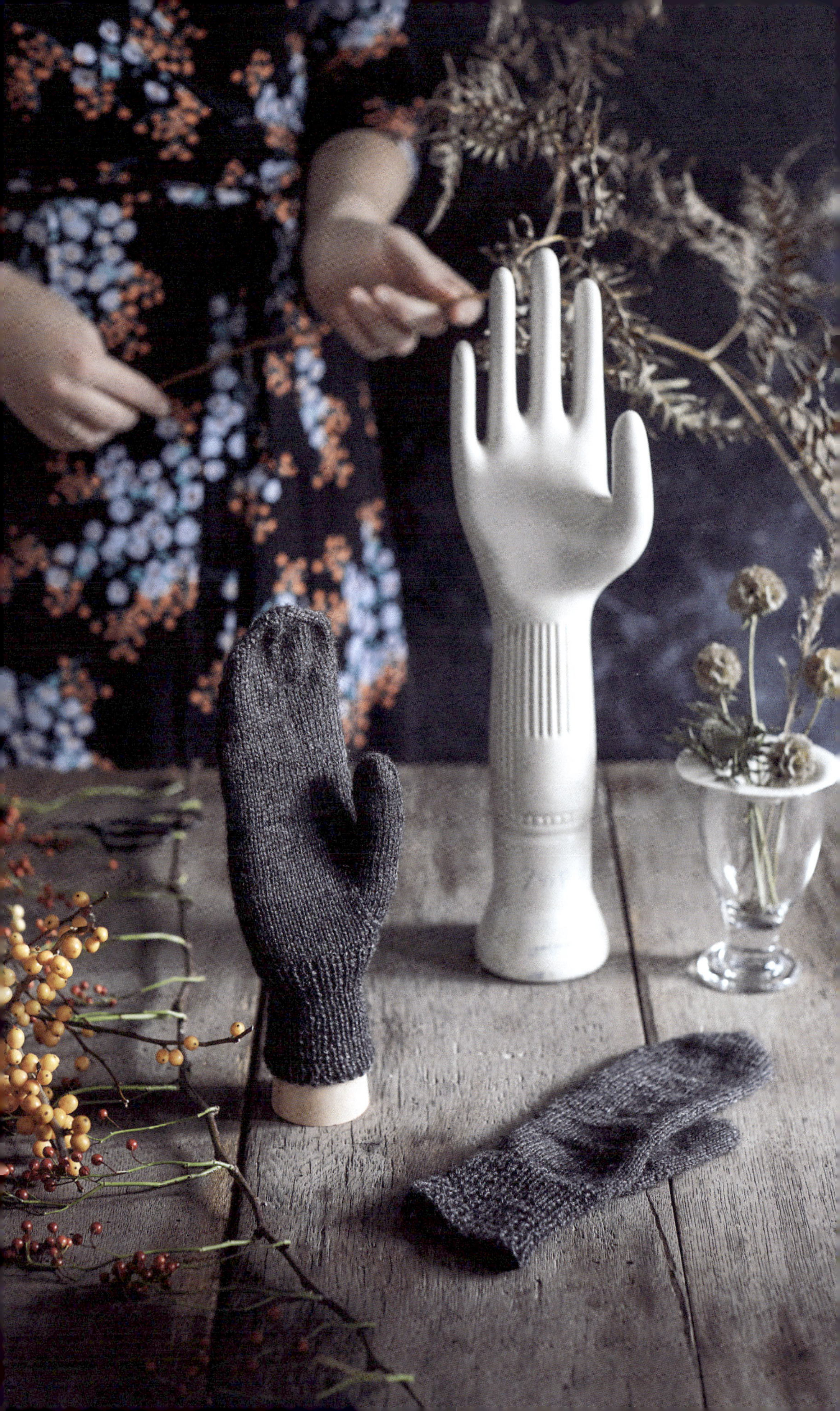

Kontur

Ich habe eine Schwäche für den technischen Aspekt des Strickdesigns und mag es, mir clevere Konstruktionen auszudenken. »Kontur« heißt so, weil der Handschuh präzise der Kontur der Hand folgt. Die Spitzen sind unterschiedlich und neigen sich nach rechts bzw. links. Es ist auch ungewöhnlich, dass man von oben nach unten strickt. Perfekt, wenn Sie zum Beispiel beim Stricken nach und nach die Bundlänge bestimmen wollen. Weil »Kontur« aus einem weichen und luxuriösen Garn gestrickt werden, eignen sie sich als schlichter, festlicher Handschuh oder als Futter für einen größeren Handschuh, wenn es richtig kalt ist.

Grösse: *Damen*

Länge: *26 cm*

Breite: *8 cm*

Material: *Llama Silk von Järbo Garn, (70% weiches Babylama, 30% Maulbeerseide, 50 g – 165 m)*

Menge: *100 g Dunkelgrau (Nr. 12206)*

Nadelspiel: *2 Nadelspiele 2,5 mm*

Maschenprobe: *33 M × 42 Rd = 10 × 10 cm glatt rechts auf Nadelstärke 2,5 mm*

Abkürzungen: *Alle »1 M zun« = 2 re M in eine M str – 1 M in das vordere und 1 M in das hintere Maschenglied.*

Judy's magic cast on: siehe Videoanleitung, www.jarbo.se/judys-magic-cast-on-med-maja

RECHTER HANDSCHUH

Mit Nadelspiel 2,5 mm: 8 M auf 2 Nadeln (4 M pro Nadel) mit Judy's magic cast on anschlagen (siehe ERKLÄRUNG auf voriger Seite).

ZunahmeRd 1 (Nadel 1): *1 M re, 1 M zun (siehe ERKLÄRUNG auf voriger Seite). Bis zu den letzten 2 M der Nadel rechts: 1 M zun, 1 M re*. Ab *–* auf Nadel 2 wdh.

ZunahmeRd 1 wdh, bis insgesamt 40 M auf den Nadeln sind. (Ab der 2. ZunahmeRd sollte man die M auf 4 Nadeln verteilen.)

1 Rd re str.

ZunahmeRd 2: Nadel 1 re, Nadel 2 re bis zu den letzten 2 M. 1 M zun und 1 M re. Nadel 3: 1 M re, 1 M zun, Nadel 4 re.

Glatt rechts str und die ZunahmeRd 3-mal in jeder 4. Rd wdh = 48 M.

Weiter glatt rechts str, bis die Arbeit 13 cm misst. Dann bis zu den letzten 5 M der Rd re, 3 M abketten, bis RdEnde rechts.

Beiseitelegen und jetzt den Daumen stricken.

Rechter Daumen

Mit Nadelspiel 2,5 mm: 4 M auf 2 Nadeln (2 M pro Nadel) mit Judy's magic cast on anschlagen.

ZunahmeRd A: In jeder M 1 M zun = 8 M.

ZunahmeRd B (Nadel 1): *1 M re, 1 M zun, bis den letzten 2 M re, 1 M zun, 1 M re*. Von *–* auf Nadel 2 wdh. Die ZunahmeRd B wdh, bis 20 M auf den Nadeln sind. (Ab der 2. ZunahmeRd sollte man die M auf 4 Nadeln verteilen.)

Glatt rechts, bis die Arbeit 6 cm misst.**

7 M re, 3 M abketten, restliche M re.

Jetzt werden Daumen und Hand zusammengestrickt, sodass dabei ein Daumenkeil entsteht: Mit der Hand weitermachen, 45 M re, dann die 17 Daumenmaschen re, beginnend mit der M nach den abgekette-ten, dann die restl M der Hand str = 64 M.

Daumenkeil

AbnahmeRd 1: 44 M re, 2 M überzogen zusstr. Bis zu den letzten 3 M re: 2 M re zus, 1 M re.

1 Rd re str. Die AbnahmeRd 6-mal in jeder 2. Rd wdh, bis noch 50 M übrig sind.

6 Rd glatt rechts, dann 30 Rd Rippen (1 M re, 1 M li) str.

Im Rippenmuster abketten. Faden abschneiden und Fäden vernähen.

LINKER HANDSCHUH

Bis zur ZunahmeRd 2 wie den rechten Handschuh stricken.

ZunahmeRd 2 (Nadel 1): 1 M re, 1 M zun, Nadel 2: re. Nadel 3: re, Nadel 4: re bis zu den letzten 2 M, 1 M zun, 1 M re.

Die ZunahmeRd 3-mal in jeder 4. Rd wdh = 48 M.

Weiter glatt rechts str, bis die Arbeit 13 cm misst. 27 M re, 3 M abketten, bis RdEnde rechts. Beiseitelegen und jetzt den Daumen stricken.

Linker Daumen

Wie den rechten Handschuh stricken, bis **. 3 M abketten, bis RdEnde re.

Jetzt Daumen und Hand zusammenstricken, sodass dabei ein Daumenkeil entsteht: Mit der Hand weitermachen, 27 M re, dann die 17 Daumenmaschen re, dann die restl M der Hand str = 64 M.

Daumenkeil

AbnahmeRd 1: 26 M re, 2 M überzogen zusstr. Re bis zu den letzten 21 M der Rd: 2 M re zus, bis RdEnde re.

1 Rd re str. Die AbnahmeRd 6-mal in jeder 2. Rd wdh, bis noch 50 M übrig sind.

6 Rd glatt rechts, dann 30 Rd Rippen (1 M re, 1 M li) str.

Im Rippenmuster abketten. Faden abschneiden und Fäden vernähen.

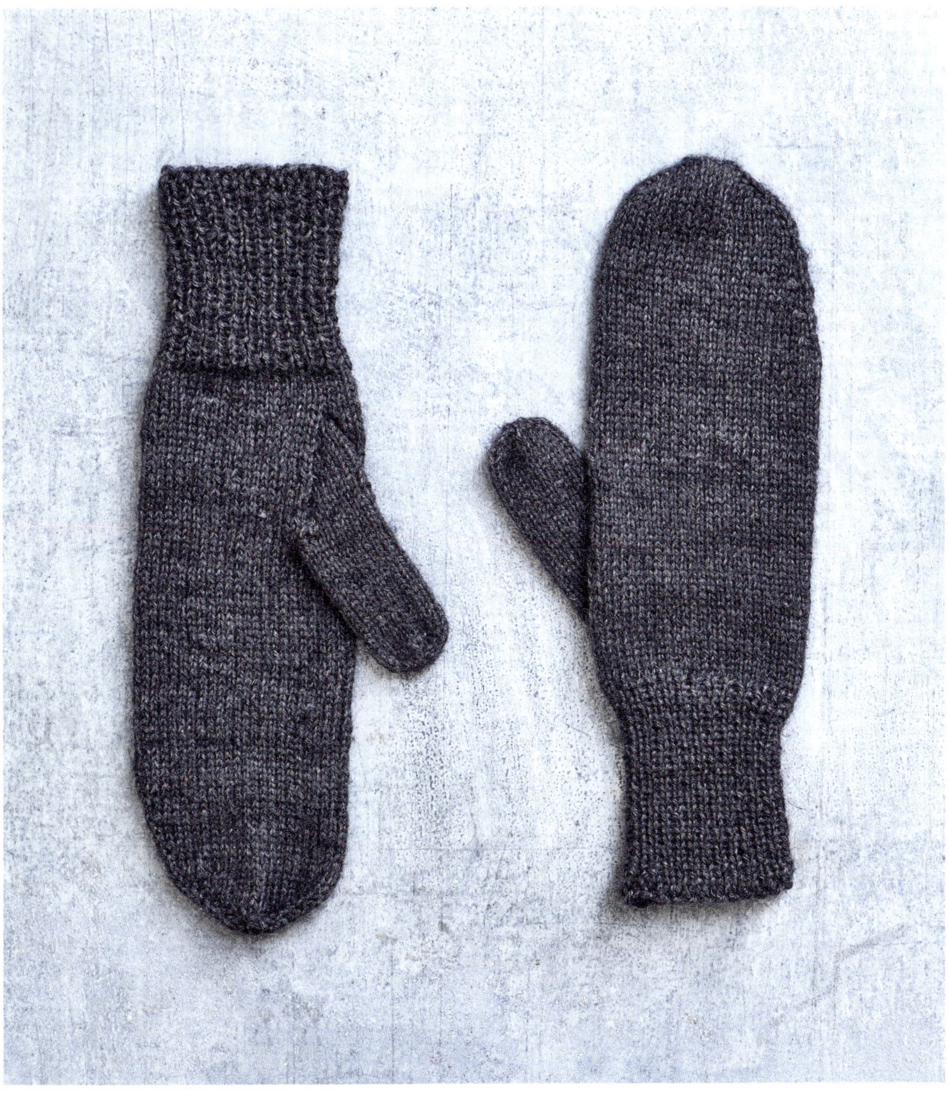

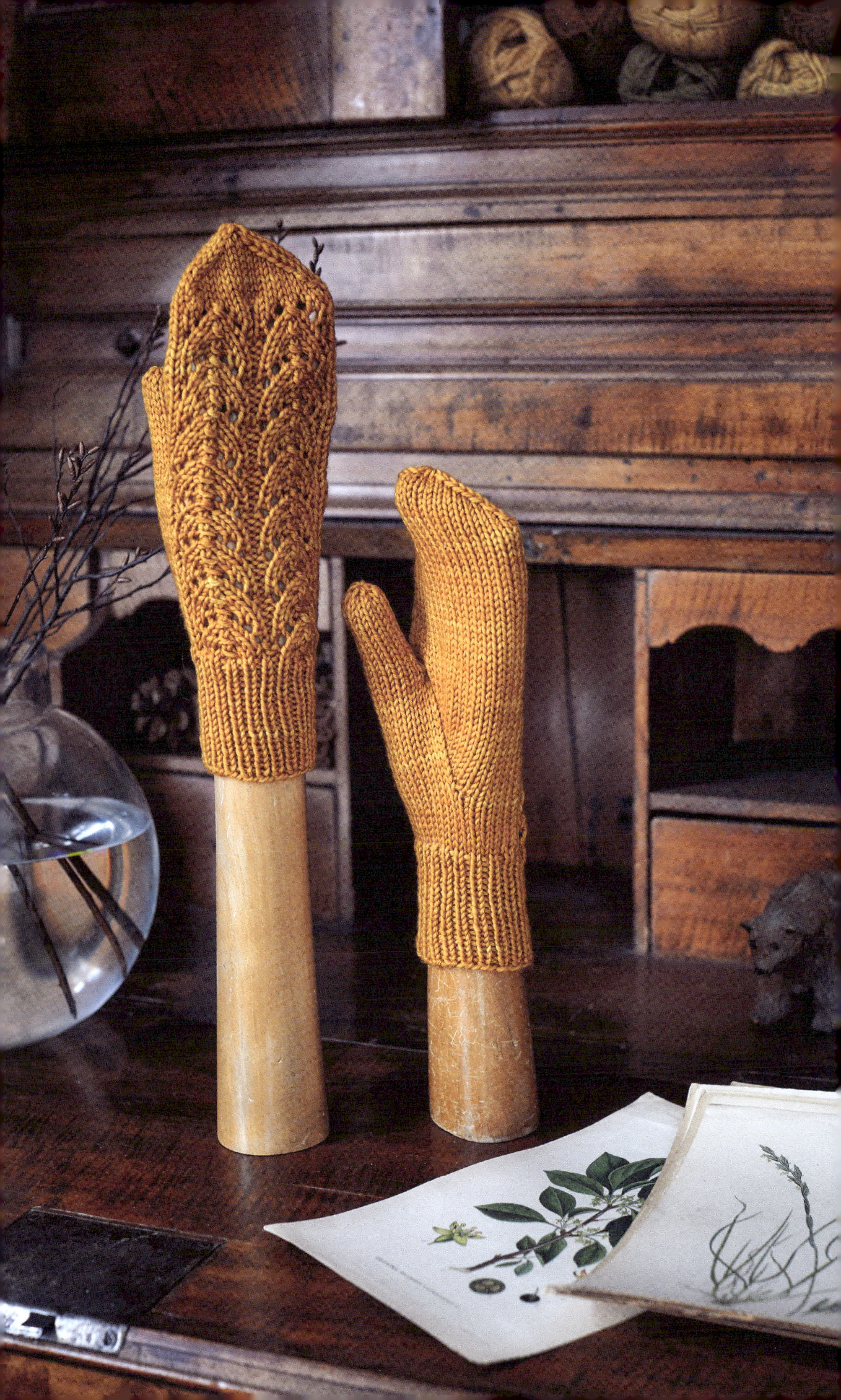

Schnörkel

Laut Wörterbuch ist ein Schnörkel eine »gewundene, geschwungene, spiralige« Form oder Linie, die an ein Schneckenhaus erinnert. Die Handschuhe »Schnörkel« sind daher mit einem klassischen Schneckenhausmuster geschmückt – also wirklich verschnörkelt! Der ergonomische Daumenkeil folgt der Lebenslinie der Hand, weswegen die Handschuhe besonders bequem sitzen. (Tipp! Diesen Daumenkeil strickt man auch beim nächsten Handschuh – Zöpfe.)

GRÖSSE: *Damen*

LÄNGE: *26 cm*

BREITE: *9 cm*

MATERIAL: *Alegría Grande von Manos del Uruguay,*
(75 % Merinowolle »superwash«, 25 % Polyamid, 100 g = 180 m)

MENGE: *100 g Gelb (Nr. 14218)*

NADELSPIEL: *3,5 mm und 4 mm*

MASCHENPROBE: *18 M × 28 Rd = 10 × 10 cm glatt rechts auf Nadelstärke 4 mm*

ZUBEHÖR: *1 Maschenmarkierer (MM)*

ABKÜRZUNGEN: *1 M re neig zun, siehe bebilderte Erklärung auf Seite 176.*
1 M li neig zun, siehe bebilderte Erklärung auf Seite 176.

SPITZENMUSTER

Rd 1: *1 M li, 7 M re, 1 M li*. Von *–* 1-mal wdh.

Rd 2: *1 M li, 1 U, 2 M re, 3 M überzogen zusstr, 2 M re, 1 U, 1 M li*. Von *–* 1-mal wdh.

Rd 3: Wie Rd 1.

Rd 4: *1 M li, 1 M re, 1 U, 1 M re, 3 M überzogen zusstr, 1 M re, 1 U, 1 M re, 1 M li*. Von *–* 1-mal wdh.

Rd 5: Wie Rd 1.

Rd 6: *1 M li, 2 M re, 1 U, 3 M überzogen zusstr, 1 U, 2 M re, 1 M li*. Von *–* 1-mal wdh.

Rd 1–6 wdh.

LINKER HANDSCHUH

Mit Nadelspiel 3,5 mm und GF: 40 M anschlagen und gleichmäßig auf 4 Nadeln verteilen (10 M pro Nadel). 6 cm Rippen (1 M re, 1 M li) str. Auf Nadelstärke 4 mm wechseln. 7 Rd wie folgt str: 1 M re, 18 M im Spitzenmuster (s.o.), 1 M re, bis RdEnde re.

Rd 1: 1 M re, 18 M im Spitzenmuster (s.o.), 1 M re. Re bis zu den letzten 14 M, einen MM setzen, bis RdEnde re.

Rd 2–15 (ZunahmeRd): 1 M re, 18 M im Spitzenmuster, re bis zum MM. 1 M re neig zun (siehe Erklärung auf voriger Seite), MMabh und bis RdEnde re.

Rd 16: Die gerade gestrickten 13 M (= Daumenmaschen) stilllegen, re und Spitzenmuster bis zum MM str, MM entfernen.

Rd 17: 2 M re zus (= die M vor und nach dem Daumenkeil), bis RdEnde re und Spitzenmuster (s.o.) str = 40 M.

Hand**

Weiter in Runden im Spitzenmuster und glatt rechts str, bis die Arbeit ca. 22 cm misst (mit einer Rd 6 des Spitzenmusters enden.)

AbnahmeRd für die Spitze: 1 M re, 2 M überzogen zusstr. Weiterstricken, bis zu den letzten 3 M auf Nadel 2: 2 M re zus, 1 M re.

Nadel 3: 1 M re, 2 M überzogen zusstr. Weiterstricken, bis zu den letzten 3 M auf Nadel 4: 2 M re zus, 1 M re = 4 M abgenommen.

Die AbnahmeRd wdh, bis noch 8 M übrig sind. Faden abschneiden, durch die restl M fädeln und festziehen. Fäden vernähen.

Daumen

Die 13 Daumenmaschen auf 3 Nadeln 4 mm verteilen. Rechts str und 1 neue M hinten, unten am Daumen aufnehmen = 14 M. Weiter in Runden glatt rechts str, bis der Daumen 5 cm misst. Bis RdEnde 2 M re zusstr = 7 M.

Faden abschneiden und durch die restl M fädeln und festziehen. Fäden vernähen.**

RECHTER HANDSCHUH

Mit Nadelspiel 3,5 mm und GF: 40 M anschlagen und gleichmäßig auf 4 Nadeln verteilen. 6 cm Rippen (1 M re, 1 M li) str. Auf Nadelstärke 4 mm wechseln. 7 Rd wie folgt str: 21 M re, 18 M im Spitzenmuster (siehe linke Spalte), 1 M re.

Rd 1: 14 M re, MM setzen, 7 M re. 18 M im Spitzenmuster (s.o.), 1 M re.

Rd 2–15 (ZunahmeRd): 14 M re, MMabh, 1 M li neig zun. Wie in Rd 1 re und 18 M im Spitzenmuster str.

Rd 16: 13 M, diese 13 M (= Daumenmaschen) stilllegen, den MM entfernen und bis RdEnde str.

Rd 17: 2 M überzogen zusstr. Bis RdEnde glatt rechts und Spitzenmuster str = 40 M.

Weiter wie bei der Anleitung für Hand und Daumen, von **–**.

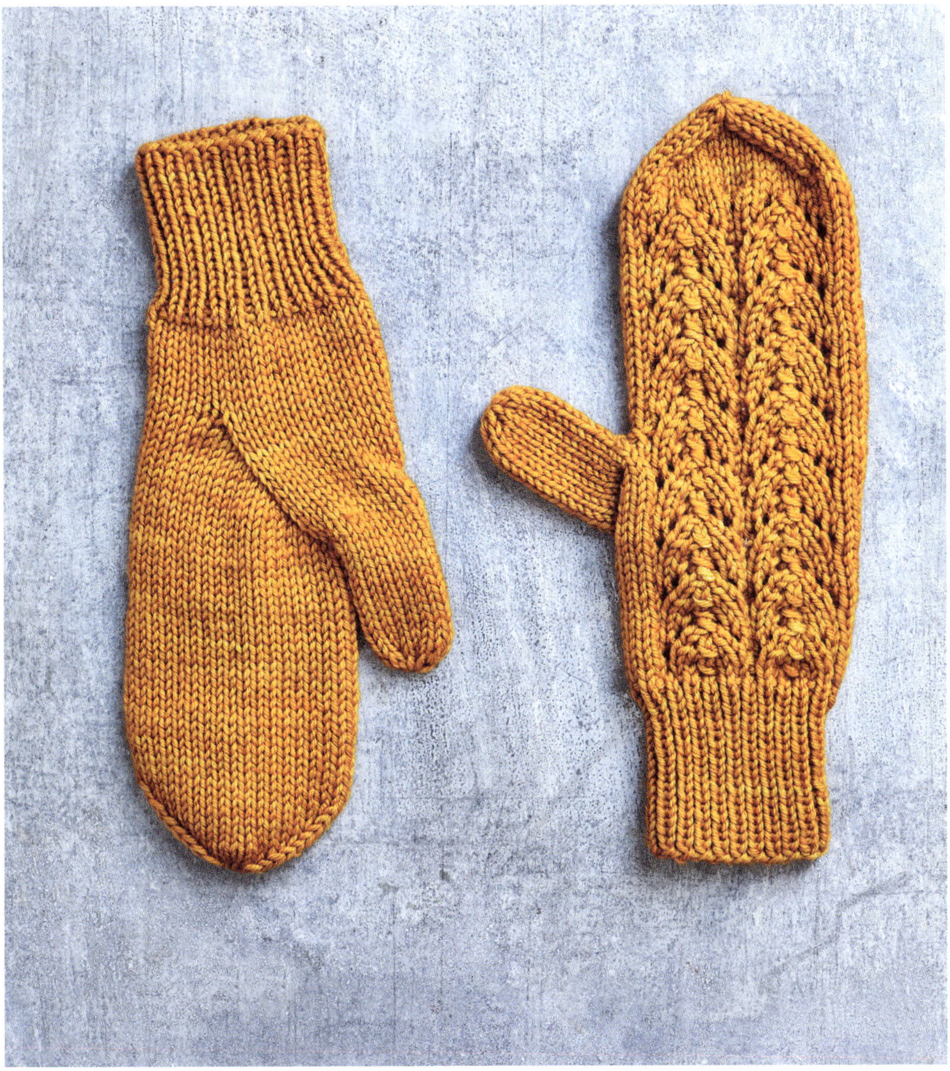

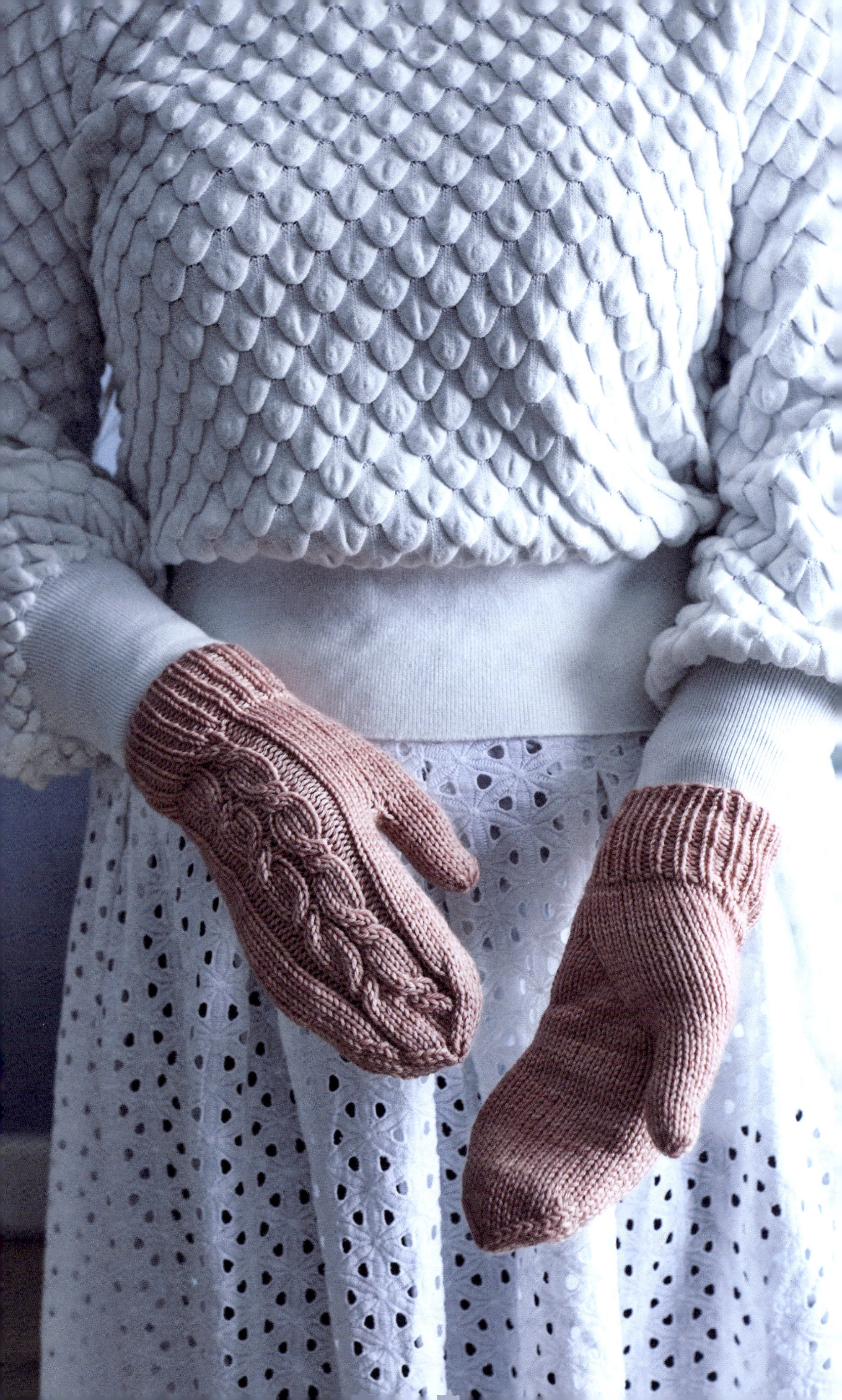

Zöpfe

Zöpfe sind sehr alte Verzierungen, man findet sie schon auf Runensteinen oder in der keltischen Kunst. Und natürlich werden Haare zu Zöpfen geflochten. Flechten kann man wiederum auch Weidenzweige und kleine Äste. Es ist also eine sehr alte Tradition, die natürlich auch Strickdesigner inspiriert … Auf diesen Handschuhen treffen sich viele alte Designtraditionen. Ich hoffe, Sie genießen es, jeden einzelnen Zopf zu stricken!

GRÖSSE: *Damen*

LÄNGE: *26 cm*

BREITE: *9 cm*

MATERIAL: *Alegría Grande von Manos del Uruguay, (75 % Merinowolle »superwash«, 25 % Polyamid, 100 g = 180 m)*

MENGE: *100 g Rosa (Nr. 14221)*

NADELSPIEL: *3,5 mm und 4 mm*

MASCHENPROBE: *18 M × 28 Rd = 10 × 10 cm glatt rechts auf Nadelstärke 4 mm*

ZUBEHÖR: *1 Maschenmarkierer (MM), 1 Zopfnadel*

ABKÜRZUNGEN: *1 M re neig zun, siehe bebilderte Erklärung auf Seite 176.*

1 M li neig zun, siehe bebilderte Erklärung auf Seite 176.

4 *M re zopfen: 2 M auf einer Zopfnadel hinter die Arbeit halten, 2 M re, 2 M von der Zopfnadeln re.*

4 *M li zopfen: 2 M auf einer Zopfnadel vor die Arbeit halten, 2 M re, 2 M von der Zopfnadeln re.*

ZOPFMUSTER, LINKER HANDSCHUH

Rd 1–3: 2 M li, 4 M re, 1 M li, 4 M re, 2 M li.

Rd 4: 2 M li, 4 M re zopfen (siehe ERKLÄRUNG auf voriger Seite), 1 M li, 4 M re, 2 M li.

Rd 5–7: 2 M li, 4 M re, 1 M li, 4 M re, 2 M li.

Rd 8: 2 M li, 4 M re zopfen, 1 M li, 4 M re, 2 M li.

Rd 9–11: 2 M li, 4 M re, 1 M li, 4 M re, 2 M li.

Rd 12: 2 M li, 4 M re, 1 M li, 4 M li zopfen (siehe ERKLÄRUNG auf voriger Seite), 2 M li.

Rd 13–15: 2 a M, 4 M re, 1 M li, 4 M re, 2 M li.

Rd 16: 2 M li, 4 M re, 1 M li, 4 M li zopfen, 2 M li.

ZOPFMUSTER, RECHTER HANDSCHUH

Rd 1–3: 2 M li, 4 M re, 1 M li, 4 M re, 2 M li.

Rd 4: 2 M li, 4 M re, 1 M li, 4 M li zopfen, 2 M li.

Rd 5–7: 2 M li, 4 M re, 1 M li, 4 M re, 2 M li.

Rd 8: 2 M li, 4 M re, 1 M li, 4 M li zopfen, 2 M li.

Rd 9–11: 2 M li, 4 M re, 1 M li, 4 M re, 2 M li.

Rd 12: 2 M li, 4 M re zopfen, 1 M li, 4 M re, 2 M li.

Rd 13–15: 2 M li, 4 M re, 1 M li, 4 M re, 2 M li.

Rd 16: 2 M li, 4 M re zopfen, 1 M li, 4 M re, 2 M li.

LINKER HANDSCHUH

Mit Nadelspiel 3,5 mm und GF: 40 M anschlagen und gleichmäßig auf 4 Nadeln verteilen (10 M pro Nadel). 6 cm Rippen (1 M re, 1 M li) str. Auf Nadelstärke 4 mm wechseln, 1 Rd re, dabei an der Oberseite 1 M zun. 7 Rd wie folgt str: Rechts, dabei gleichzeitig an der Oberseite 1 M zun. 7 Rd wie folgt str: 4 M re, 13 M im Zopfmuster (s.o.), bis RdEnde re.

Rd 1: 4 M re, 13 M im Zopfmuster (s.o.). Re bis zu den letzten 14 M, MM setzen, bis RdEnde re.

Rd 2–15 (ZunahmeRd): 4 M re, 13 M im Zopfmuster (siehe linke Spalte.), bis MM re. 1 M re neig zun (siehe ERKLÄRUNG auf voriger Seite), MMabh und bis RdEnde re.

Rd 16: Die gerade gestrickten 13 M (= Daumenmaschen) stilllegen, glatt re und Zopfmuster bis zum MM, MM entfernen.

Rd 17: 2 M re zus (= M vor und nach dem Daumenkeil), dann bis RdEnde wie oben re und Zopfmuster str = 40 M.

HAND**

Weiter in Runden glatt rechts und Zopfmuster str, bis die Arbeit ca.22 cm misst.

AbnahmeRd für die Spitze: 1 M re, 2 M überzogen zusstr. Weiterstricken, bis zu den letzten 3 M auf Nadel 2: 2 M re zus, 1 M re.

Nadel 3: 1 M re, 2 M überzogen zusstr. Weiterstricken, bis zu den letzten 3 M auf Nadel 4: 2 M re zus, 1 M re = 4 M abgenommen.

Die AbnahmeRd 2-mal wdh, bis noch 8 M übrig sind – das Zopfmuster auch in den AbnahmeRd stricken. Faden abschneiden und durch die restl M fädeln und festziehen. Fäden vernähen.

DAUMEN

Die 13 Daumenmaschen auf 3 Nadeln 4 mm verteilen. Re str und 1 neue M hinten, unten am Daumen aufnehmen = 14 M. Weiter in Runden glatt rechts str, bis der Daumen 5 cm misst. Bis RdEnde 2 M re zusstr = 7 M.

Faden abschneiden, durch die restl M fädeln und festziehen. Fäden vernähen.**

RECHTER HANDSCHUH

Mit Nadelspiel 3,5 mm und GF: 40 M anschlagen und gleichmäßig auf 4 Nadeln verteilen. 6 cm Rippen (1 M re, 1 M li) in Runden str. Auf Nadelstärke 4 mm wechseln. 1 Rd re, dabei 1 M an der oberen Seite zun. 7 Rd wie folgt str: 24 M re, 13 M im Zopfmuster (siehe Seite 96), 4 M re.

Rd 1: 14 M re, MM setzen, 10 M re. 13 M im Zopfmuster (siehe Seite 96), 4 M re.

Rd 2–15 (ZunahmeRd): 14 M re, MMabh, 1 M li neig zun (siehe ERKLÄRUNG auf der vorigen Seite). Wie in Rd 1 re und 13 M im Zopfmuster str.

Rd 16: 13 M, diese 13 M (= Daumenmaschen) stilllegen, den MM entfernen und bis RdEnde str.

Rd 17: 2 M überzogen zusstr. Bis RdEnde glatt rechts und Zopfmuster str = 40 M.

Weiter wie bei der Anleitung für HAND und DAUMEN, ab **–**.

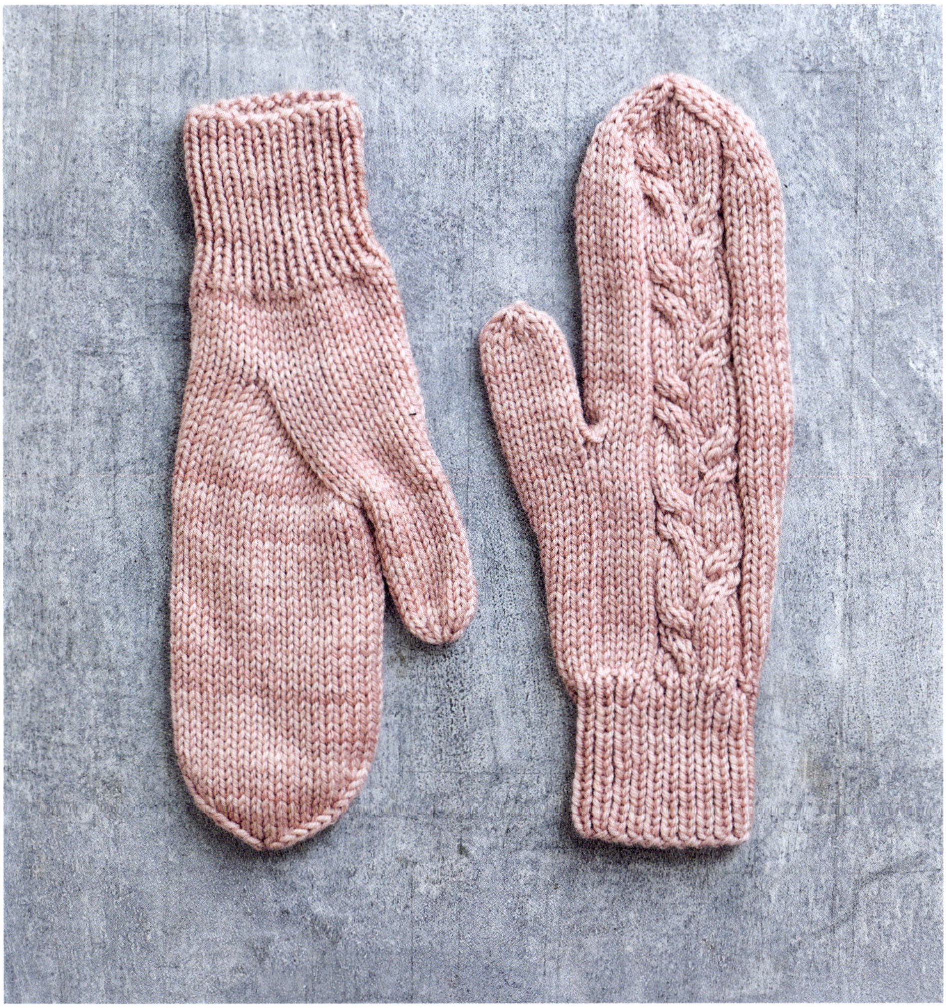

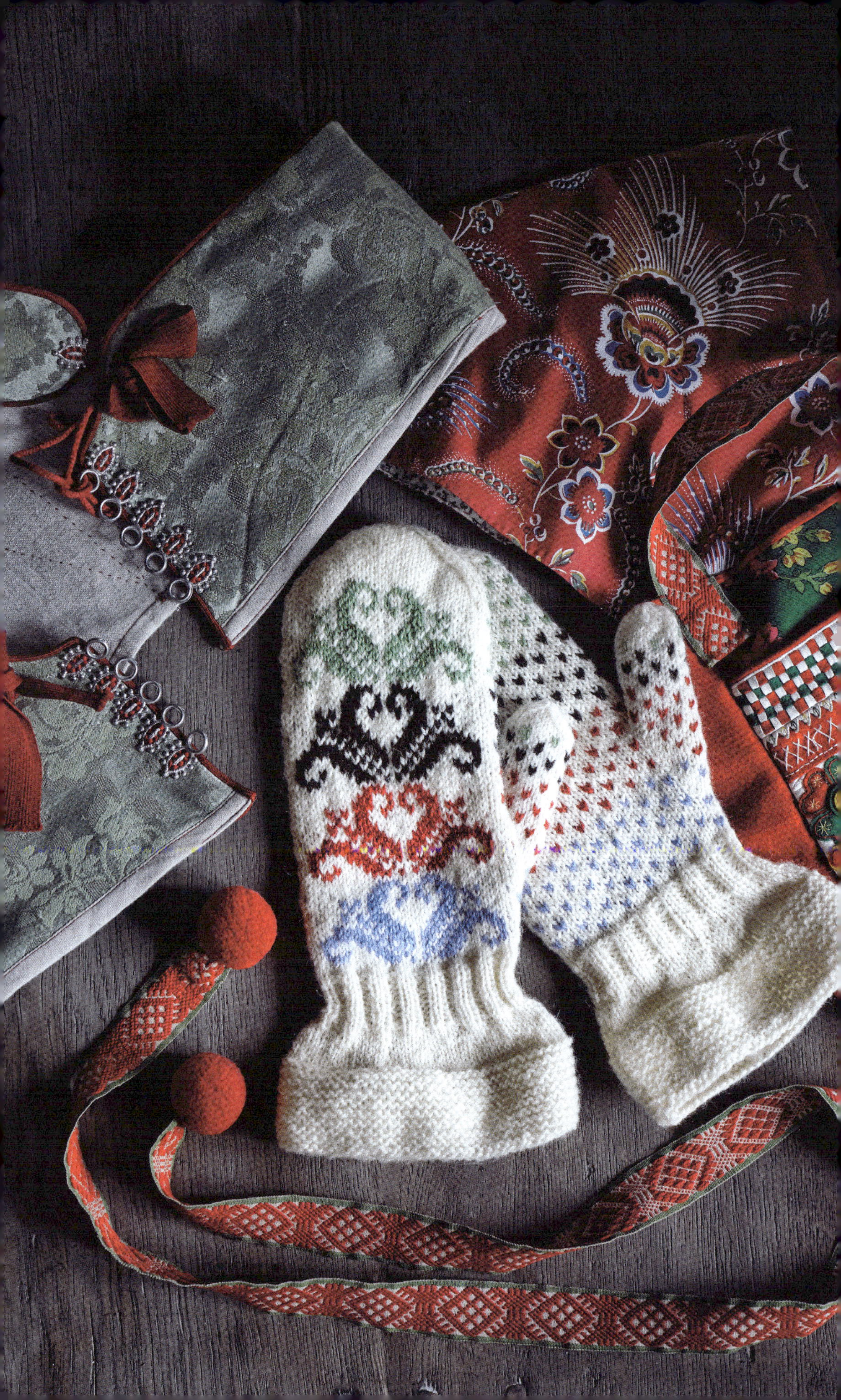

Kurbits

Kurbits heißt eine dekorative Malerei aus Dalarna mit einem ganz besonderen Dekor aus Fantasieblumen mit großen Blüten und Blättern. Mein gestrickter »Kurbits« besteht aus einem herzförmigen Ornament auf der Oberseite und bunten Punkten innen. Weil ich Handschuhe mit üppigem Bund liebe, haben diese hier einen langen, krausrechten Bund. Die Farben wurden von der Tracht aus Rättvik inspiriert, die ebenfalls auf dem Foto zu sehen ist.

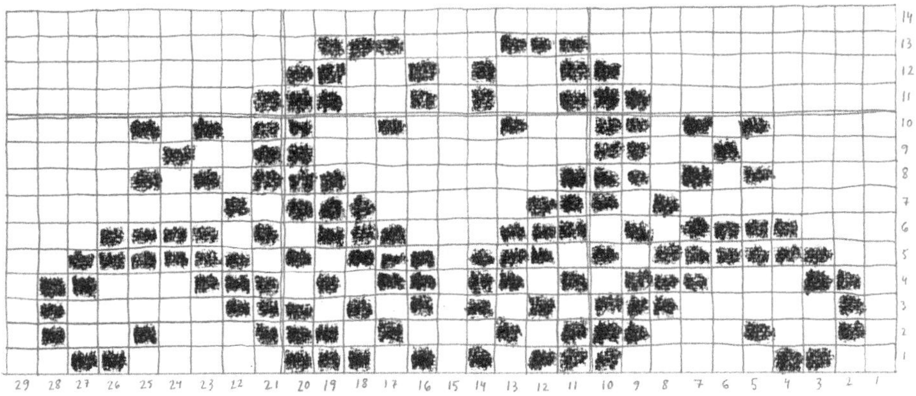

A

GRÖSSE: *Damen*

LÄNGE: *30 cm*

BREITE: *10 cm*

MATERIAL: *Finullgarn von Rauma Ullvarefabrikk (100 % reine Schurwolle, 50 g = 175 m)*

MENGE: *GF = 100 g Naturweiß (Nr. 401), MF1 = 50 g Blau (Nr. 4034), MF2 = 50 g Rot (Nr. 418), MF3 = 50 g Schwarz (Nr. 436), MF4 = 50 g Grün (Nr. 430)*

NADELSPIEL: *2,5 mm und 3 mm*

MASCHENPROBE: *30 M × 32 Rd = 10 × 10 cm glatt rechts im Muster auf Nadelstärke 2,5 mm*

ABKÜRZUNGEN: *1 M tief zun = 1 M tief gestochen zun, siehe bebilderte Erklärung auf Seite 177.*

Strickschrift A (Rd 1–14) insg 4-mal in verschiedenen Farben str. Farbfolge: MF1, MF2, MF3, MF4.

Die Punkte auf der Handinnenfläche (Strickschrift B) in derselben Farbfolge wie das Muster str.

Krausrippe = beim Rundstricken entspricht das 1 Rd re und 1 Rd li.

Graue Kästchen in der Strickschrift C bedeuten keine Masche.

RECHTER HANDSCHUH

Mit Nadelspiel 3 mm und GF: 72 M anschlagen und gleichmäßig auf 4 Nadeln verteilen (18 M pro Nadel). 1 Rd li. *1 Rd re str, 1 Rd li str.* Ab *–* 8-mal wdh. Damit sind insgesamt 10 Querrippen gestrickt (siehe ERKLÄRUNG auf der vorigen Seite).

6 Rd glatt rechts str (= in Runden alle M rechts).

AbnahmeRd: *4 M re, 2 M re zus*. Von *–* bis RdEnde wdh = 60 M.

3 Rd glatt rechts. Auf Nadelstärke 2,5 mm wechseln und 10 Rd Rippen (2 M re, 2 M li) str. Jetzt weiter glatt rechts str. 2 Rd mit GF str.

Auf der Oberseite: 1 M re mit GF (die 1. M der Rd ab jetzt immer mit GF str), dann im Muster laut Strickschrift A mit MF1.

An der Unterseite: Im Muster laut Strickschrift B str mit MF1. In Rd 6 der Strickschrift A/B mit dem Daumenkeil beginnen (Strickschrift C).

DAUMENKEIL

1 M re mit GF, im Muster laut Strickschrift A str, dann 2 M im Muster laut Strickschrift B. Für den Daumenkeil die folgenden 3 M mit den 3 ersten M der Strickschrift C ersetzen, dann bis RdEnde laut Strickschrift B str. Weiter laut Strickschrift A und B str, gleichzeitig für den Daumenkeil, wie in den »Treppenstufen« in der Strickschrift C gezeigt zun (1 M tief zun, siehe ERKLÄRUNG auf voriger Seite).

Nach Rd 14 der Strickschrift C: Die 17 Daumenmaschen stilllegen.

HAND UND SPITZE

3 neue M »hinter« dem Daumen anschlagen = 60 M. Im Muster laut Strickschrift A und B str bis der Handschuh aus insgesamt 4 Kurbits-Ornamenten in unterschiedlichen Farben oben und Pünktchen in 4 Farben unten, also 6 Punktreihen pro Farbe, besteht.

2 Rd mit GF.

AbnahmeRd für die Spitze: 1 M re, 2 M überzogen zusstr. Weiterstricken, bis zu den letzten 3 M auf Nadel 2: 2 M re zus, 1 M re.

Nadel 3: 1 M re, 2 M überzogen zusstr. Weiterstricken, bis zu den letzten 3 M auf Nadel 4: 2 M re zus, 1 M re = 4 M abgenommen.

Die AbnahmeRd 2-mal in jeder 2. Rd wdh, dann in jeder Rd, bis noch 8 M übrig sind. Faden abschneiden und durch die restl M ziehen. Fäden vernähen.

DAUMEN

Die 17 Daumenmaschen auf 4 Nadeln verteilen und 3 neue M aus den angeschlagenen M aufnehmen = 20 M.

Weiter im Muster laut Strickschrift C (Rd 15–26) str, dann 2 Rd mit GF.

Nach demselben Prinzip wie an der Spitze abnehmen, aber direkt in jeder Rd, bis noch 8 M übrig sind.

Faden abschneiden, durch die restl M fädeln und festziehen. Fäden vernähen.

LINKER HANDSCHUH

Wie den rechten Handschuh str, aber an der Oberseite nach Strickschrift A immer 1 M re mit GF. Strickschrift B gegengleich str, dafür die Strickschrift von links nach rechts str anstatt von rechts nach links.

Beim Daumen ersetzen die ersten M in Strickschrift C die 3., 4. und 5. M gerechnet ab dem Ende von Nadel 4.

B

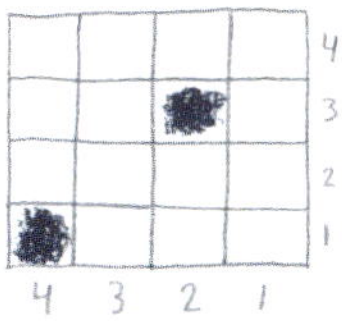

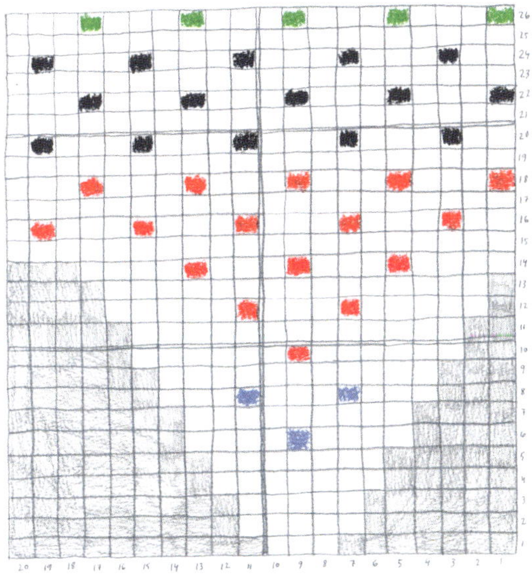

C

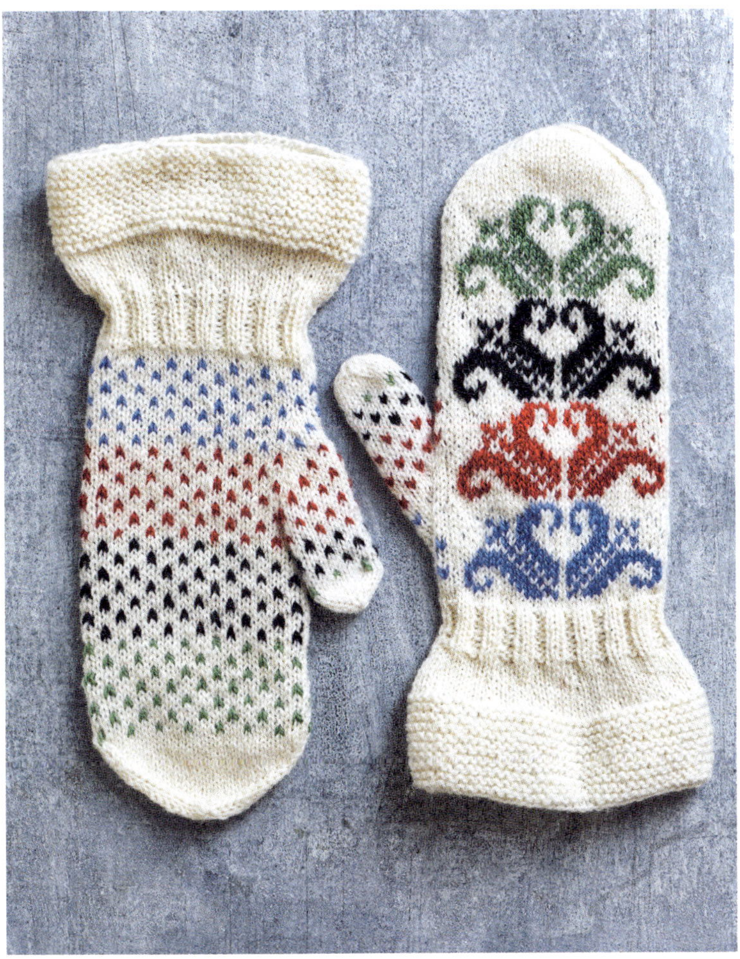

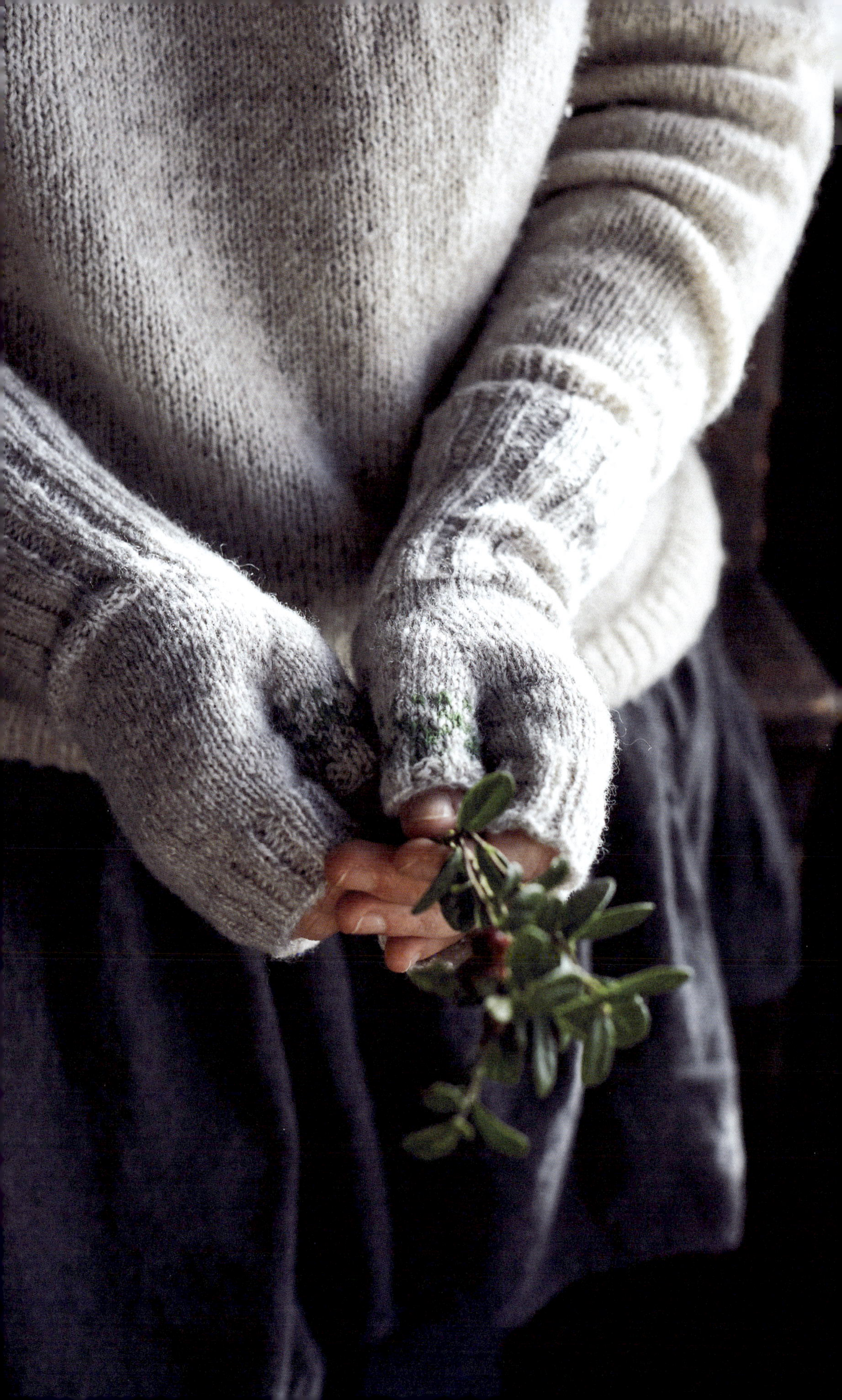

Preiselbeerlaub

Eine meiner Lieblingsbeschäftigungen ist es, im Wald und in der Natur nach Musterinspiration zu suchen. Diese fingerlosen Handschuhe entstanden wegen eines Zweigs Preiselbeerlaub. So ein Zweig ist vielleicht simpel, aber gleichzeitig perfekt. Er erinnert mich daran, dass oft das, was klein und einfach scheint, sehr bedeutsam ist. All die Herbsttage voller Preiselbeerpflücken und Waldduft. Sie wären nicht möglich ohne diese Zweige. Gott sei Dank, dass es Preiselbeerzweige gibt!

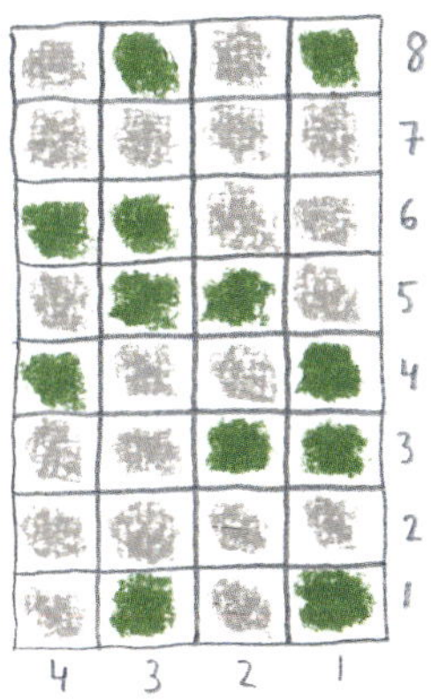

GRÖSSE: *Damen*

LÄNGE: *23 cm*

BREITE. *9 cm*

MATERIAL: *Finullgarn von Rauma Ullvarefabrikk (100 % reine Schurwolle, 50 g = 175 m)*

MENGE: *GF = 50 g Grau (Nr. 403), MF = 50 g Grün (Nr. 458)*

NADELSPIEL: *2,5 mm und 3 mm*

MASCHENPROBE: *28 M × 36 Rd = 10 × 10 cm glatt rechts auf Nadelstärke 3 mm*

ABKÜRZUNGEN: *1 M tief zun = 1 M tief gestochen zun, siehe bebilderte Erklärung auf Seite 177.*

RECHTER HANDSCHUH

Mit Nadelspiel 2,5 mm und GF: 52 M anschlagen und auf 4 Nadeln verteilen (13 M pro Nadel). 12 cm Rippen (2 M re, 2 M li) str.

Auf Nadelstärke 3 mm wechseln und 8 Rd glatt rechts (= in Runden alle M rechts).

Daumenkeil

ZunahmeRd 1: Bis Nadel 3 str, in der 3. und 5. M 1 M tief zun (siehe Erklärung auf voriger Seite). Bis RdEnde str, dann 1 Rd ohne Zunahmen.

ZunahmeRd 2: Bis Nadel 3 str, in der 3. und 7. M 1 M tief zun. Bis RdEnde str, dann 1 Rd ohne Zunahmen.

ZunahmeRd 3: Bis Nadel 3 str, in der 3. und 9. M 1 M tief zun. Bis RdEnde str, dann 1 Rd ohne Zunahmen.

ZunahmeRd 4: Bis Nadel 3 str, in der 3. und 11. M 1 M tief zun. Bis RdEnde str, dann 1 Rd ohne Zunahmen.

ZunahmeRd 5: Bis Nadel 3 str, in der 3. und 13. M 1 M tief zun. Bis RdEnde str, dann 1 Rd ohne Zunahmen.

ZunahmeRd 6: Bis Nadel 3 str, in der 3. und 15. M 1 M tief zun. Bis RdEnde str, dann 1 Rd ohne Zunahmen.

ZunahmeRd 7: Bis Nadel 3 str, in der 3. und 17. M 1 M tief zun. Bis RdEnde str, dann 1 Rd ohne Zunahmen.

28 M str und 17 Daumenkeilmaschen stilllegen.

Hand und Spitze

3 neue M »hinter« dem Daumen anschlagen, bis RdEnde str, dann noch 3,5 cm glatt rechts. Auf Nadelstärke 2,5 mm wechseln und 2,5 cm Rippen (2 M re, 2 M li) str. Im Rippenmuster abketten.

Daumen

Die 17 Daumenmaschen auf 4 Nadeln 3 mm verteilen und 3 neue M aus den angeschlagenen M aufnehmen = 20 M. Im Muster laut Strickschrift str, dann 1 Rd mit GF.

Auf Nadelstärke 2,5 mm wechseln und 3 Rd Rippen (2 M re, 2 M li) str.

Im Rippenmuster abketten und Fäden vernähen.

LINKER HANDSCHUH

Bis zum Daumenkeil, wie den rechten Handschuh str. Den Daumenkeil in der 3. und 5. M vor dem Ende von Nadel 4 beginnen. Nach demselben Prinzip wie am rechten Handschuh zun, aber ab dem Ende der 4. Nadel rechnen anstatt vom Anfang der 3. Nadel. Das Daumenmuster gegengleich stricken, dafür die Strickschrift von links nach rechts str anstatt von rechts nach links.

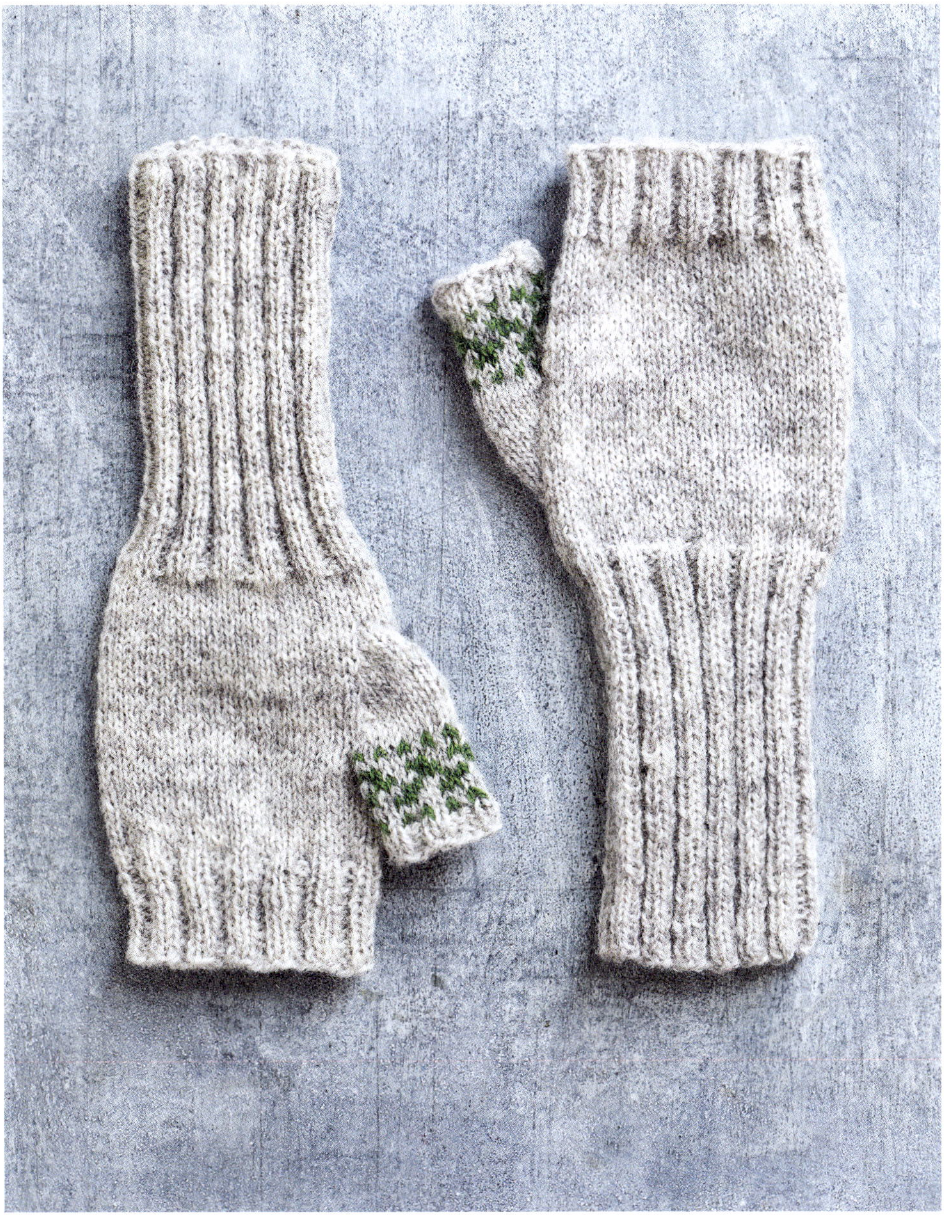

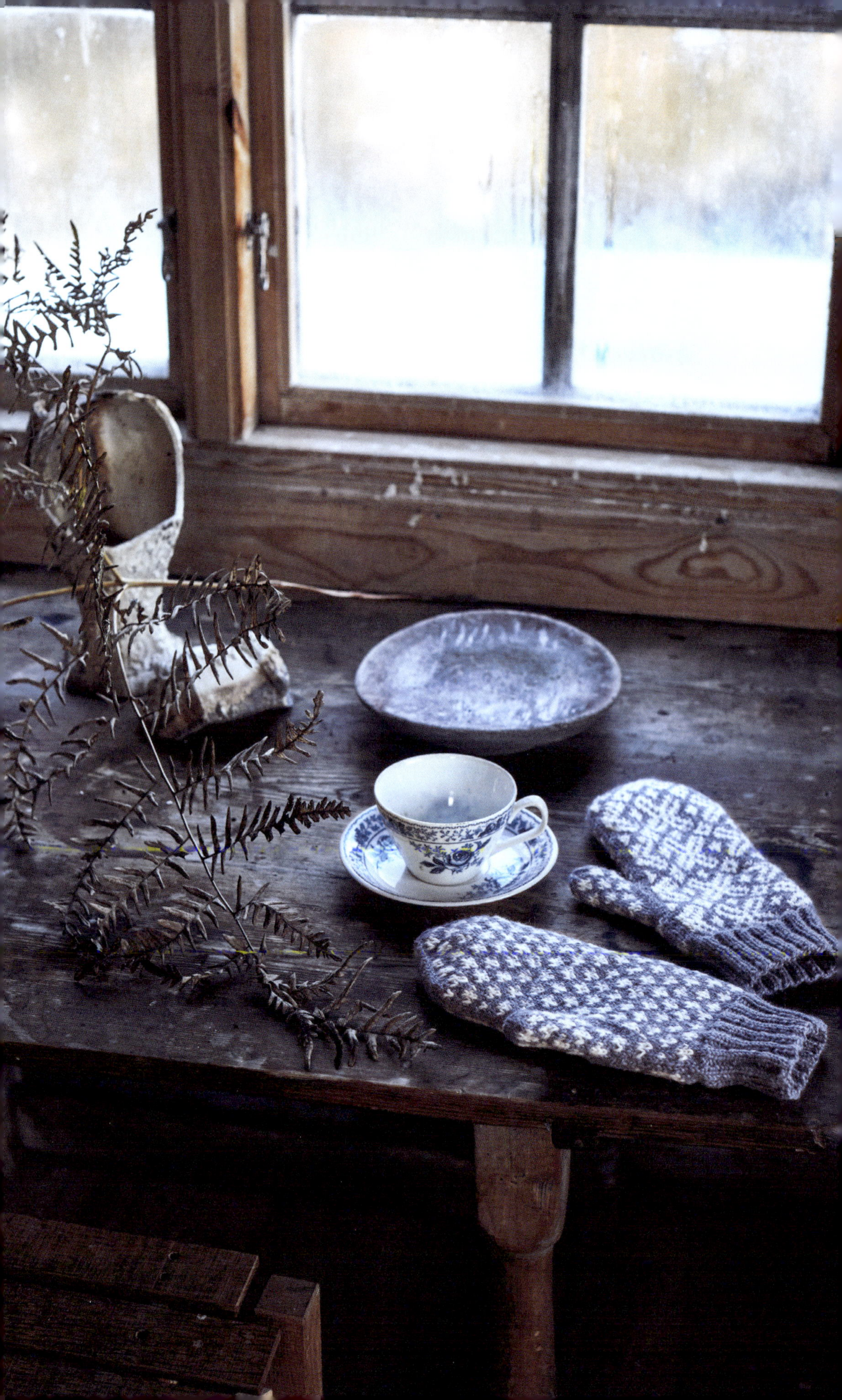

Glücksklee

Ein vierblättriges Kleeblatt ist ein Glückssymbol, vor allem, wenn man zufällig eines findet. Manchmal heißt es, dass die vier Blätter für Glaube, Hoffnung, Liebe und Glück stehen. In der christlichen Mythologie um Adam und Eva heißt es, dass Eva bei der Vertreibung aus dem Paradies ein vierblättriges Kleeblatt als Glücksbringer mitgenommen hat. Die Handschuhe »Glücksklee« basieren auf einem traditionellen Mustermotiv, das man weltweit an vielen Orten findet.

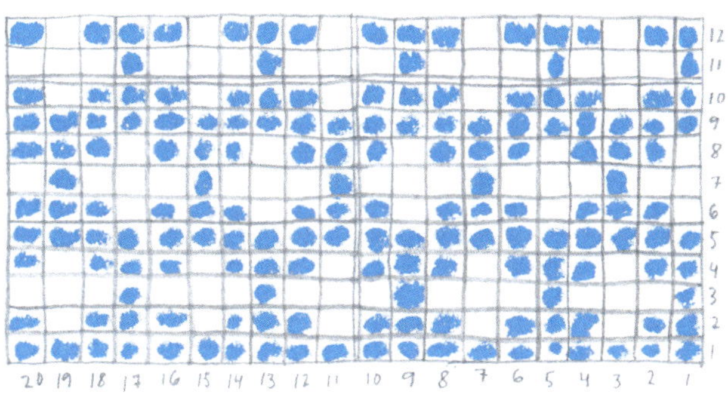

B

Grösse: *Damen*

Länge: *27 cm*

Breite: *9,5 cm*

Material: *Finullgarn von Rauma Ullvarefabrikk (100 % reine Schurwolle, 50 g = 175 m)*

Menge: *GF = 50 g Blau (Nr. 451), MF1 = 50 g Naturweiß (Nr. 401)*

Nadelspiel: *2 mm und 2,5 mm*

Maschenprobe: *30 M × 32 Rd = 10 × 10 cm glatt rechts im Muster auf Nadelstärke 2,5 mm*

Abkürzungen: *1 M tief zun = 1 M tief gestochen zun, siehe bebilderte Erklärung auf Seite 177.*

Graue Kästchen in der Strickschrift A bedeuten hier keine Masche.

RECHTER HANDSCHUH

Mit Nadelspiel 2 mm und GF: 60 M anschlagen und auf 4 Nadeln verteilen (15 M pro Nadel). 5 cm Rippen (2 M re, 2 M li) in Runden str.

Auf Nadelstärke 2,5 mm wechseln. Ab jetzt glatt rechts str (= in Runden alle M rechts) und 2 Rd mit GF str.

Dann im Muster laut Strickschrift A str.

Daumenkeil

Für den Daumenkeil, wie in den »Treppenstufen« in der Strickschrift angegeben mit 1 M tief zun (siehe Erklärung auf voriger Seite).

Wenn alle M zugenommen sind: 17 Daumenmaschen stilllegen und 3 neue M »hinter« dem Daumen, wie in der Strickschrift gezeigt, anschlagen.

Hand und Spitze

Für die Spitze laut Strickschrift abn. Nadel 1 und 3: 2 M überzogen zusstr. Auf Nadel 2 und 4: 2 M re zus.

Wenn noch 8 M übrig sind: Faden abschneiden, durch die restl M fädeln und festziehen. Fäden vernähen.

Daumen

Die 17 Daumenmaschen auf 4 Nadeln 2,5 mm verteilen und 3 neue M aus den angeschlagenen M aufnehmen = 20 M.

Im Muster laut Strickschrift B str, dann 2 Rd mit GF. Weiter mit GF.

AbnahmeRd: 1 M re, 2 M überzogen zusstr. Weiterstricken, bis noch 3 M auf Nadel 2 übrig sind: 2 M re zus, 1 M re.

Nadel 3: 2 M überzogen zusstr. Weiterstricken, bis noch 3 M auf Nadel 4 übrig sind: 2 M re zus, 1 M re = 4 M abgenommen. AbnahmeRd 2-mal wdh = 8 M.

Faden abschneiden, durch die restl M fädeln und festziehen. Fäden vernähen.

LINKER HANDSCHUH

Wie den rechten Handschuh str, aber das Muster gegengleich, dafür die Strickschrift von links nach rechts str anstatt von rechts nach links. **Achtung!** Gilt nicht für Strickschrift B. Die wird wie beim rechten Handschuh gestrickt.

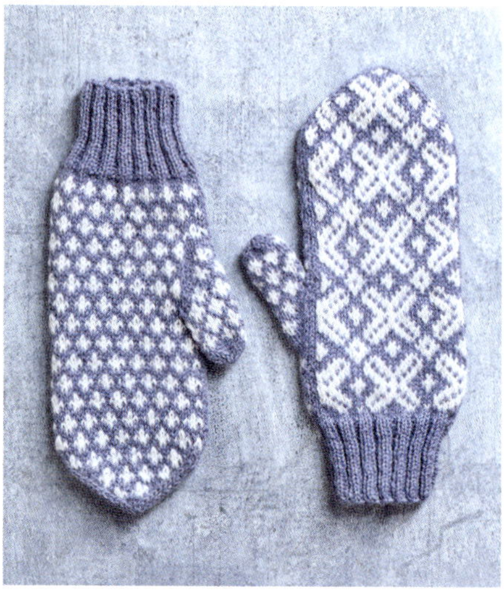

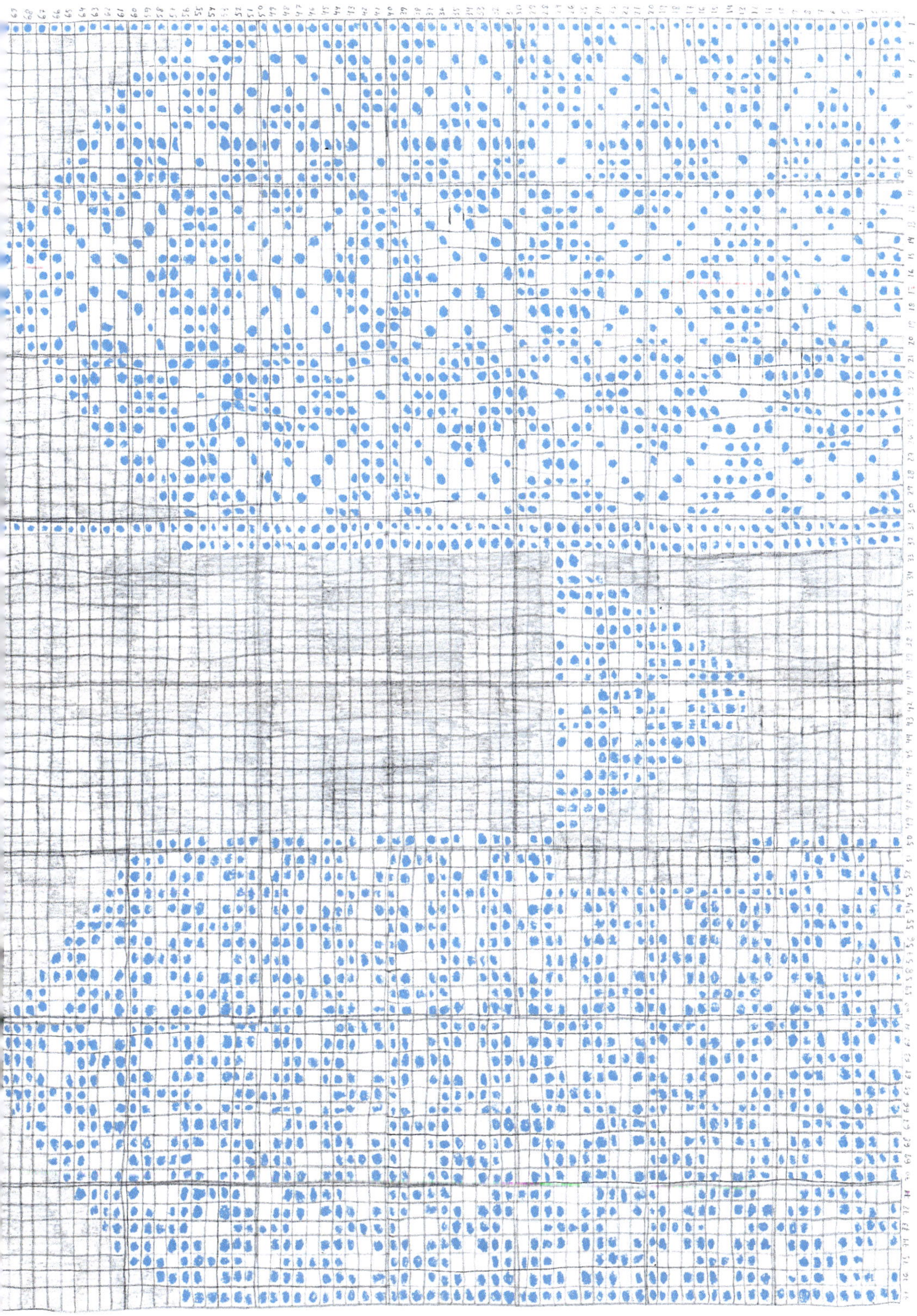

A

ür bessere Lesbarkeit die Strickschrift gern kopieren und auf A3 vergrössern.

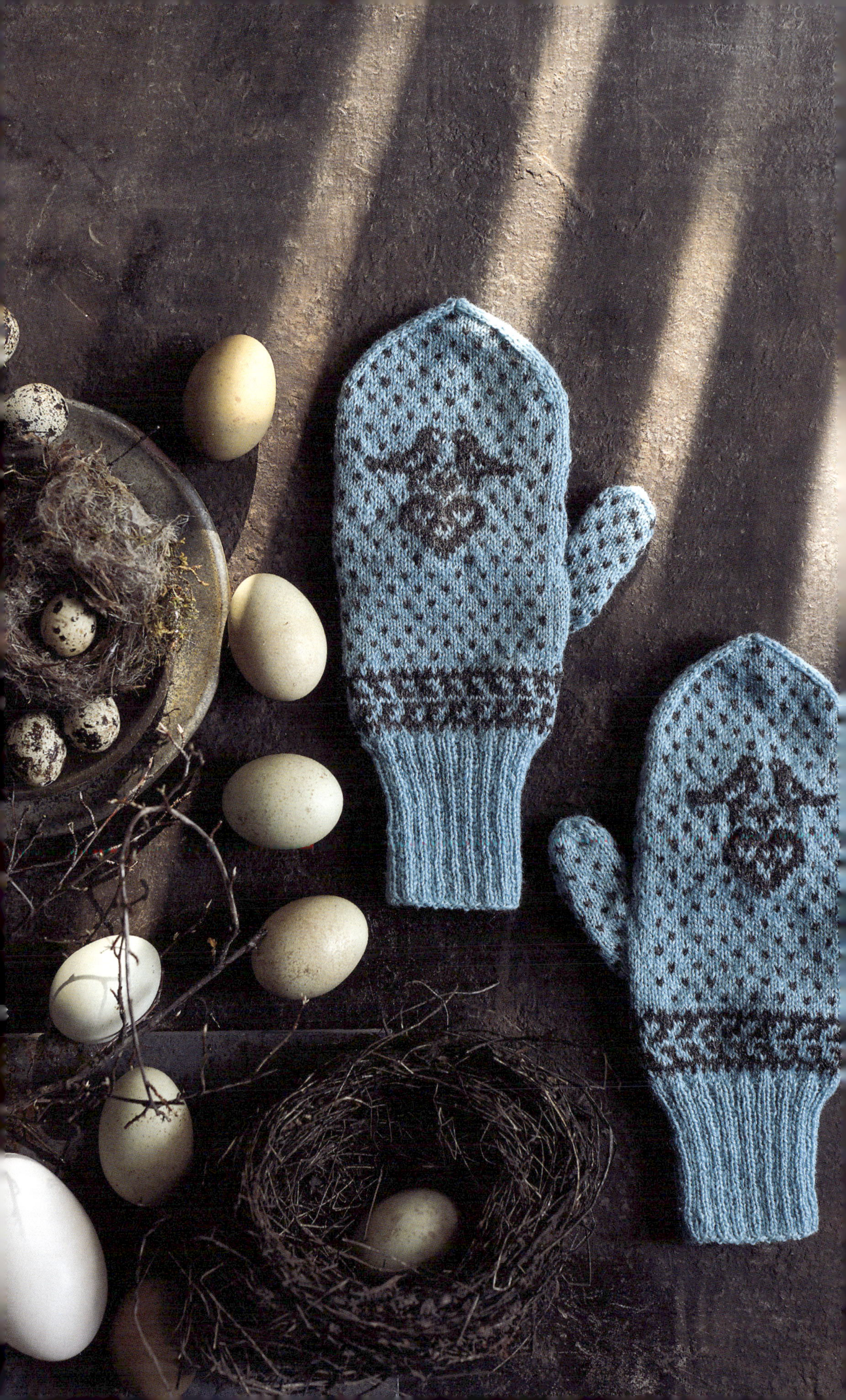

Versprechen

Früher einmal konnte ein Paar Handschuhe als verbindlicher Beweis für ein Eheversprechen dienen, da die Symbolik rund um Handschuhe stark mit Ehre verbunden war. Das zeigt sich auch in anderen Gesten – wie dem Fehdehandschuh, der zu einem Kampf auffordert. Bei diesen Handschuhen geht es aber um ein Liebesversprechen, deswegen sind sie mit zwei Turteltauben verziert – einem Symbol für treue Liebe.

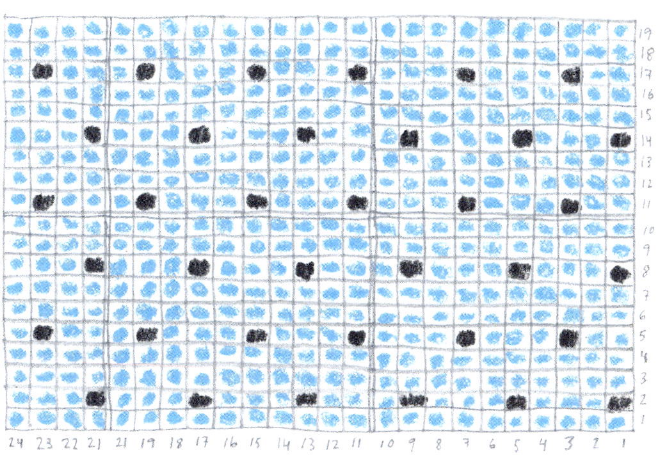

B

Grösse: *Damen*

Länge: *28 cm*

Breite: *11 cm*

Material: *Røros Lammullgarn von Rauma Ullvarefabrikk (100 % reine Schurwolle, 50 g – 250 m)*

Menge: *GF = 50 g Blaugrün (Nr. L70), MF = 50 g Dunkelgrau (Nr. L14)*

Nadelspiel: *2 mm und 2,5 mm*

Maschenprobe: *32 M × 40 Rd = 10 × 10 cm glatt rechts im Muster auf Nadelstärke 2,5 mm*

Abkürzungen: *1 M tief zun = 1 M tief gestochen zun, siehe bebilderte Erklärung auf Seite 177.*

Graue Kästchen in der Strickschrift bedeuten hier keine Masche.

RECHTER HANDSCHUH

Mit Nadelspiel 2 mm und GF: 54 M anschlagen und auf 4 Nadeln verteilen. In Runden 6 cm Rippen stricken (2 M re, 1 M li).

Auf Nadelstärke 2,5 mm wechseln und 1 ZunahmeRd str: *2 M re, 1 M tief zun* (siehe Erklärung auf voriger Seite). Von *–* bis RdEnde wdh = 72 M (18 M/ Nadel). 2 Rd re str.

Das Muster glatt rechts stricken (= in Rd alle Maschen rechts) laut Strickschrift A.

Daumenkeil

Für den Daumenkeil, wie die »Treppenstufen« in der Strickschrift zeigen, mit 1 M tief zun (siehe Erklärung auf voriger Seite).

Wenn alle Daumenkeilzun gemacht sind: Die 21 Daumenmaschen stilllegen, und 3 neue M »hinter« dem Daumen anschlagen, wie in der Strickschrift angegeben.

Hand und Spitze

Weiter laut Strickschrift A str und in Rd 67 mit den Spitzenabn beginnen. Auf Nadel 1 und 3 wie folgt abn: 2 M überzogen zusstr. Auf Nadel 2 und 4: 2 M re zus, 1 M re.

Wenn noch 8 M übrig sind: Faden abschneiden und durch die restl M fädeln und festziehen. Fäden vernähen.

Daumen

Die 21 Daumenmaschen auf 4 Nadeln 2,5 mm verteilen und 3 neue M aus den angeschlagenen M aufnehmen = 24 M.

Im Muster laut Strickschrift B str, dann weiter mit GF.

AbnahmeRd: 2 M überzogen zusstr. Weiterstricken, bis noch 3 M auf Nadel 2 übrig sind: 2 M re zus, 1 M re. Nadel 3: 2 M überzogen zusstr. Weiterstricken, bis noch 3 M auf Nadel 4 übrig sind: 2 M re zus, 1 M re = 4 M abgenommen.

Die AbnahmeRd 1-mal wdh, dann bis RdEnde 2 M re zus = 8 M.

Faden abschneiden, durch die restl M fädeln und festziehen. Fäden vernähen.

LINKER HANDSCHUH

Wie den rechten Handschuh str, aber das Muster gegengleich, dafür die Strickschrift A von links nach rechts str anstatt von rechts nach links. **Achtung!** Strickschrift B wird aber wie beim rechten Handschuh gearbeitet.

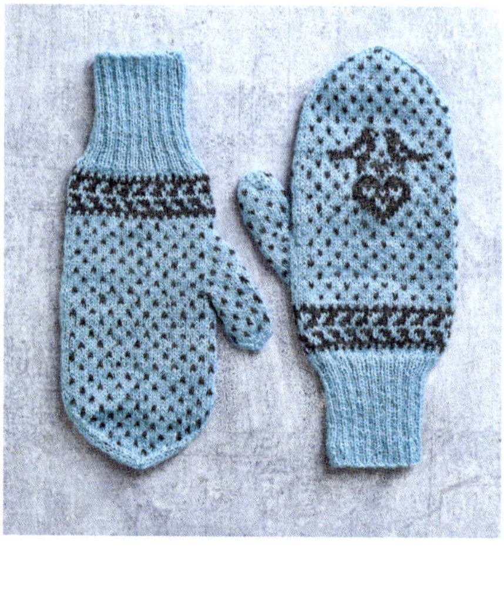

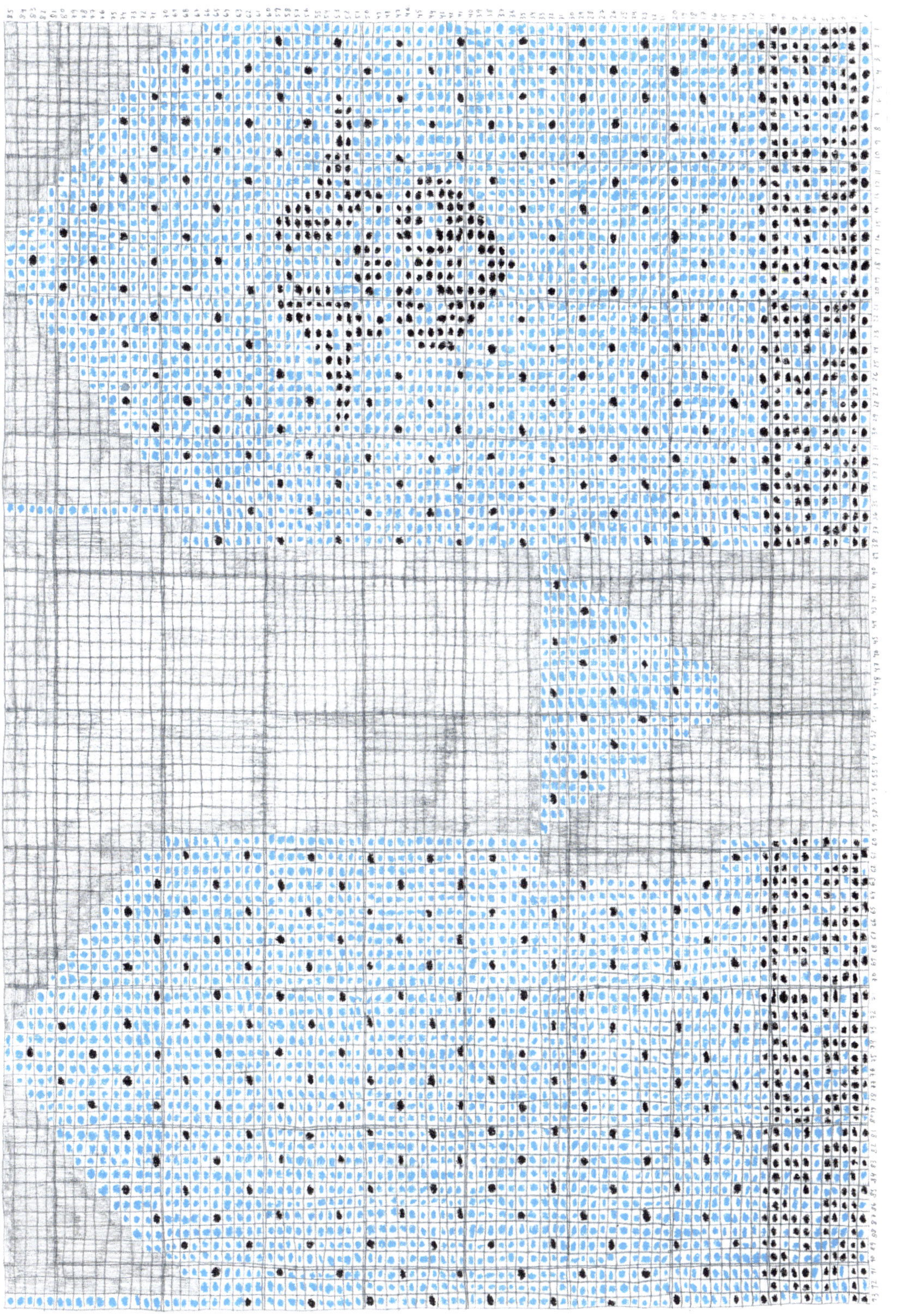

A

Für bessere Lesbarkeit die Strickschrift gern kopieren und auf A3 vergrößern.

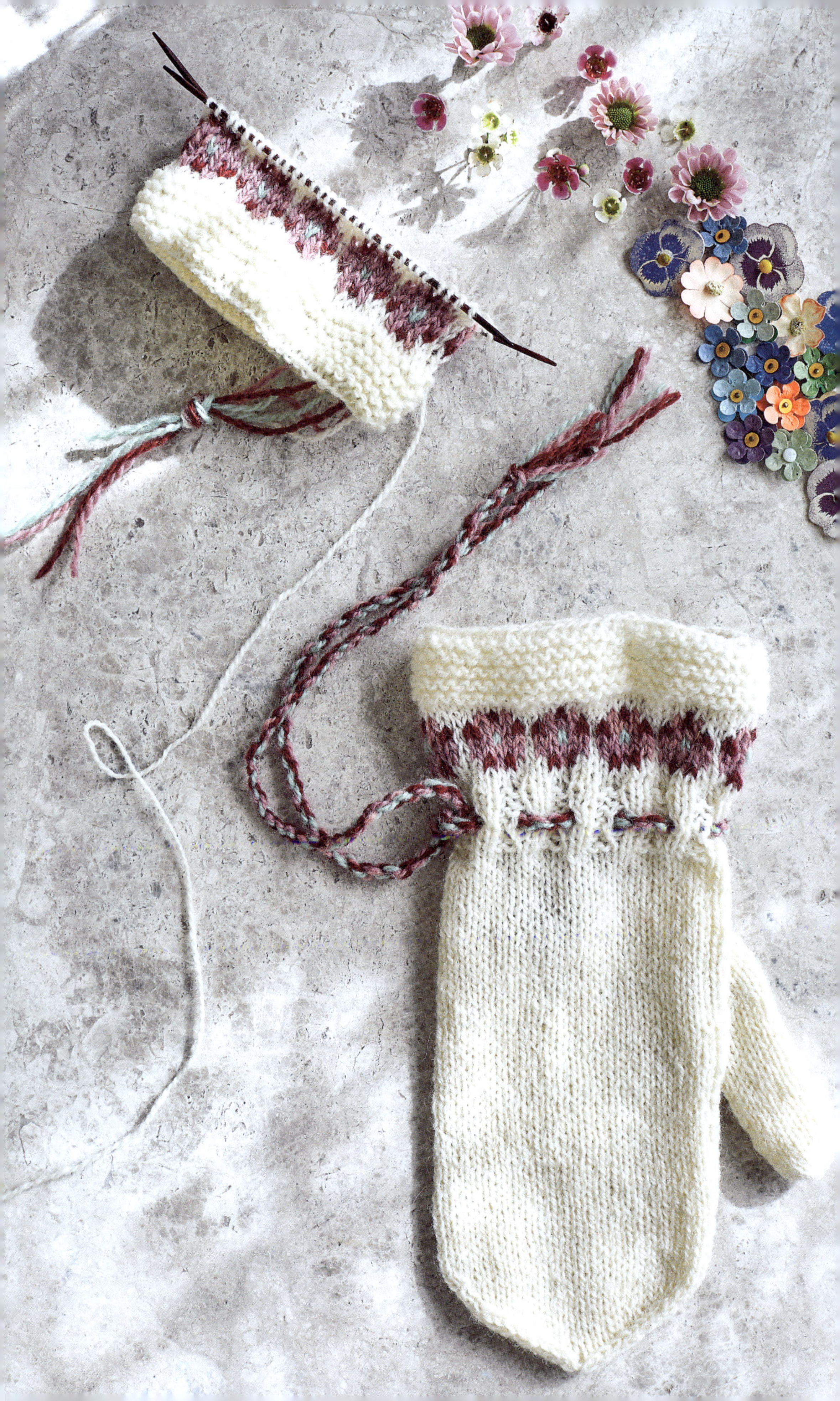

Majblomma

Seit über 100 Jahren wird im Frühling überall in Schweden von Schulkindern die Majblomma angeboten. Die allererste Majblomma wurden 1907 für 10 Öre pro Stück für einen guten Zweck verkauft. Beda Hallberg gründete die Hilfsorganisation, die sich gegen Kinderarmut einsetzt und an die das Geld geht. Auf dem Foto ist ein Teil meiner alten Majblommasammlung zu sehen.

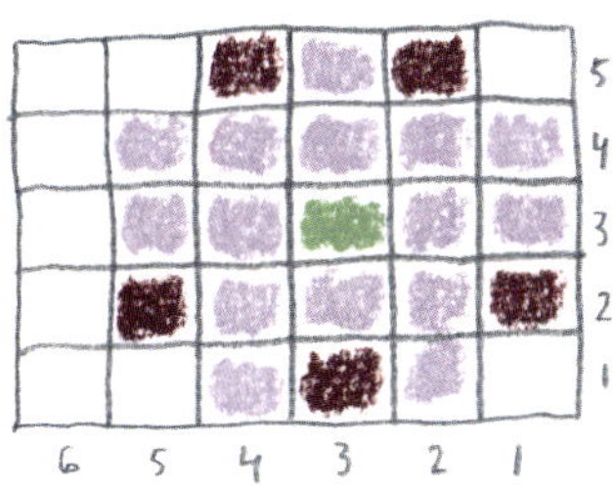

GRÖSSE: *Damen*

LÄNGE: *26 cm*

BREITE: *10 cm*

MATERIAL: *Hverdagsuld (100 % Biowolle, 50 g = 150 m)*

MENGE: *GF = 50 g Naturweiß (Nr. 2), MF1 = 50 g Rosa (Nr. 18), MF2 = 50 g Weinrot (Nr. 44), MF3 = 50 g Grün (Nr. 27)*

NADELSPIEL: *3 mm und 3,5 mm*

MASCHENPROBE: *24 M × 30 Rd = 10 × 10 cm glatt rechts auf Nadelstärke 3,5 mm*

ABKÜRZUNGEN: *1 M tief zun = 1 M tief gestochen zun, siehe bebilderte Erklärung auf Seite 177.*
Krausrippe = beim Rundstricken entspricht das 1 Rd re und 1 Rd li.

RECHTER HANDSCHUH

Mit Nadelspiel 3,5 mm und GF: 60 M anschlagen und auf 4 Nadeln verteilen (15 M pro Nadel). 1 Rd li. *1 Rd re str, und 1 Rd li.* Ab *–* 3-mal wdh. Jetzt sind insgesamt 5 Querrippen gestrickt (siehe Erklärung auf voriger Seite).

2 Rd glatt rechts (= in Runden alle M rechts), dann im Muster laut Strickschrift.
Mit GF: 2 Rd glatt rechts.

AbnahmeRd: *3 M re, 2 M re zus*. Von *–* bis RdEnde wdh = 48 M.

Auf Nadelstärke 3 mm wechseln: 3 Rd Rippen (2 M re, 2 M li) str. Dann eine Rd mit Löchern str: *1 U, 2 M re zus, 2 M li*. Von *–* bis Rd-Ende wdh. 3 Rd Rippen (2 M re, 2 M li) str.

Auf Nadelstärke 3,5 mm wechseln, jetzt weiter glatt rechts str. 10 Rd mit GF.

Daumenkeil

ZunahmeRd 1: Bis Nadel 3 str, in der 3. und 5. M 1 M tief zun (siehe Erklärung auf voriger Seite). Bis RdEnde str, dann 1 Rd ohne Zunahmen.

ZunahmeRd 2: Bis Nadel 3 str, in der 3. und 7. M 1 M tief zun. Bis RdEnde str, dann 1 Rd ohne Zunahmen.

ZunahmeRd 3: Bis Nadel 3 str, in der 3. und 9. M 1 M tief zun. Bis RdEnde str, dann 1 Rd ohne Zunahmen.

ZunahmeRd 4: Bis Nadel 3 str, in der 3. und 11. M 1 M tief zun. Bis RdEnde str, dann 1 Rd ohne Zunahmen.

ZunahmeRd 5: Bis Nadel 3 str, in der 3. und 13. M 1 M tief zun. Bis RdEnde str, dann 1 Rd ohne Zunahmen.

26 M str, die 13 Daumenkeilmaschen stilllegen.

Hand und Spitze

3 neue M »hinter« dem Daumen anschlagen und bis RdEnde str = 48 M. Noch 9 cm str.

AbnahmeRd für die Spitze: 1 M re, 2 M überzogen zusstr. Weiterstricken, bis zu den letzten 3 M auf Nadel 2: 2 M re zus, 1 M re. Nadel 3: 1 M re, 2 M überzogen zusstr. Weiterstricken, bis zu den letzten 3 M auf Nadel 4: 2 M re zus, 1 M re = 4 M abgenommen.

Die AbnahmeR 2-mal in jeder 2. Rd wdh, dann in jeder Rd, bis noch 8 M übrig sind. Faden abschneiden und durch die restl M ziehen. Fäden vernähen.

Daumen

Die 13 Daumenmaschen auf 4 Nadeln 3,5 mm verteilen und 3 neue M aus den angeschlagenen M »hinter« dem Daumen aufnehmen = 16 M. In Runden stricken, bis der Daumen 6 cm misst. Dann 2 M re zus bis RdEnde stricken = 8 M. Faden abschneiden, durch die restl M fädeln und festziehen. Fäden vernähen.

LINKER HANDSCHUH

Wie den rechten Handschuh str, aber das Muster gegengleich, dafür die Strickschrift von links nach rechts str anstatt von rechts nach links. Den Daumenkeil in der 3. und 5. M vor dem Ende von Nadel 4 beginnen. Nach demselben Prinzip wie am rechten Handschuh zun, aber ab dem Ende der 4. Nadel rechnen anstatt vom Anfang der 3. Nadel.

AUSARBEITEN

2 Schnüre (jede ca. 65 cm lang) mit MF1, MF2 und MF3 flechten. Die Enden verknoten und durch die Löcher ziehen.

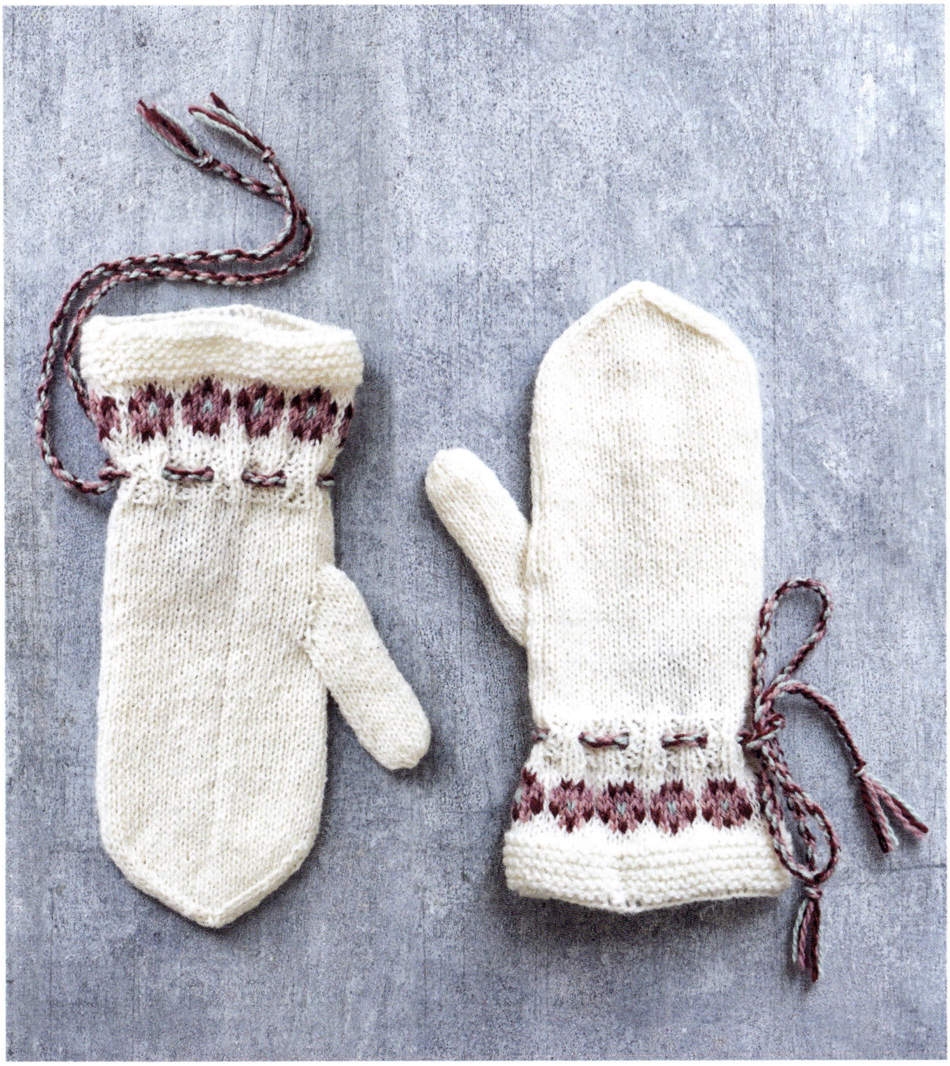

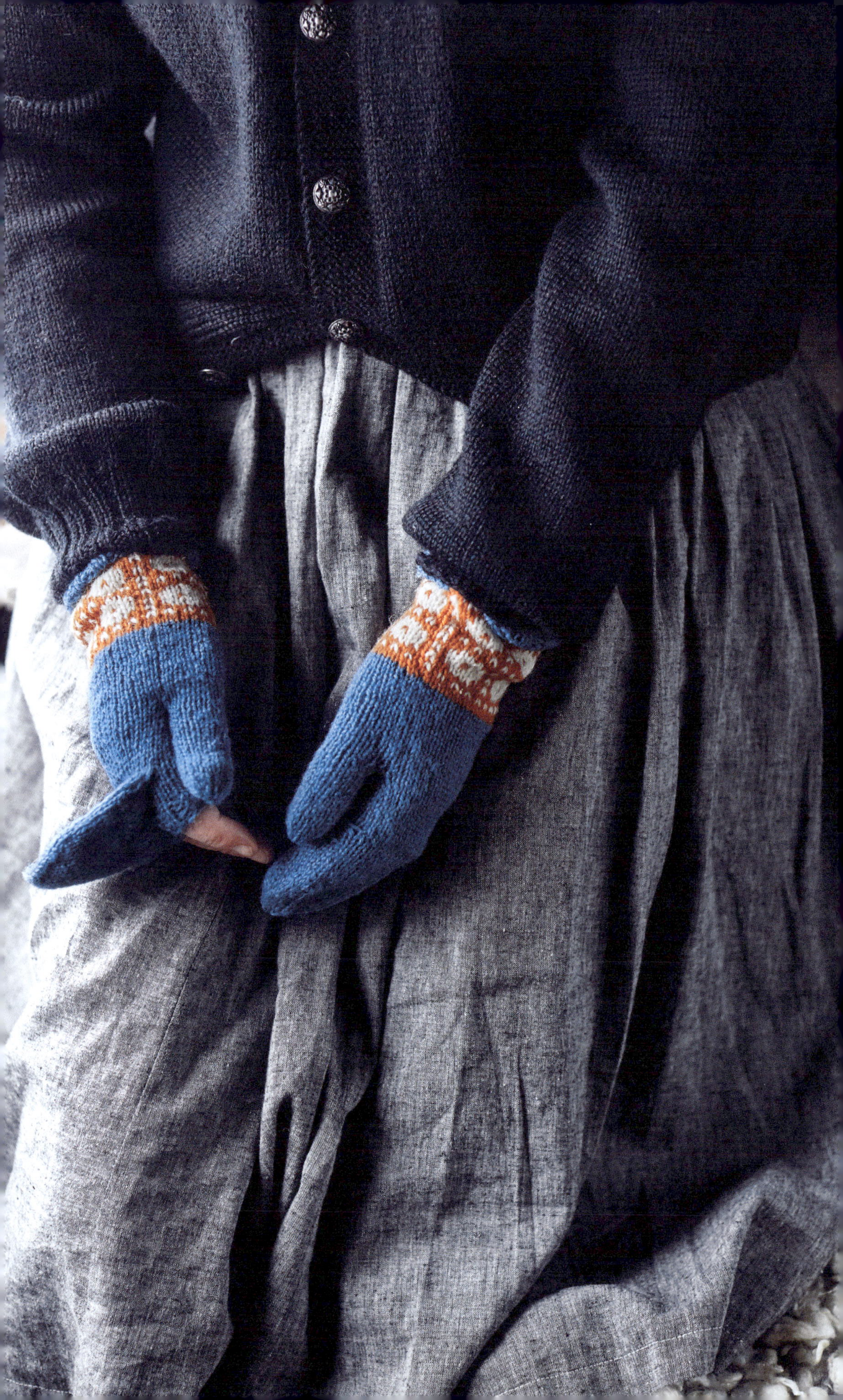

Midori

Meine Faszination für Japan umfasst auch die Literatur. Midori aus dem Roman »Naokos Lächeln« von Haruki Murakami ist meine Lieblingsfigur. Sie hat so etwas Kühnes und Freigeistiges an sich, das mich inspiriert! Und ihre Beschreibung der wahren Liebe – die sie mit einem Erdbeerkuchen vergleicht – ist wunderbar! Lesen Sie das Buch, und Sie werden erkennen … Diese Handschuhe sind so bunt und offen wie Midori. Man kann sie als Fäustlinge oder fingerlos tragen, ganz flexibel.

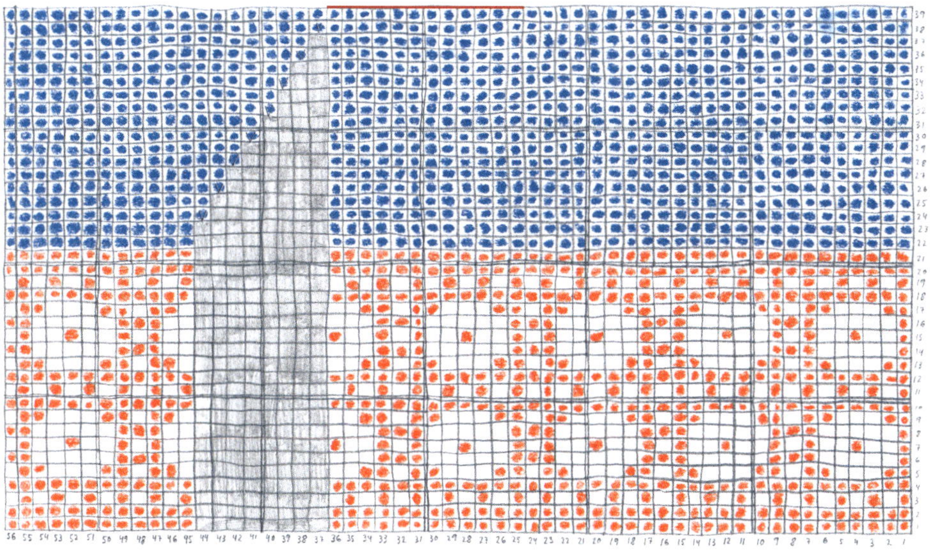

GRÖSSE: *Damen*

LÄNGE: *25 cm*

BREITE: *9,5 cm*

MATERIAL: *Finullgarn von Rauma Ullvarefabrikk (100 % reine Schurwolle, 50 g = 175 m)*

MENGE: *GF = 50 g Blau (Nr. 4605), MF1 = 50 g Orange (Nr. 461), MF2 = 50 g Naturweiß (Nr. 401)*

NADELSPIEL: *2 Nadelspiele 3 mm*

MASCHENPROBE: *26 M × 28 Rd = 10 × 10 cm glatt rechts im Muster auf Nadelstärke 3 mm*

ABKÜRZUNGEN: *1 M li neig zun, siehe bebilderte Erklärung auf Seite 176.*

1 M re neig zun, siehe bebilderte Erklärung auf Seite 176.

Graue Kästchen in der Strickschrift bedeuten hier keine Masche. Die Strickschrift gern kopieren und auf A3 vergrößern.

RECHTER HANDSCHUH

Mit Nadelspiel 3 mm und GF: 48 M anschlagen und auf 4 Nadeln verteilen (12 M pro Nadel). 4 Rd Rippen (2 M re, 2 M li) str. Jetzt weiter glatt rechts str (= in Runden alle M rechts).

Im Muster laut Strickschrift str (Rd 1–23). Weiter laut Strickschrift (Rd 24–39) str, dabei gleichzeitig für den Daumen wie in den »Treppenstufen« in der Strickschrift gezeigt mit 1 M li neig zun (siehe Erklärung auf voriger Seite). Die 12 Daumenmaschen wie in der Strickschrift markiert stilllegen und 4 neue M »hinter« dem Daumen anschlagen = 48 M.

20 Rd glatt rechts mit GF.

Finger

Kleiner Finger: Die ersten 6 M von Nadel 1 und die letzten 6 M von Nadel 4 gleichmäßig auf 4 neue Nadeln verteilen = 12 M. 4 Rd Rippen (1 M re, 1 M li) str. Im Rippenmuster abketten. (**Achtung!** Damit in der 1. Rd keine Löcher entstehen, die Techniktipps auf Seite 174 lesen.)

Dann die nächsten 6 M auf Nadel 1 und die restlichen 6 M auf Nadel 4 gleichmäßig auf 4 neue Nadeln verteilen = 12 M. 2 Rd re str. 4 Rd Rippen (1 M re, 1 M li) str. Im Rippenmuster abketten.

Von *–* wdh mit den ersten 6 M auf Nadel 2 und den letzten 6 M auf Nadel 3, dann mit den letzten 6 M auf Nadel 2 und den restlichen 6 M auf Nadel 3.

Daumen

Die 21 Daumenmaschen auf 4 Nadeln verteilen und mit GF in Runden glatt rechts str. **Achtung!** In der 1. Rd 4 neue M aus den »hinter« dem Daumen angeschlagenen M aufn = 16 M. Weiterstricken, bis der Daumen 5,5 cm misst.

AbnahmeRd: 1 M re, 2 M überzogen zusstr. Weiterstricken, bis noch 3 M auf Nadel 2 übrig sind: 2 M re zus, 1 M re.

Nadel 3: 1 M re, 2 M überzogen zusstr. Weiterstricken, bis noch 3 M auf Nadel 4 übrig sind: 2 M re zus, 1 M re = 4 M abgenommen.

Die AbnahmeRd 1-mal wdh = 8 M übrig.

Faden abschneiden und durch die restl M fädeln und festziehen. Fäden vernähen.

Klappfäustling

In Rd 14 der 20 Rd, die nach dem Daumenkeil gestrickt wurden: 24 M oben aus dem Handschuh aufnehmen = 1 M aus jeder M der Oberseite. Dann weitere 24 M anschlagen und gleichmäßig auf 4 Nadeln verteilen und in Runden stricken.

Rd 1–6: 24 M re, 1 M re, 2 M li *2 M re, 2 M li*. Von *–* wdh, bis 1 M übrig ist, 1 M re.

16 Rd glatt re.

AbnahmeRd für die Spitze des Fäustlings: 1 M re, 2 M überzogen zusstr. Weiterstricken, bis noch 3 M auf Nadel 2 übrig sind: 2 M re zus, 1 M re.

Nadel 3: 1 M re, 2 M überzogen zusstr. Weiterstricken, bis noch 3 M auf Nadel 4 übrig sind: 2 M re zus, 1 M re = 4 M abgenommen.

Die AbnahmeRd 2-mal in jeder 2. Rd, dann in jeder Rd wdh, bis 8 M übrig sind. Faden abschneiden und durch die restl M ziehen. Fäden vernähen.

LINKER HANDSCHUH

Wie den rechten Handschuh str, aber das Muster gegengleich, dafür die Strickschrift von links nach rechts str anstatt von rechts nach links.

Am Daumenkeil mit 1 M re neig zun (siehe Erklärung auf der vorigen Seite).

Wie den rechten Handschuh str, denken Sie daran, beim kleinen Finger nur 4 Rd Rippen zu stricken, die anderen bestehen aus 2 Rd re + 4 Rd Rippen.

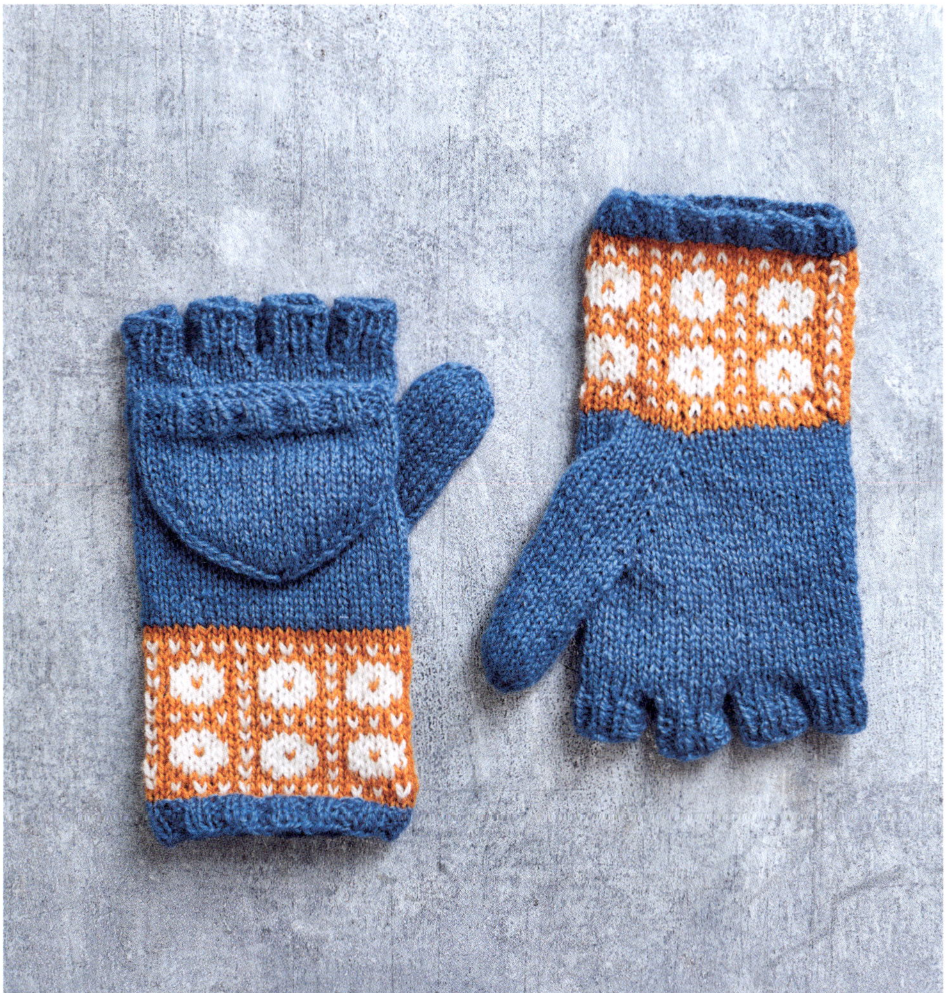

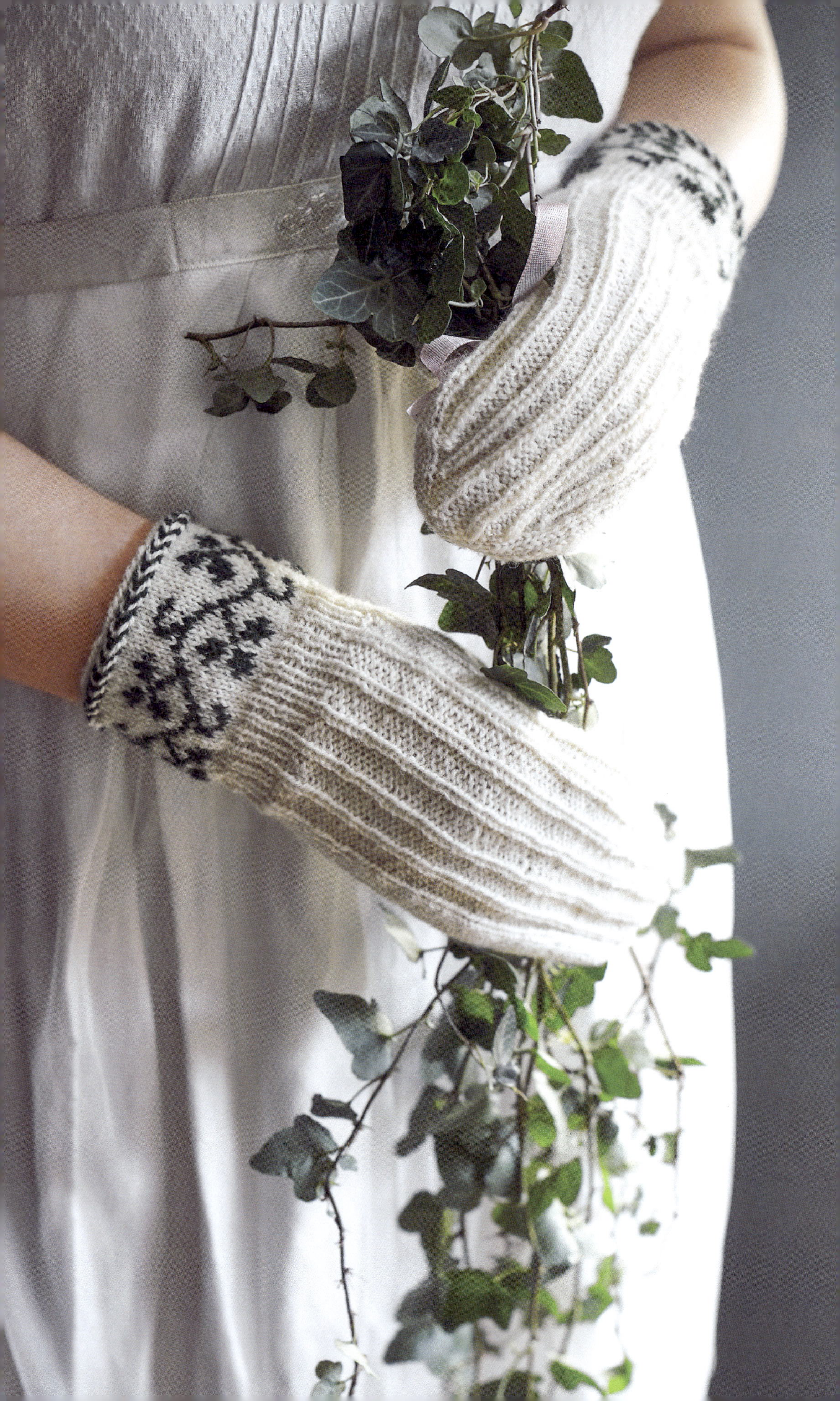

Myrte

Die Myrte gehört bereits seit Urzeiten zur Hochzeit. Schon bei der Hochzeitszeremonie im antiken Griechenland trug die Braut einen Myrtenkranz. Ende des 18. Jahrhunderts verbreitete sich der Brauch auch in Schweden, zusammen mit dem weißen Kleid. Myrte ist gedacht als einfacher und stilvoller Hochzeitshandschuh. Durch die Rippen umschließt das Modell die Hand besonders gut. Und natürlich kann man ihn auch zu anderen Feiern als einer Hochzeit tragen.

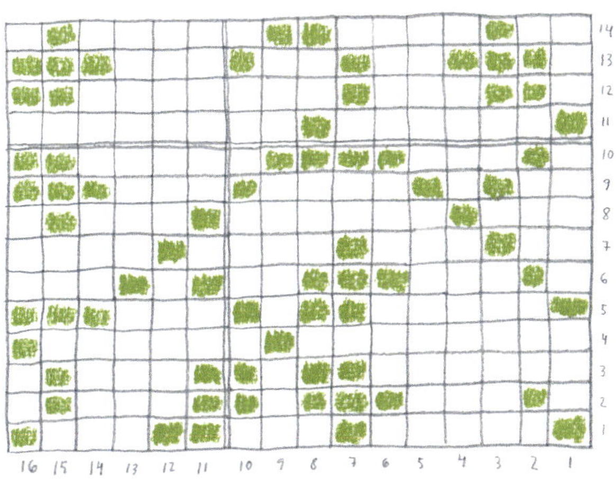

Grösse: *Damen*

Länge: *27 cm*

Breite: *10 cm*

Material: *Finullgarn von Rauma Ullvarefabrikk (100 % reine Schurwolle, 50 g = 175 m)*

Menge: *GF = 100 g Naturweiß (Nr. 401), MF = 50 g Grün (Nr. 432)*

Nadelspiel: *2 mm und 2,5 mm*

Maschenprobe: *30 M × 32 Rd = 10 × 10 cm glatt rechts im Muster auf Nadelstärke 2,5 mm*

Abkürzungen: *1 M tief zun = 1 M tief gestochen zun, siehe bebilderte Erklärung auf Seite 177.*

2 M li verschr zus = die nächsten 2 Maschen wie zum rechts Stricken von der linken auf die rechte Nadel heben und wieder zurück auf die linke Nadel, dann durch das hinter Maschenglied zusammenstricken.

RECHTER HANDSCHUH

Mit Nadelspiel 2,5 mm und GF: 64 M anschlagen und auf 4 Nadeln verteilen (16 M pro Nadel).

Mit GF und MF einen lettischen Flechtzopf str (siehe bebilderte Erklärung auf Seite 178).

Rd 1: *1 M re mit GF, 1 M re mit MF*. Von *–* bis Rd-Ende wdh.

Rd 2: *1 M li mit GF, 1 M li mit MF*. Von *–* bis Rd-Ende wdh. **Achtung!** Bei jedem Farbwechsel die neue Farbe unter der gerade gestrickten führen.

Rd 3: *1 M li mit GF, 1 M li mit MF*. Von *–* bis Rd-Ende wdh. **Achtung!** Bei jedem Farbwechsel die neue Farbe über der gerade gestrickten führen.

Ab jetzt glatt rechts str (= in Runden alle M rechts). 3 Rd mit GF. Im Muster laut Strickschrift str, Rd 1–14. Die 1.–16. M 4-mal pro Rd wdh. Mit 2 Rd mit GF enden.

AbnahmeRd: 6 M abn, dafür 6-mal 2 M re zus. Die Abnahmen gleichmäßig verteilen, also 3 M an der Oberseite abn und 3 M an der Unterseite = 58 M.

Auf Nadelstärke 2 mm wechseln und 10 Rd Rippen (1 M re, 1 M li) str. Auf Nadelstärke 2,5 mm wechseln. Wie folgt an der Oberseite Rippen und an der Unterseite glatt rechts str:

Rippenmuster: 1 M re, *3 M li, 1 M re*. Ab *–* 6-mal wdh. Glatt rechts: 29 M re. Noch 7 Rd str.

Daumenkeil

ZunahmeRd 1: Die 29 M der Oberseite im Rippenmuster, bis RdEnde re. **Achtung!** Auf Nadel 3: In der 3. und 5. M 1 M tief zun (siehe Erklärung auf der vorigen Seite). 1 Rd ohne Zunahmen: Die 29 M der Oberseite im Rippenmuster, bis RdEnde re.

ZunahmeRd 2: Die 29 M der Oberseite im Rippenmuster, bis RdEnde re. Auf Nadel 3: in der 3. und 7. M 1 M tief zun. 1 Rd ohne Zunahmen wie nach ZunahmeRd 1.

ZunahmeRd 3: Die 29 M der Oberseite im Rippenmuster, bis RdEnde re. Auf Nadel 3: in der 3. und 9. M 1 M tief zun. 1 Rd ohne Zunahmen wie nach ZunahmeRd 1.

ZunahmeRd 4: Die 29 M der Oberseite im Rippenmuster, bis RdEnde re. Auf Nadel 3: in der 3. und 11. M 1 M tief zun. 1 Rd ohne Zunahmen wie nach ZunahmeRd 1.

ZunahmeRd 5: Die 29 M der Oberseite im Rippenmuster, bis RdEnde re. Auf Nadel 3: in der 3. und 13. M 1 M tief zun. 1 Rd ohne Zunahmen wie nach ZunahmeRd 1.

ZunahmeRd 6: Die 29 M der Oberseite im Rippenmuster, bis RdEnde re. Auf Nadel 3: in der 3. und 15. M 1 M tief zun. 1 Rd ohne Zunahmen wie nach ZunahmeRd 1.

ZunahmeRd 7: Die 29 M der Oberseite im Rippenmuster, bis RdEnde re. Auf Nadel 3: in der 3. und 17. M 1 M tief zun. 1 Rd ohne Zunahmen wie nach ZunahmeRd 1.

Die 29 M der Oberseite im Rippenmuster, und die 17 M des Daumenkeils stilllegen. 3 neue M »hinter« dem Daumen anschlagen, bis RdEnde re = 58 M.

Hand und Spitze

10 cm ab dem Ende des Daumenkeils die Oberseite im Rippenmuster und die Unterseite glatt rechts str.

AbnahmeRd für die Spitze: 1 M re, 2 M li verschr zus (siehe Erklärung auf voriger Seite). Im Rippenmuster bis zu den letzten 3 M auf Nadel 2 str: 2 M re zus, 1 M re. Nadel 3: 1 M re, 2 M überzogen zusstr. Weiterstricken, bis zu den letzten 3 M auf Nadel 4: 2 M re zus, 1 M re = 4 M abgenommen.

Weiter die Oberseite im Rippenmuster und die Unterseite glatt rechts str.

Die AbnahmeRd 2-mal in jeder 2. Rd wdh, dann in jeder Rd, bis noch 10 M übrig sind. Faden abschneiden und durch die restl M ziehen. Fäden vernähen.

Daumen

Die 17 Daumenmaschen auf 4 Nadeln verteilen und 3 neue M aus den angeschlagenen M aufnehmen = 20 M. In Runden glatt rechts str, bis der Daumen 5,5 cm misst.

Nach demselben Prinzip wie an der Spitze abnehmen (doch ohne Rippenmuster), aber direkt in jeder Rd, bis noch 8 M übrig sind. Faden abschneiden, durch die restl M fädeln und festziehen. Fäden vernähen.

LINKER HANDSCHUH

Wie den rechten Handschuh str, aber das Muster gegengleich, dafür die Strickschrift von links nach rechts str anstatt von rechts nach links. Den Daumenkeil in der 3. und 5. M vor dem Ende von Nadel 4 beginnen. Nach demselben Prinzip wie am rechten Handschuh zun, aber ab dem Ende der 4. Nadel rechnen anstatt vom Anfang der 3. Nadel.

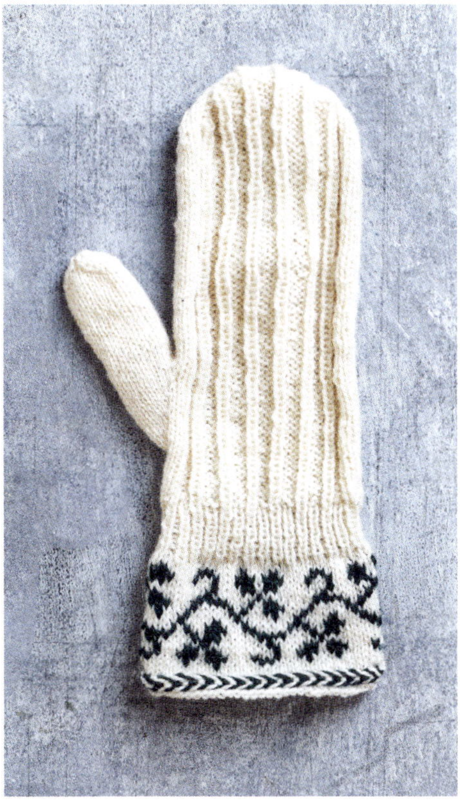

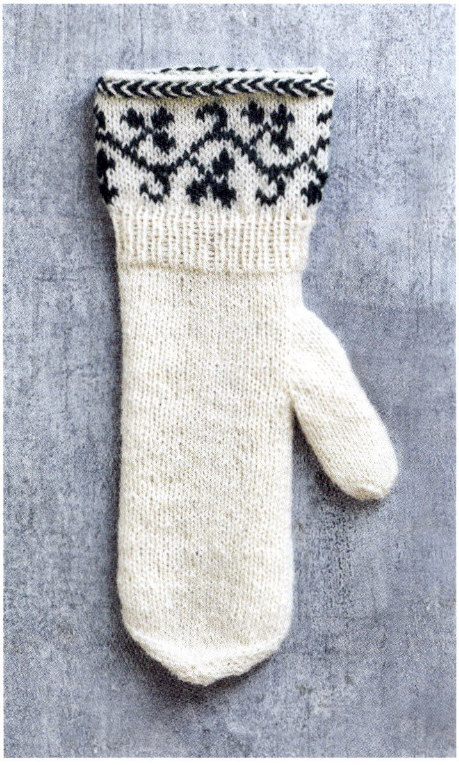

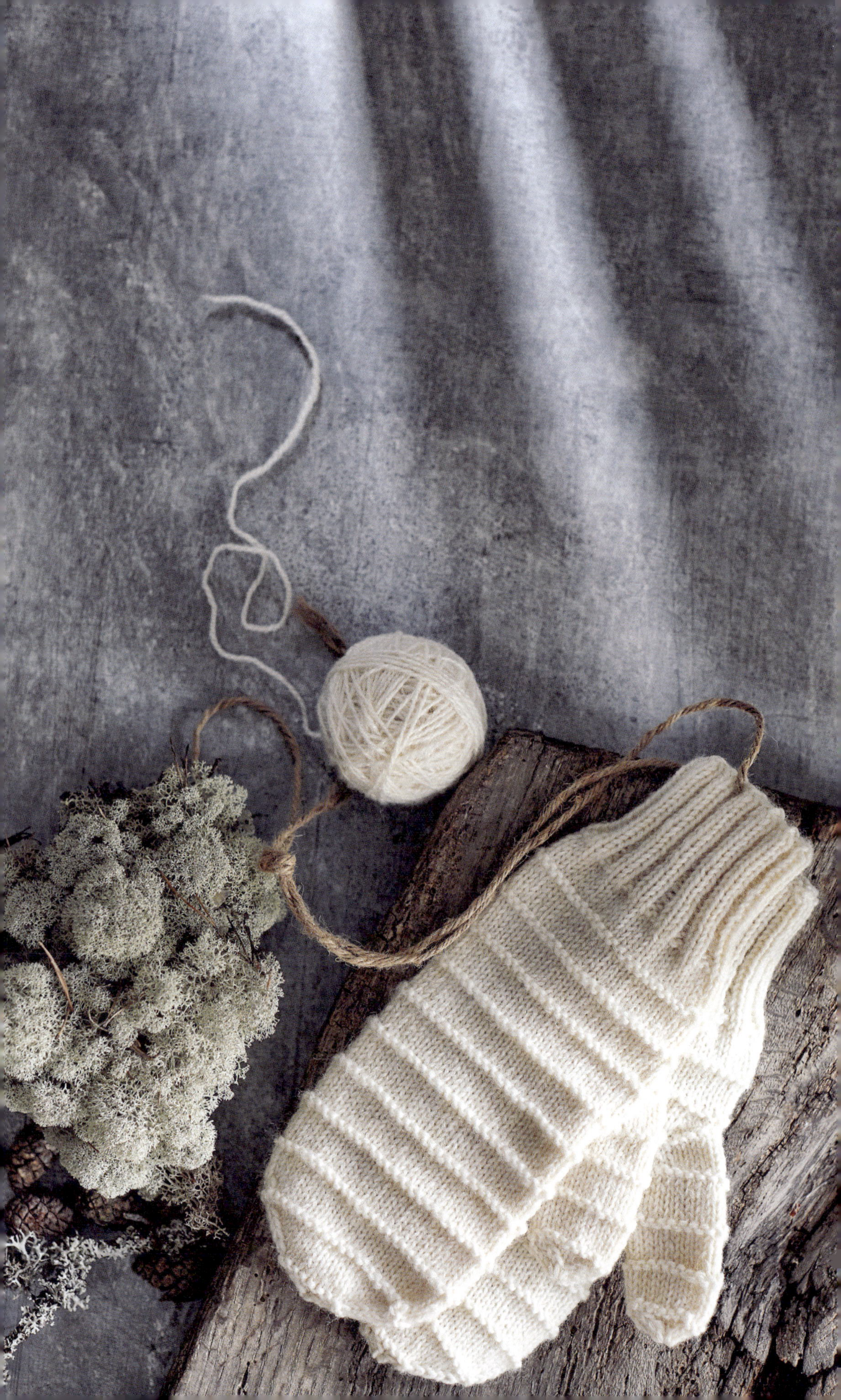

Streifen

Der Alltagshandschuh Streifen ist besonders robust, weil er aus dicker Strumpfwolle gestrickt wird. Die Streifen sind ein simples, aber stilvolles Detail, das gut zu einem Alltagskleidungsstück passt. Wenn Sie lieber einen ganz glatten Handschuh möchten, dann lassen Sie die linken Runden einfach weg.

Haben Sie noch nie einen Handschuh mit Daumenkeil gestrickt? Dann ist Streifen der perfekte Einstieg in diese Technik. Im Strickkurs auf Seite 174 können Sie mehr über die unterschiedlichen Daumenarten lesen.

GRÖSSE: *Damen*

LÄNGE: *25 cm*

BREITE: *9,5 cm*

MATERIAL: *Mellanraggi von Järbo Garn (75 % Wolle »superwash«, 25 % Polyamid, 100 g = 260 m)*

MENGE: *100 g Naturweiß (Nr. 28201)*

NADELSPIEL: *3 mm*

MASCHENPROBE: *25 M × 33 Rd = 10 × 10 cm glatt rechts auf Nadelstärke 3 mm*

ABKÜRZUNGEN: *1 M tief zun = 1 M tief gestochen zun, siehe bebilderte Erklärung auf Seite 177.*

Rechter Handschuh

Mit Nadelspiel 3 mm: 48 M anschlagen und gleichmäßig auf 4 Nadeln verteilen (12 M pro Nadel). 6 cm Rippen (2 M re, 2 M li) in Runden str.

Für den Streifeneffekt werden Querrillen gestrickt *6 Rd glatt rechts, 1 Rd li*. Von *–* über den gesamten Handschuh (auch am Daumen) wdh.

16 Rd str (mit Streifenmuster).

Daumenkeil

ZunahmeRd 1: Bis Nadel 3 str, in der 3. und 5. M 1 M tief zun (siehe Erklärung auf voriger Seite). Bis RdEnde str, dann 1 Rd ohne Zunahmen.

ZunahmeRd 2: Bis Nadel 3 str, in der 3. und 7. M 1 M tief zun. Bis RdEnde str, dann 1 Rd ohne Zunahmen.

ZunahmeRd 3: Bis Nadel 3 str, in der 3. und 9. M 1 M tief zun. Bis RdEnde str, dann 1 Rd ohne Zunahmen.

ZunahmeRd 4: Bis Nadel 3 str, in der 3. und 11. M 1 M tief zun. Bis RdEnde str, dann 1 Rd ohne Zunahmen.

ZunahmeRd 5: Bis Nadel 3 str, in der 3. und 13. M 1 M tief zun. Bis RdEnde str, dann 1 Rd ohne Zunahmen.

ZunahmeRd 6: Bis Nadel 3 str, in der 3. und 15. M 1 M tief zun. Bis RdEnde str, dann 1 Rd ohne Zunahmen.

ZunahmeRd 7: Bis Nadel 3 str, in der 3. und 17. M 1 M tief zun. Bis RdEnde str, dann 1 Rd ohne Zunahmen.

26 M str, die 17 Daumenkeilmaschen stilllegen.

Hand und Spitze

3 neue M »hinter« dem Daumen anschlagen, bis RdEnde str = 48 M. Noch 9 cm str.

AbnahmeRd für den Handrücken (in einer re Rd): 1 M re, 2 M überzogen zusstr. Weiterstricken, bis noch 3 M auf Nadel 2 übrig sind: 2 M re zus, 1 M re. Nadel 3: 1 M re, 2 M überzogen zusstr. Weiterstricken, bis noch 3 M auf Nadel 4 übrig sind: 2 M re zus, 1 M re = 4 M abgenommen. In li Rd werden die M li zusammengestrickt.

Die AbnahmeRd 2-mal in jeder 2. Rd wdh, dann in jeder Rd, bis noch 8 M übrig sind. Faden abschneiden und durch die restl M ziehen.

Daumen

Die 17 Daumenmaschen auf 4 Nadeln verteilen und 3 neue M aus den angeschlagenen M aufnehmen = 20 M. Im Muster str, bis der Daumen 5,5 cm misst.

Nach demselben Prinzip wie an der Spitze abnehmen, aber direkt in jeder Rd, bis noch 8 M übrig sind. Faden abschneiden und durch die restl M ziehen. Fäden vernähen.

Linker Handschuh

Bis zum Daumenkeil, wie den rechten Handschuh str.

Den Daumenkeil in der 3. und 5. M vor dem Ende von Nadel 4 beginnen. Nach demselben Prinzip wie am rechten Handschuh zun, aber ab dem Ende der 4. Nadel rechnen anstatt vom Anfang der 3. Nadel.

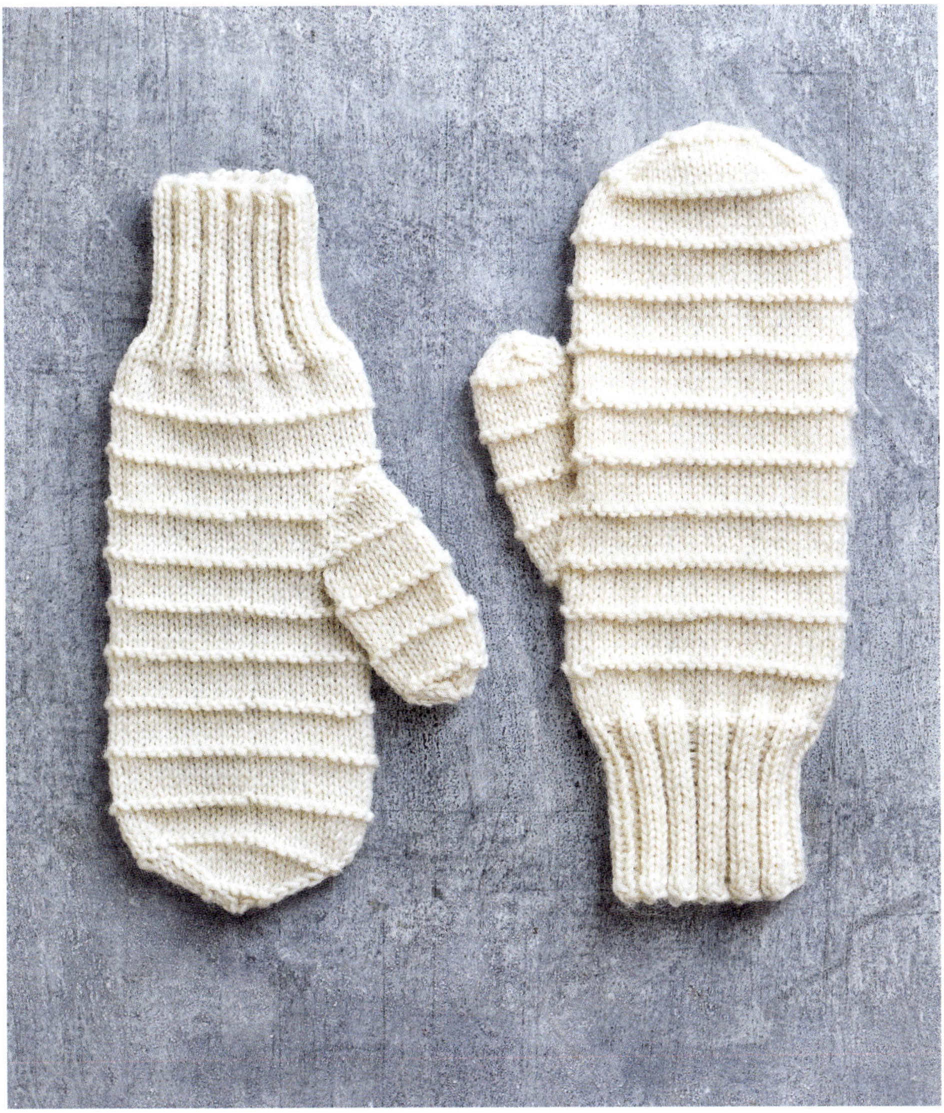

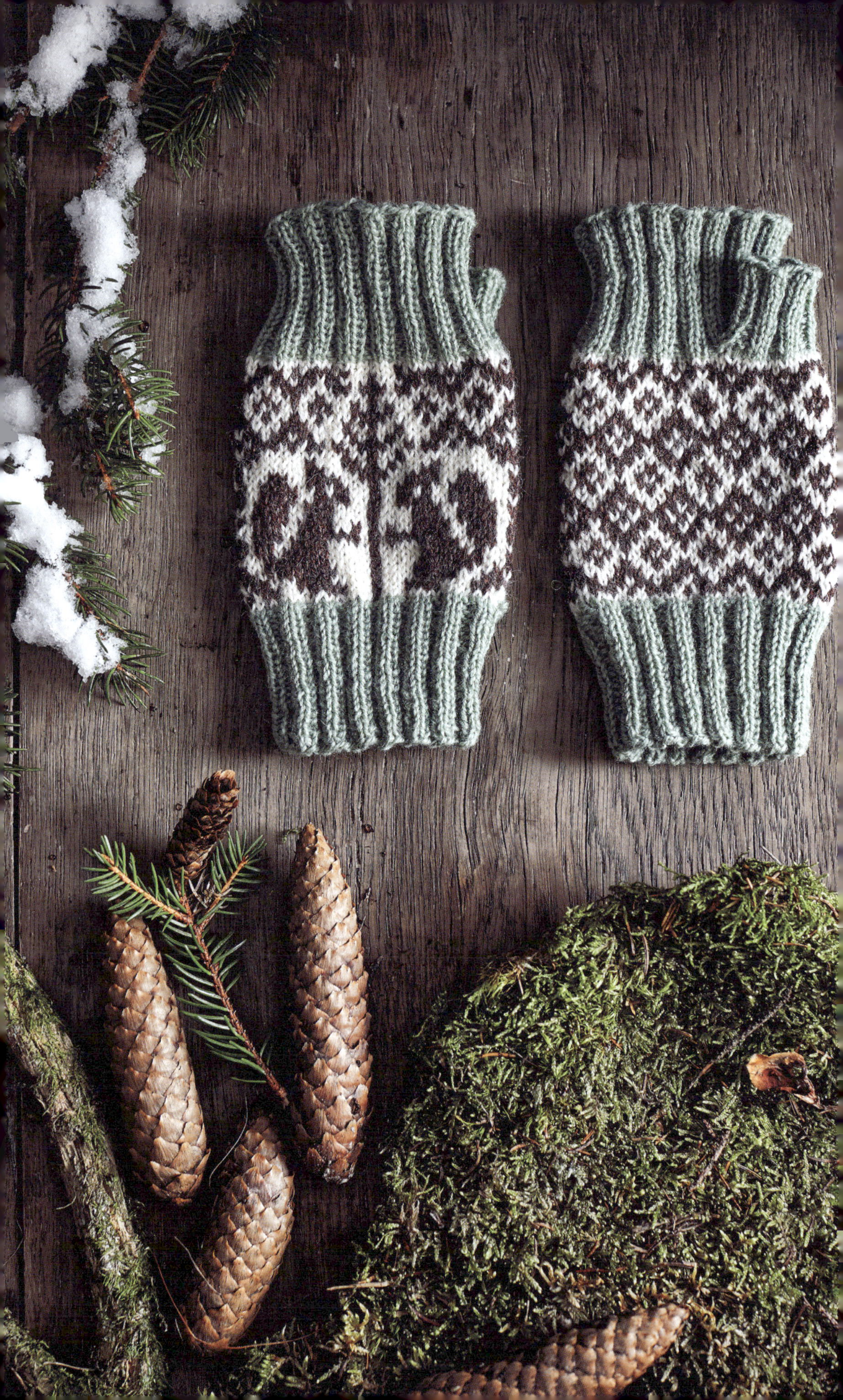

Ratatosk

Das Eichhörnchen Ratatosk ist meine Lieblingsfigur der altnordischen Mythologie. Diese fingerlosen Handschuhe zeigen das kleine, lebhafte Eichhörnchen am Weltenbaum. Ratatosk läuft den Stamm der Weltesche Yggdrasils auf und ab als ewiger Bote zwischen zwei verbitterten Feinden – dem Drachen an den Baumwurzeln und dem Adler in der Baumkrone. Seine Aufgabe ist es, Beleidigungen zu überbringen, eine schlimmer als die andere.

GRÖSSE: *Damen*

LÄNGE: *18,5 cm*

BREITE: *10 cm*

MATERIAL: *Finullgarn von Rauma Ullvarefabrikk (100 % reine Schurwolle, 50 g = 175 m)*

MENGE: *GF = 50 g Grün (Nr. 4887), MF1 = 50 g Weiß (Nr. 401), MF2 = 50 g Braun (Nr. 464)*

NADELSPIEL: *2,5 mm*

MASCHENPROBE: *30 M × 32 Rd = 10 × 10 cm glatt rechts im Muster auf Nadelstärke 2,5 mm*

RECHTER HANDSCHUH

Mit Nadelspiel 2,5 mm und GF: 60 M anschlagen und gleichmäßig auf 4 Nadeln verteilen (15 M pro Nadel). 5 cm Rippen in Runden str (2 M re, 2 M li).

Ab jetzt glatt rechts str (= in Runden alle M rechts) und 1 Rd mit MF1.

Laut Strickschrift Rd 1–25 str, dann 1 Rd mit MF1.

Daumen vorbereiten

Zu GF wechseln, im Rippenmuster die ersten 30 M str. Dann die folgenden 12 M mit einem Wollfaden in Kontrastfarbe str. Diese 12 M zurück auf die linke Nadel schieben und mit GF str. Restl 18 M im Rippenmuster str.

Hand und Spitze

5 cm Rippen (2 M re, 2 M li) str. Im Rippenmuster abk. Fäden vernähen.

Daumen

Den Faden, der den Daumen markiert, lösen. Mit GF und 4 Nadeln: Die 24 DaumenM aufn und Rippen (2 M re, 2 M li) in Rd str, bis der Daumen 3 cm misst. Im Rippenmuster abketten. Fäden vernähen.

LINKER HANDSCHUH

Wie den rechten Handschuh str, aber den Faden für den Daumen über die letzten 12 M der Rd (49.–60. M) einstricken anstatt wie beim rechten Handschuhe über die 31.–42. M.

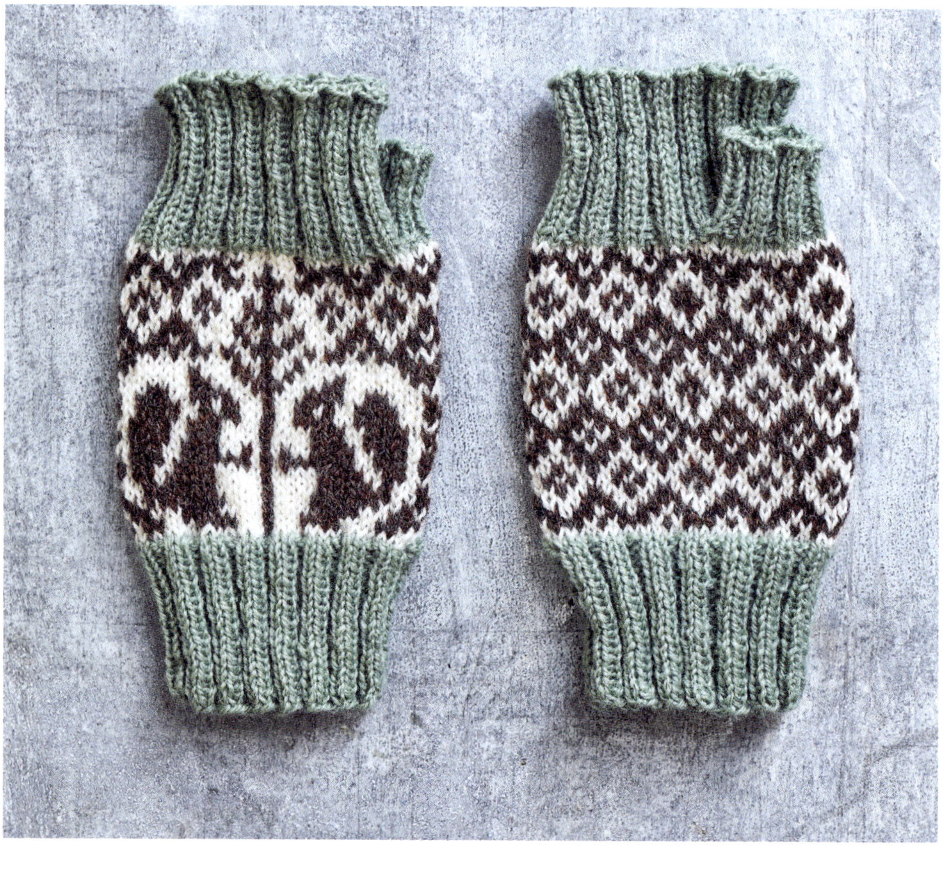

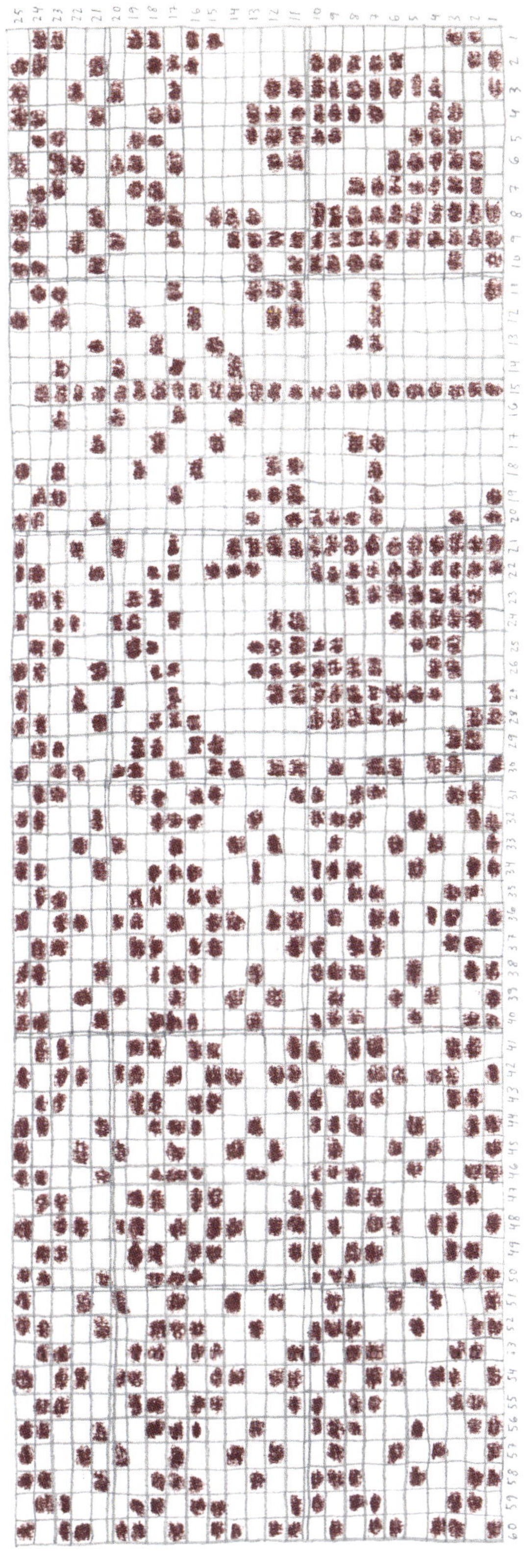

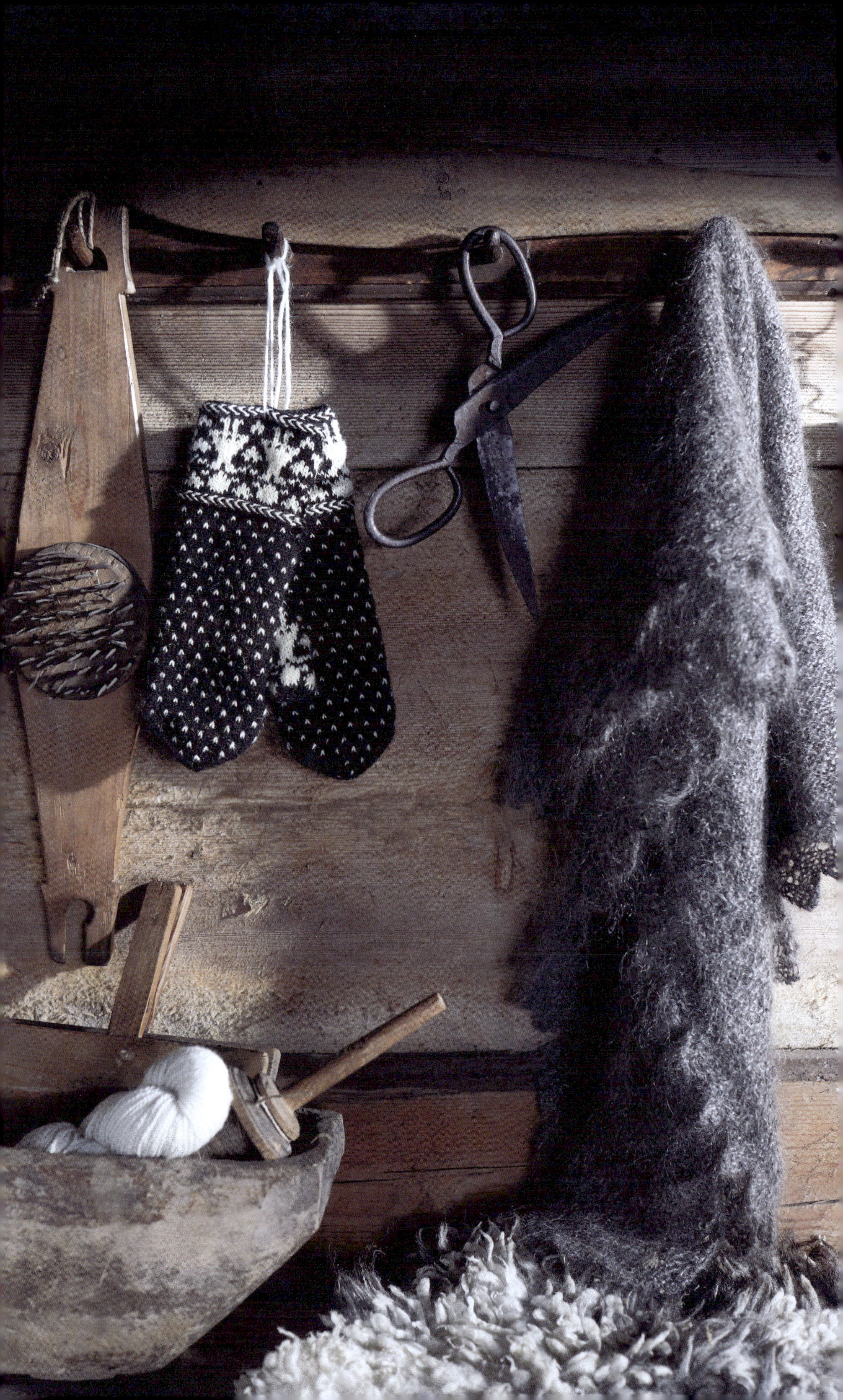

Schwesternschaft

Inspiriert von den norwegischen Selbumustern habe ich den Handschuh »Schwesterschaft« entworfen. Am Bund tanzt eine Reihe Schwestern Hand in Hand in eine helle Zukunft. Wir tun das zur Erinnerung an alle, die vor uns getanzt haben, und in Liebe zu allen, die übernehmen, wenn unser Tanz vorbei ist. Auf diese Weise bilden wir eine lange Kette, die so stark ist, dass sie nie abreißen kann.

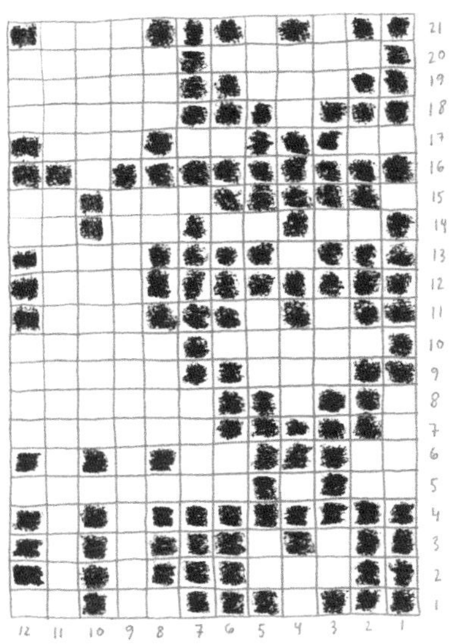

A

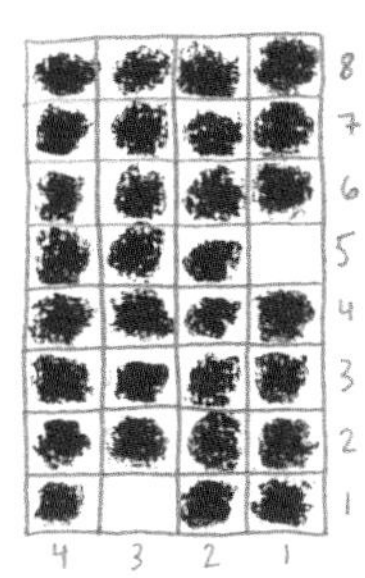

B

Grösse: *Damen*

Länge: *29 cm*

Breite: *10 cm*

Material: *Finullgarn von Rauma Ullvarefabrikk (100 % reine Schurwolle, 50 g = 175 m)*

Menge: *GF = 50 g Schwarz (Nr. 436, bei lockerem Stricken eventuell etwas mehr), MF = 50 g Naturweiß (Nr. 401)*

Nadelspiel: *2,5 mm*

Maschenprobe: *30 M × 32 Rd = 10 × 10 cm glatt rechts im Muster auf Nadelstärke 2,5 mm*

RECHTER HANDSCHUH

Mit Nadelspiel 2,5 mm und GF: 60 M anschlagen und auf 4 Nadeln verteilen (15 M pro Nadel).

Mit GF und MF einen LETTISCHEN FLECHTZOPF str (siehe bebilderte ERKLÄRUNG auf Seite 178).

Rd 1: *1 M re mit GF, 1 M re mit MF*. Von *–* bis Rd-Ende wdh.

Rd 2: *1 M li mit GF, 1 M li mit MF*. Von *–* bis Rd-Ende wdh. **Achtung!** Bei jedem Farbwechsel die neue Farbe unter der gerade gestrickten führen.

Rd 3: *1 M li mit GF, 1 M li mit MF*. Von *–* bis Rd-Ende wdh. **Achtung!** Bei jedem Farbwechsel die neue Farbe über der gerade gestrickten führen.

Ab jetzt glatt rechts str (= in Runden alle M rechts) und 2 Rd mit GF str.

Laut Strickschrift A str, dann 2 Rd mit GF.

Noch einen lettischen Flechtzopf wie oben str. 3 Rd mit GF.

26 Rd laut Strickschrift B str.

DAUMEN VORBEREITEN

Weiter im Muster laut Strickschrift B str über die ersten 30 M. Dann die folgenden 12 M mit einem Wollfaden in Kontrastfarbe str. Diese 12 M zurück auf die linke Nadel schieben und mit GF stricken. Restl 18 M laut Strickschrift str.

HAND UND SPITZE

39 Rd im Muster laut Strickschrift B str.

Mit den Abnahmen für die Spitze beginnen und weiter Pünktchen stricken. Die abgenommenen M fallen aus dem Muster, damit die Seiten hübsch aussehen, werden die ersten 3 M auf Nadel 1 und 3 sowie die letzten 3 M auf Nadel 2 und 4 mit GF gestrickt.

AbnahmeRd für die Spitze: 1 M re, 2 M überzogen zusstr. Weiterstricken, bis zu den letzten 3 M auf Nadel 2: 2 M re zus, 1 M re. Nadel 3: 1 M re, 2 M überzogen zusstr. Weiterstricken, bis zu den letzten 3 M auf Nadel 4: 2 M re zus, 1 M re = 4 M abgenommen.

Die AbnahmeRd 2-mal in jeder 2. Rd wdh, dann in jeder Rd, bis noch 8 M übrig sind. Faden abschneiden und durch die restl M ziehen. Fäden vernähen.

DAUMEN

Den Faden, der den Daumen markiert, lösen. Mit GF und 4 Nadeln: Die 24 Daumenmaschen aufnehmen und 2 Rd mit GF str. Im Muster laut Strickschrift A str, Rd 1–21, dann 1 Rd mit GF.

Wie an der Hand abnehmen, aber sofort und in jeder Rd, bis 16 M übrig sind. Dann 2 M re zus bis RdEnde stricken = 8 M.

Faden abschneiden, durch die restl M fädeln und festziehen. Fäden vernähen.

LINKER HANDSCHUH

Wie den rechten Handschuh str, aber das Muster gegengleich, dafür die Strickschrift von links nach rechts str anstatt von rechts nach links.

Für den Daumen über die ersten 48 M im Muster laut Strickschrift str. Dann die folgenden 12 M mit einem Wollfaden in Kontrastfarbe str. Diese 12 M zurück auf die linke Nadel schieben und mit GF stricken.

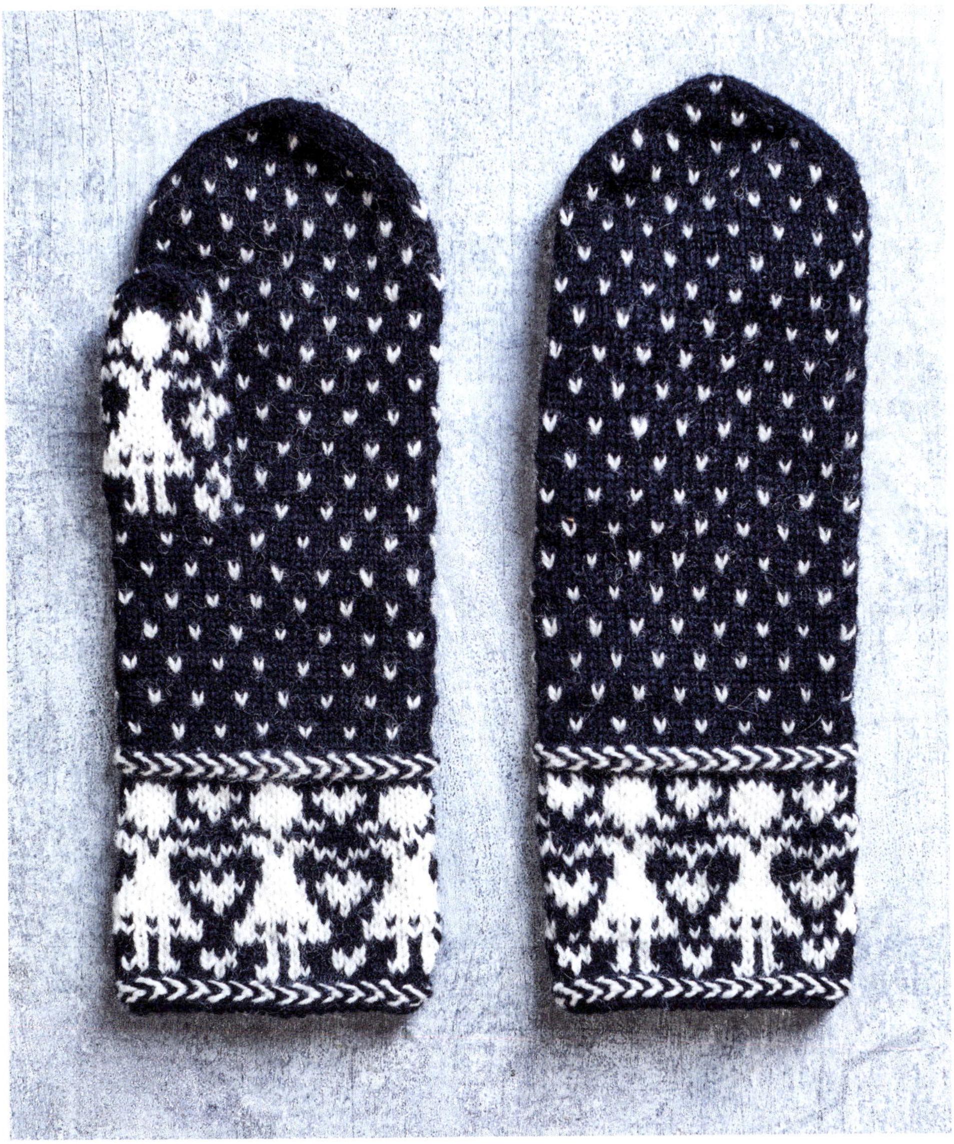

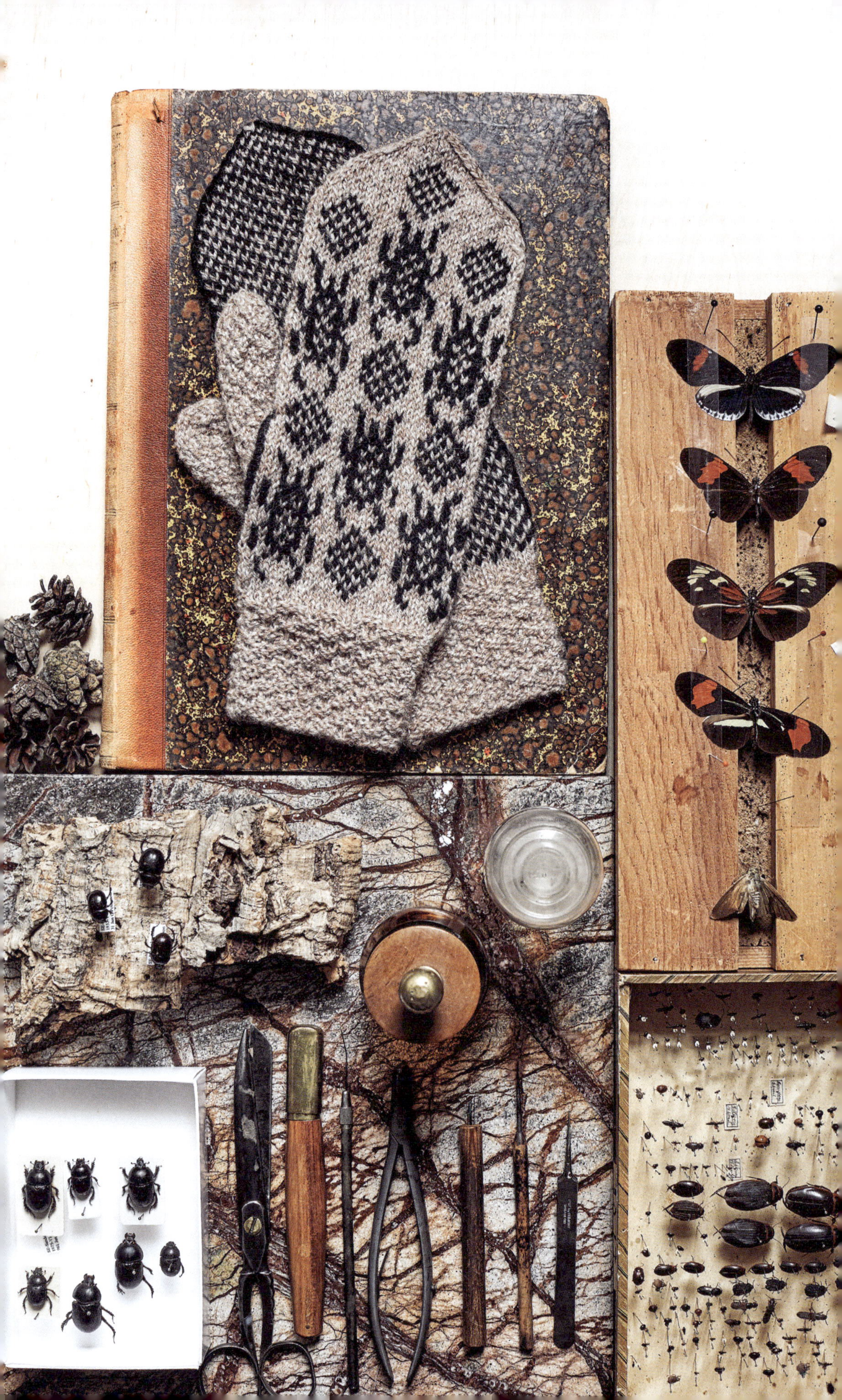

Mistkäfer

Im schwedischen Volksglauben gilt der Mistkäfer als Glücksbringer. Deswegen durfte man Mistkäfer nicht töten – sie sollten mit Respekt behandelt werden. Wenn man einen Mistkäfer, der auf dem Rücken liegt, umdreht, sollten einem zehn Sünden verziehen werden. Der Mistkäfer hatte auch eine warnende Rolle. Wenn der erste Mistkäfer des Jahres schnell flog, war das ein Zeichen dafür, dass die Frühjahrsarbeit reibungslos verlaufen würde. Hatte er Erde zwischen den Vorderbeinen, war das ein Zeichen dafür, dass die Aussaat früh beginnen sollte, hatte er sie zwischen den Hinterbeinen, war es am besten, die Aussaat zu verschieben. Er ist mit dem Heiligen Pillendreher verwandt, dem Käfer, der für den altägyptischen Skarabäus Modell gestanden hat. Ein Skarabäus symbolisiert das Leben und die Wiedergeburt und wird bis heute als Amulett oder Siegel verwendet. Diese Handschuhe sollen also den Mistkäfer als Glücksbringer und Träger von Lebenskraft und Hoffnung ehren!

GRÖSSE: *Damen*

LÄNGE: *29 cm*

BREITE: *10 cm*

MATERIAL: *Finullgarn von Rauma Ullvarefabrikk (100 % reine Schurwolle, 50 g = 175 m)*

MENGE: *GF = 50 g Hellbraun (Nr. 406), MF1 = 50 g Schwarz (Nr. 436)*

NADELSPIEL: *2,5 mm*

MASCHENPROBE: *30 M × 32 Rd = 10 × 10 cm glatt rechts im Muster auf Nadelstärke 2,5 mm*

ABKÜRZUNGEN: *1 M tief zun = 1 M tief gestochen zun, siehe bebilderte Erklärung auf Seite 177.*

Graue Kästchen in der Strickschrift bedeuten hier keine Masche.

RECHTER HANDSCHUH

Mit Nadelspiel 2,5 mm und GF: 40 M anschlagen und gleichmäßig auf 4 Nadeln verteilen (10 M pro Nadel) und in Runden stricken.

Rd 1–2: *2 M li, 2 M re*. Von *–* bis Rd-Ende wdh.

Rd 3–4: *2 M re, 2 M li*. Von *–* bis Rd-Ende wdh.

Rd [1–4] 5-mal wdh, dann Rd [1–2] 1-mal.

1 Rd Rechts.

ZunahmeRd: *1 M re, 1 M tief zun* (siehe Erklärung auf voriger Seite). Von *–* bis RdEnde wdh = 60 M. 1 Rd rechts.

Das Muster laut Strickschrift glatt rechts stricken (= in Runden alle M rechts).

Daumenkeil

Das Strukturmuster aus linken und rechten M laut Strickschrift (rosa Strich = li M) str. Für den Daumenkeil zun, wie die »Treppenstufen« in der Strickschrift zeigen, mit 1 M tief zun.

Wenn alle Zun gemacht wurden, die 17 Daumenmaschen stilllegen und 3 neue M »hinter« dem Daumen anschlagen, wie in der Strickschrift angegeben.

Hand und Spitze

Wie in der Strickschrift angegeben für die Spitze abnehmen.

Auf Nadel 1 und 3 wie folgt abn:

1 M re, 2 M überzogen zusstr. Auf Nadel 2 und 4: die letzten 2 M re zus.

Wenn noch 8 M übrig sind: Faden abschneiden und durch die restl M fädeln und festziehen. Fäden vernähen.

Daumen

Die 17 Daumenmaschen auf 4 Nadeln verteilen und weiter im Strukturmuster str.

Rd 1: *1 M li, 1 M re*. Von *–* bis RdEnde wdh = 20 M. **Achtung!** Hier werden auch 3 neue M aus den »hinter« dem Daumen angeschlagenen M aufgenommen:

Rd 2–3: *1 M re, 1 M li*. Von *–* bis Rd-Ende wdh.

Rd 4–5: *1 M li, 1 M re*. Von *–* bis Rd-Ende wdh.

Rd 2–5 wdh, bis der Daumen 5,5 cm misst.

AbnahmeRd: 2 M überzogen zusstr. Weiterstricken, bis noch 3 M auf Nadel 2 übrig sind: 2 M re zus, 1 M re. Nadel 3: 2 M überzogen zusstr. Weiterstricken, bis noch 3 M auf Nadel 4 übrig sind: 2 M re zus, 1 M re = 4 M abgenommen. Die AbnahmeRd 2-mal wdh = 8 M.

Faden abschneiden, durch die restl M fädeln und festziehen. Fäden vernähen.

LINKER HANDSCHUH

Wie den rechten Handschuh str, aber das Muster gegengleich, dafür die Strickschrift von links nach rechts str anstatt von rechts nach links.

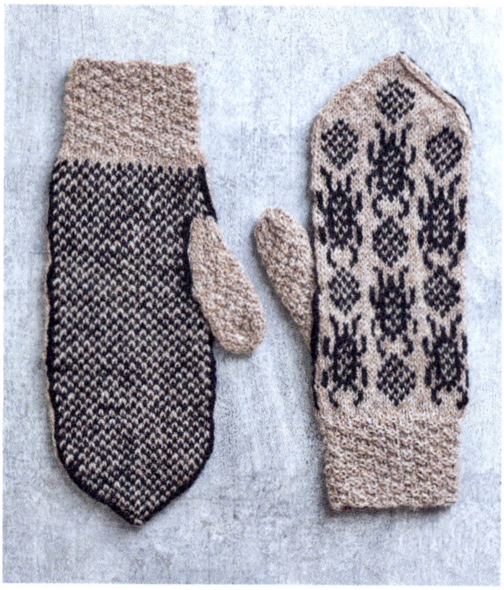

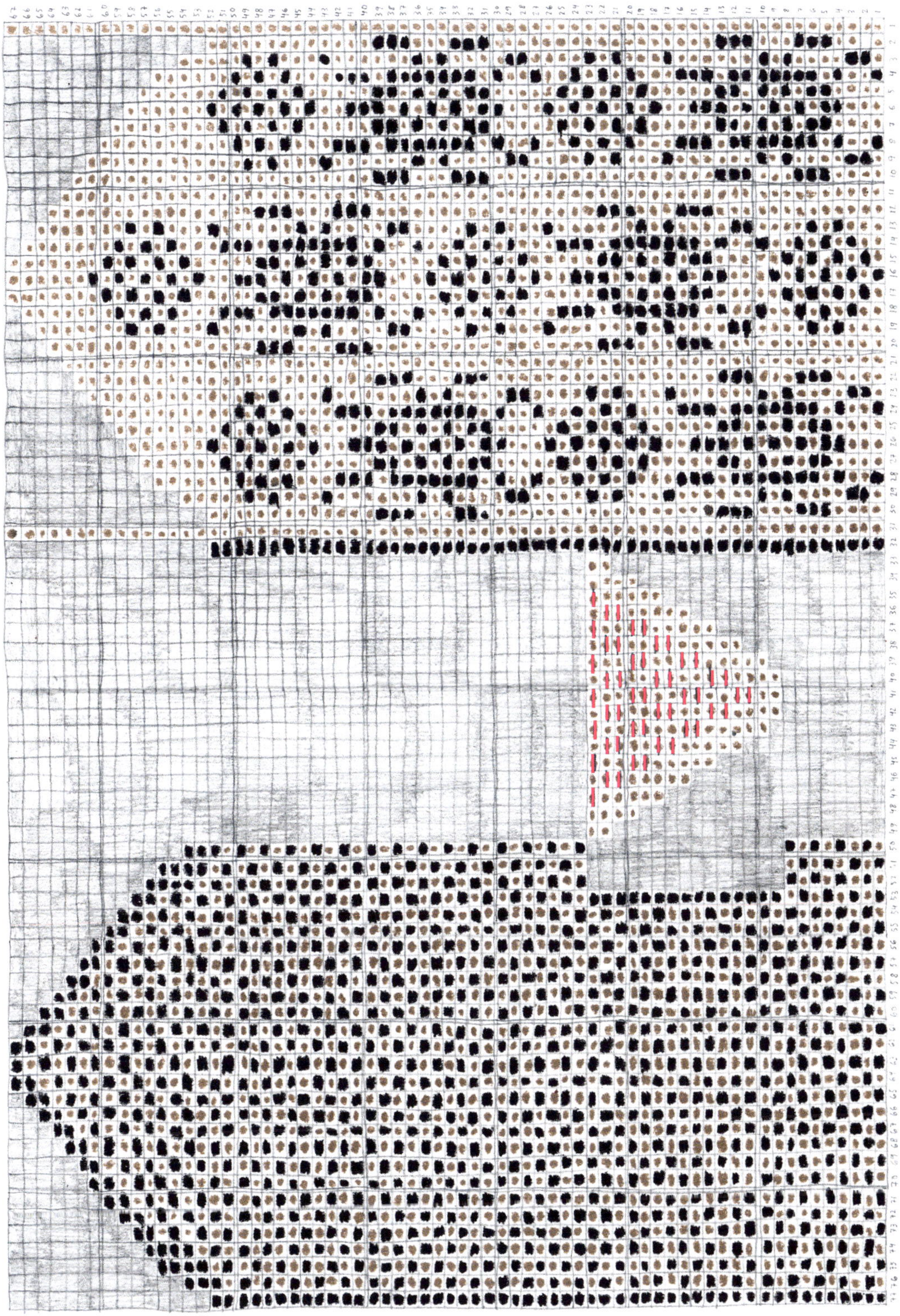

Die Strickschrift gern kopieren und auf A3 vergrössern.

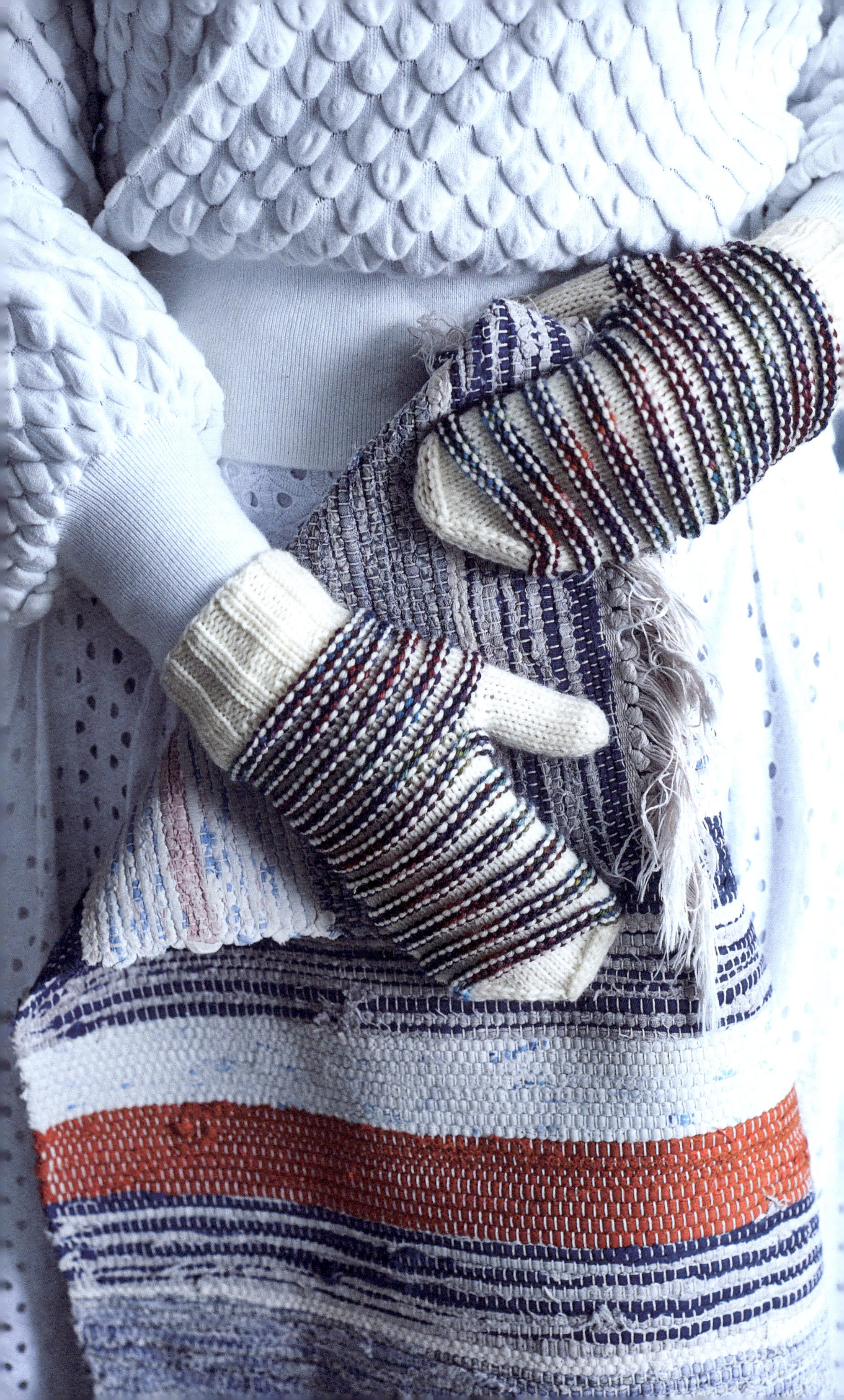

Flickenteppich

Es gibt ein paar Dinge, auf die ich nicht verzichten will – knarrende Bodendielen und Flickenteppiche zum Beispiel. Deswegen sind die Handschuhe, deren Muster einem Flickenteppich ähnelt, eine Hommage an ihn. Dieses Modell ist außerdem noch sehr leicht zu stricken und deswegen ideal für Anfänger. Dieser Typ Handschuh ist in der Passform sehr flexibel und wärmt daher sowohl eine große wie eine kleine Hand, was ja besonders praktisch ist.

GRÖSSE: *Damen*

LÄNGE: *25 cm (gedehnt)*

BREITE: *9 cm*

MATERIAL: *Alegría Grande von Manos del Uruguay, (75 % Merinowolle »superwash«, 25 % Polyamid, 100 g = 180 m)*

MENGE: *GF = 50 g Naturweiß (Nr. 14226), MF = 50 g Meliert (Nr. 14212)*

NADELSPIEL: *3,5 mm und 4 mm*

MASCHENPROBE: *18 M × 28 Rd = 10 × 10 cm glatt rechts auf Nadelstärke 4 mm*

ABKÜRZUNGEN: *Musterrunden = 2 Rd links mit MF und 1 Rd links mit GF.*

RECHTER HANDSCHUH

Mit Nadelspiel 3,5 mm und GF: 40 M anschlagen und gleichmäßig auf 4 Nadeln verteilen (10 M pro Nadel). 5 cm Rippen (2 M re, 2 M li) in Runden str.

Auf Nadelspiel 4 mm wechseln und 2 Rd re str.

1 Musterrd str (siehe ERKLÄRUNG auf voriger Seite). 4 Rd rechts mit GF.
Ab *–* 3-mal wdh. 1 Musterrd str, dann 2 Rd rechts mit GF.

DAUMEN VORBEREITEN

Die ersten 20 M re. Dann die folgenden 8 M mit einem Wollfaden in Kontrastfarbe str. Diese 8 M zurück auf die linke Nadel schieben und mit GF stricken. Restl 12 M re.

HAND UND SPITZE

1 Rd mit GF str. *1 Musterrd str. Dann 4 Rd re mit GF*. Ab *–* 4-mal wdh. 1 Musterrd str, dann 2 Rd mit GF.

AbnahmeRd für die Spitze: 1 M re, 2 M überzogen zusstr. Weiterstricken, bis zu den letzten 3 M auf Nadel 2: 2 M re zus, 1 M re. Nadel 3: 1 M re, 2 M überzogen zusstr. Weiterstricken, bis zu den letzten 3 M auf Nadel 4: 2 M re zus, 1 M re = 4 M abgenommen.

1 Rd re str. Die AbnahmeRd in jeder Rd wdh, bis noch 8 M übrig sind. Faden abschneiden, durch die restl M fädeln und festziehen.

DAUMEN

Den Faden, der den Daumen markiert, lösen. Mit GF und Nadelspiel 4 mm: Die 16 Daumenmaschen aufnehmen und gleichmäßig auf 4 Nadeln verteilen. 5,5 cm in Runden glatt rechts str.

Nach demselben Prinzip wie an der Spitze abnehmen, aber direkt in jeder Rd, bis noch 8 M übrig sind.

Faden abschneiden, durch die restl M fädeln und festziehen. Fäden vernähen.

LINKER HANDSCHUH

Wie den rechten Handschuh stricken, aber den Faden für den Daumen über die 33.–40. M einstricken.

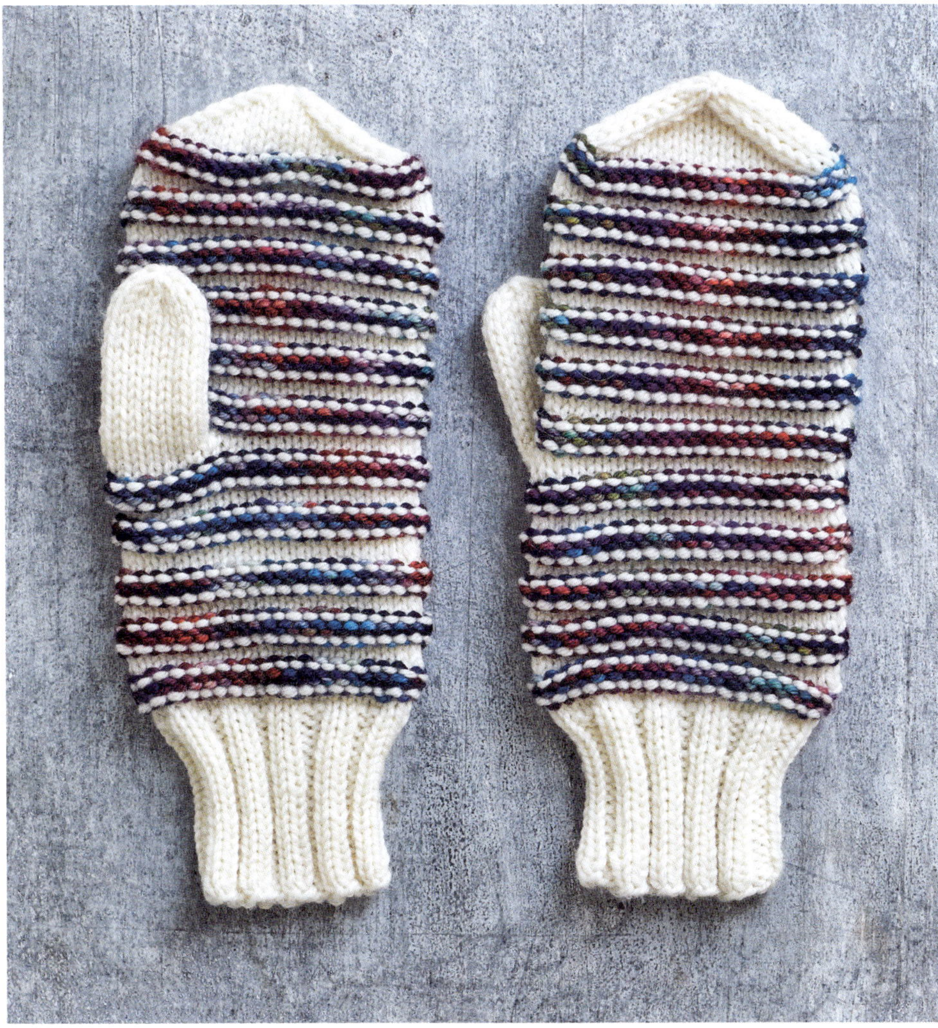

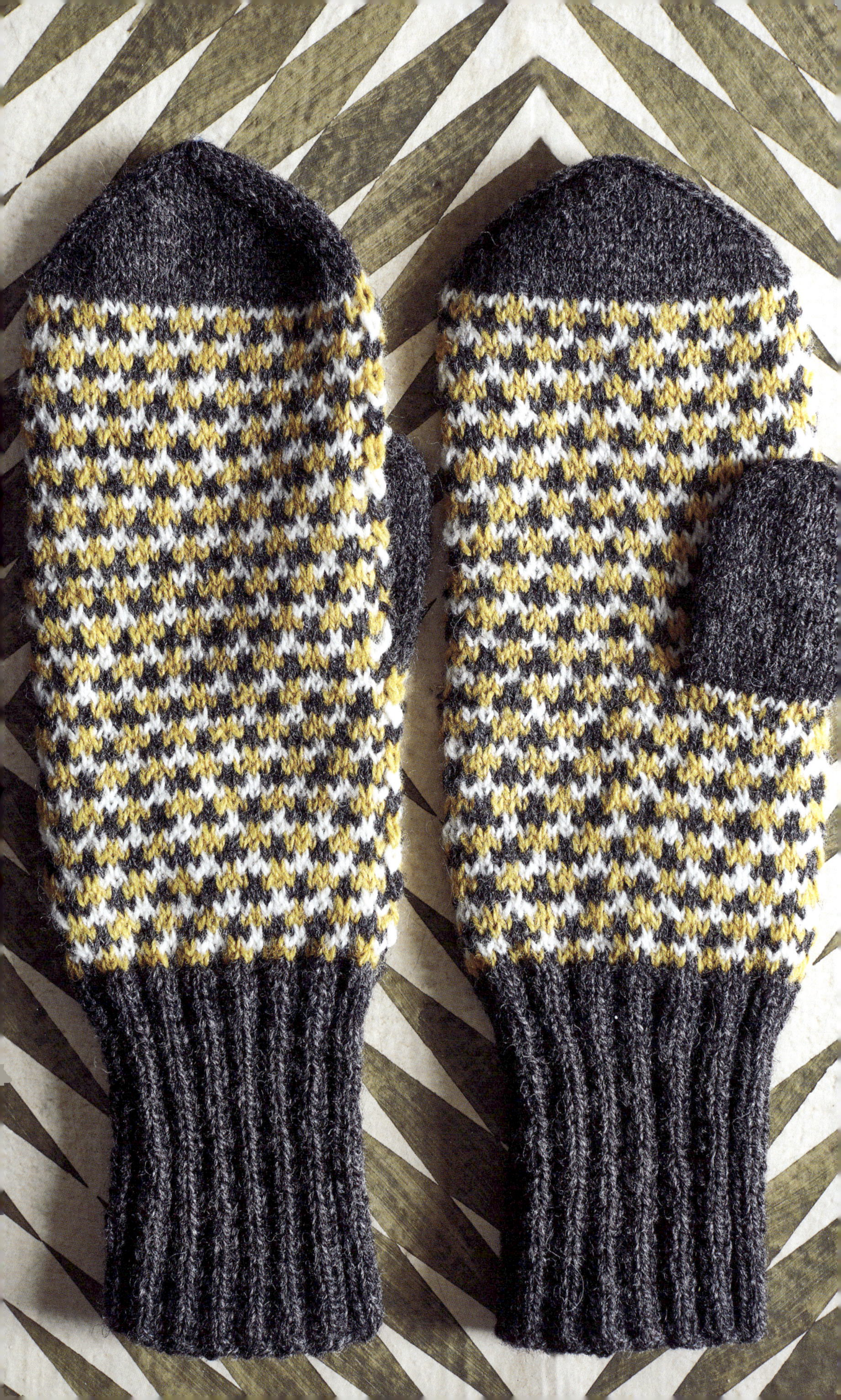

Drilling

Drilling hat ein geometrisches Muster, das für viele spannende Farbkombinationen geeignet ist. Und das Beste ist, dass sich das Muster auch noch schnell stricken lässt. Obwohl es die Illusion eines dreifarbigen Musters erzeugt, strickt man immer nur mit zwei Farben auf einmal. Drilling ist durch dieses dichte Muster auch noch sehr warm.

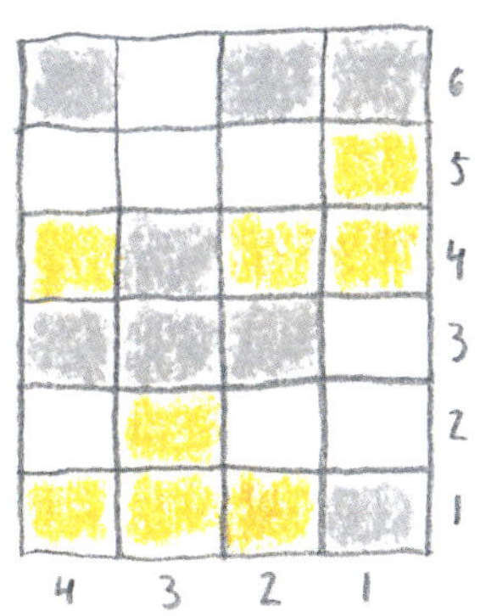

GRÖSSE: *Damen*

LÄNGE: *31 cm*

BREITE: *10 cm*

MATERIAL: *Finullgarn von Rauma Ullvarefabrikk (100 % reine Schurwolle, 50 g = 175 m)*

MENGE: *GF = 50 g Dunkelgrau (Nr. 414), MF1 = 50 g Gelb (Nr. 4805), MF2 = 50 g Naturweiß (Nr. 401)*

NADELSPIEL: *2,5 mm*

MASCHENPROBE: *30 M × 32 Rd = 10 × 10 cm glatt rechts im Muster auf Nadelstärke 2,5 mm*

RECHTER HANDSCHUH

Mit Nadelspiel 2,5 mm und GF: 60 M anschlagen und auf 4 Nadeln verteilen (15 M pro Nadel). 10 cm Rippen (2 M re, 2 M li) in Rd str.

Ab jetzt glatt rechts str (= in Runden alle M rechts) und 23 Rd im Muster laut Strickschrift str.

Daumen vorbereiten

Über die ersten 30 M weiter im Muster laut Strickschrift str. Dann die folgenden 12 M mit einem Wollfaden in Kontrastfarbe str. Diese 12 M zurück auf die linke Nadel schieben und mit GF stricken. Restl 18 M laut Strickschrift str.

Hand und Spitze

29 Rd im Muster laut Strickschrift str. 2 Rd mit GF str.

AbnahmeRd für die Spitze: 1 M re, 2 M überzogen zusstr. Weiterstricken, bis zu den letzten 3 M auf Nadel 2: 2 M re zus, 1 M re. Nadel 3: 1 M re, 2 M überzogen zusstr. Weiterstricken, bis zu den letzten 3 M auf Nadel 4: 2 M re zus, 1 M re = 4 M abgenommen.

Die AbnahmeRd 2-mal in jeder 2. Rd wdh, dann in jeder Rd, bis noch 8 M übrig sind. Faden abschneiden und durch die restl M ziehen. Fäden vernähen.

Daumen

Den Faden, der den Daumen markiert, lösen. Mit GF und Nadelspiel 4: Die 24 Daumenmaschen aufnehmen und gleichmäßig auf 4 Nadeln verteilen. In Rd str, bis der Daumen 5,5 cm misst.

Nach demselben Prinzip wie an der Spitze abnehmen, aber direkt in jeder Rd, bis noch 16 M übrig sind. Dann 2 M re zus bis RdEnde stricken = 8 M.

Faden abschneiden, durch die restl M fädeln und festziehen. Fäden vernähen.

LINKER HANDSCHUH

Wie den rechten Handschuh str, aber das Muster gegengleich, dafür die Strickschrift von links nach rechts str anstatt von rechts nach links. Für den Daumen über die ersten 48 M im Muster laut Strickschrift str. Dann die folgenden 12 M mit einem Wollfaden in Kontrastfarbe str. Diese 12 M zurück auf die linke Nadel schieben und mit GF stricken.

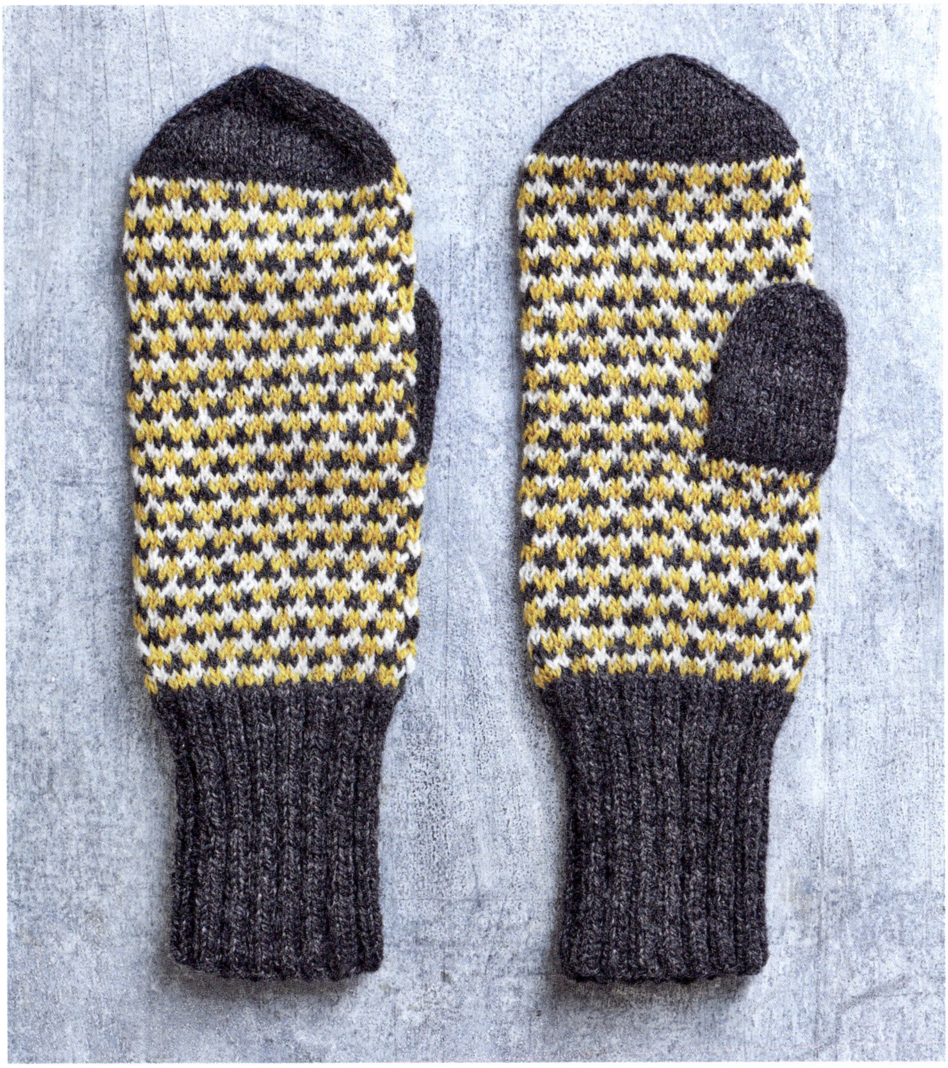

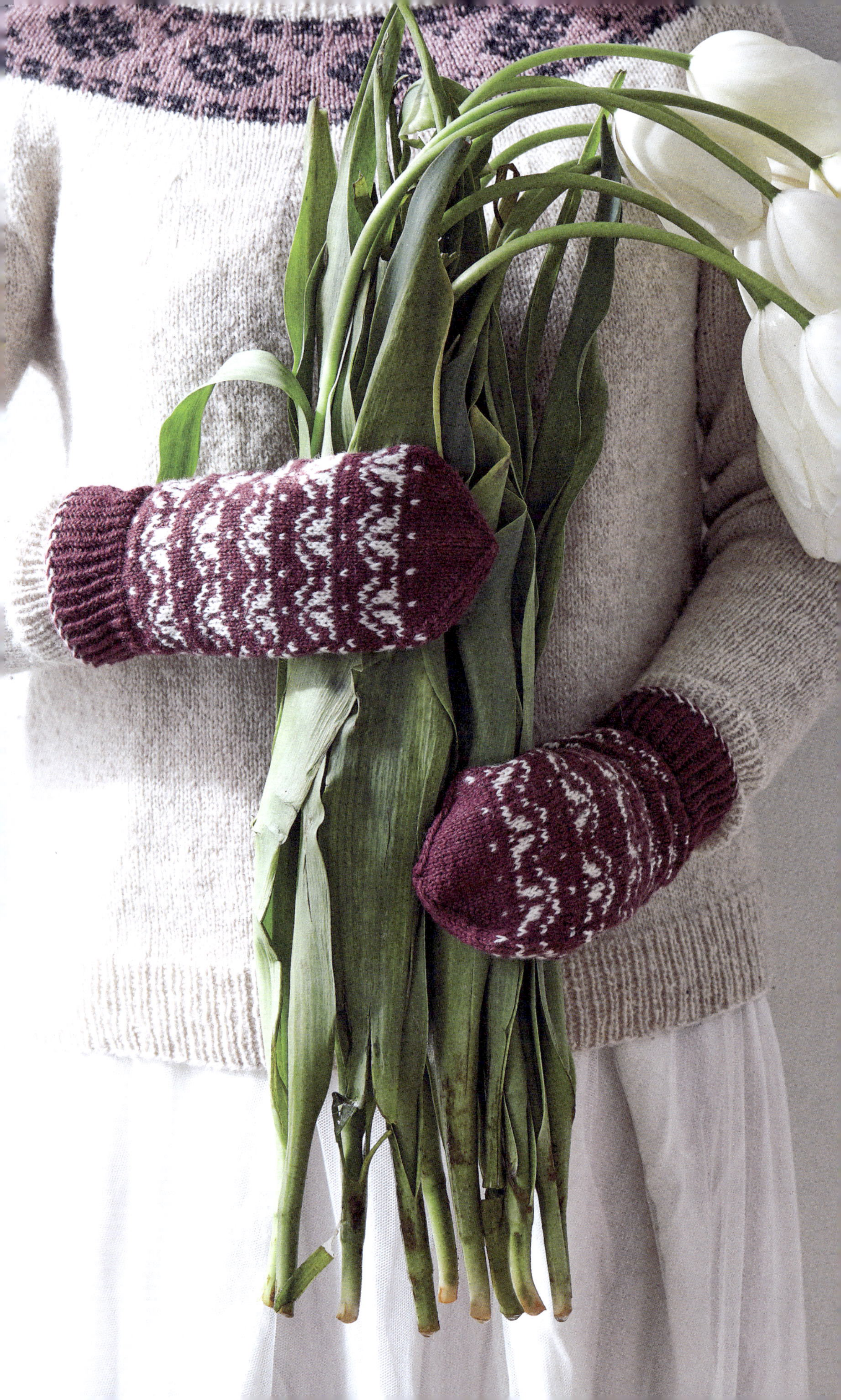

Tulipanaros

Tulipanaros (also Tulpenrose) bezeichnete früher die hübschen, gemalten Tulpen, vor allem auf Allmoge-Truhen. Blumen zu malen verlangt nach viel Geschick, was wohl hinter dem schwedischen Sprichwort steckt: »Es ist leichter, Tulpenrose zu sagen, als eine zu malen«. Tulipanaros beschreibt auch eine attraktive, aber unmögliche Kombination – man kann eine Tulpe und eine Rose nämlich nicht kreuzen, egal, wie gern man das möchte!

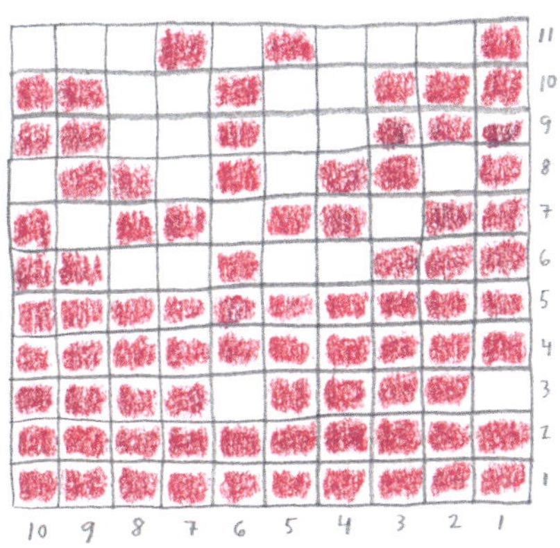

GRÖSSE: *Damen*

LÄNGE: *26 cm*

BREITE: *10 cm*

MATERIAL: *Finullgarn von Rauma Ullvarefabrikk (100 % reine Schurwolle, 50 g = 175 m)*

MENGE: *GF = 50 g Lila (Nr. 496), MF = 50 g Naturweiß (Nr. 401)*

NADELSPIEL: *2,5 mm*

MASCHENPROBE: *30 M × 32 Rd = 10 × 10 cm glatt rechts im Muster auf Nadelstärke 2,5 mm*

RECHTER HANDSCHUH

Mit Nadelspiel 2,5 mm und GF: 60 M anschlagen und auf 4 Nadeln verteilen (15 M pro Nadel).

Mit GF und MF einen lettischen FLECHTZOPF str (siehe bebilderte ERKLÄRUNG auf Seite 178).

Rd 1: *1 M re mit GF, 1 M re mit MF*. Von *–* bis Rd-Ende wdh.

Rd 2: *1 M li mit GF, 1 M li mit MF*. Von *–* bis Rd-Ende wdh. **Achtung!** Bei jedem Farbwechsel den neuen Faden unter den gerade gestrickten führen.

Rd 3: *1 M li mit GF, 1 M li mit MF*. Von *–* bis Rd-Ende wdh. **Achtung!** Bei jedem Farbwechsel die neue Farbe über der gerade gestrickten führen.

Verschränkte Rippen: *1 M re verschr, 1 M li*. Von *–* bis Rd-Ende wdh. Weiterstricken, bis die Arbeit 5 cm misst.

Jetzt glatt rechts str (= in Runden alle M rechts) und laut Strickschrift 22 Rd im Muster str (= Rd 1–11 2-mal str). Dann im Muster laut Rd 1 der Strickschrift str.

DAUMEN VORBEREITEN

Über die ersten 30 M weiter im Muster laut Strickschrift str (Rd 2). Dann die folgenden 12 M mit einem Wollfaden in Kontrastfarbe str. Diese 12 M zurück auf die linke Nadel schieben und mit GF stricken. Restl 18 M laut Strickschrift str.

HAND UND SPITZE

34 Rd im Muster laut Strickschrift str (letzte Rd ist Rd 3 der Strickschrift), dann 2 Rd mit GF.

AbnahmeRd für die Spitze: 1 M re, 2 M überzogen zusstr. Weiterstricken, bis zu den letzten 3 M auf Nadel 2: 2 M re zus, 1 M re. Nadel 3: 1 M re, 2 M überzogen zusstr. Weiterstricken, bis zu den letzten 3 M auf Nadel 4: 2 M re zus, 1 M re = 4 M abgenommen.

Die AbnahmeRd 2-mal in jeder 2. Rd wdh, dann in jeder Rd, bis noch 8 M übrig sind. Faden abschneiden und durch die restl M ziehen. Fäden vernähen.

DAUMEN

Den Faden, der den Daumen markiert, lösen. Mit GF und Nadelspiel 4: Die 24 Daumenmaschen aufnehmen und in Rd str, bis der Daumen 6 cm misst.

Nach demselben Prinzip wie an der Spitze abnehmen, aber direkt in jeder Rd, bis noch 16 M übrig sind. Dann 2 M re zus bis RdEnde stricken = 8 M.

Faden abschneiden, durch die restl M fädeln und festziehen. Fäden vernähen.

LINKER HANDSCHUH

Wie den rechten Handschuh str, aber das Muster gegengleich, dafür die Strickschrift von links nach rechts str anstatt von rechts nach links.

Für den Daumen 48 M im Muster laut Strickschrift str, dann die folgenden 12 M mit einem Wollfaden in Kontrastfarbe str. Diese 12 M zurück auf die linke Nadel schieben und mit GF stricken.

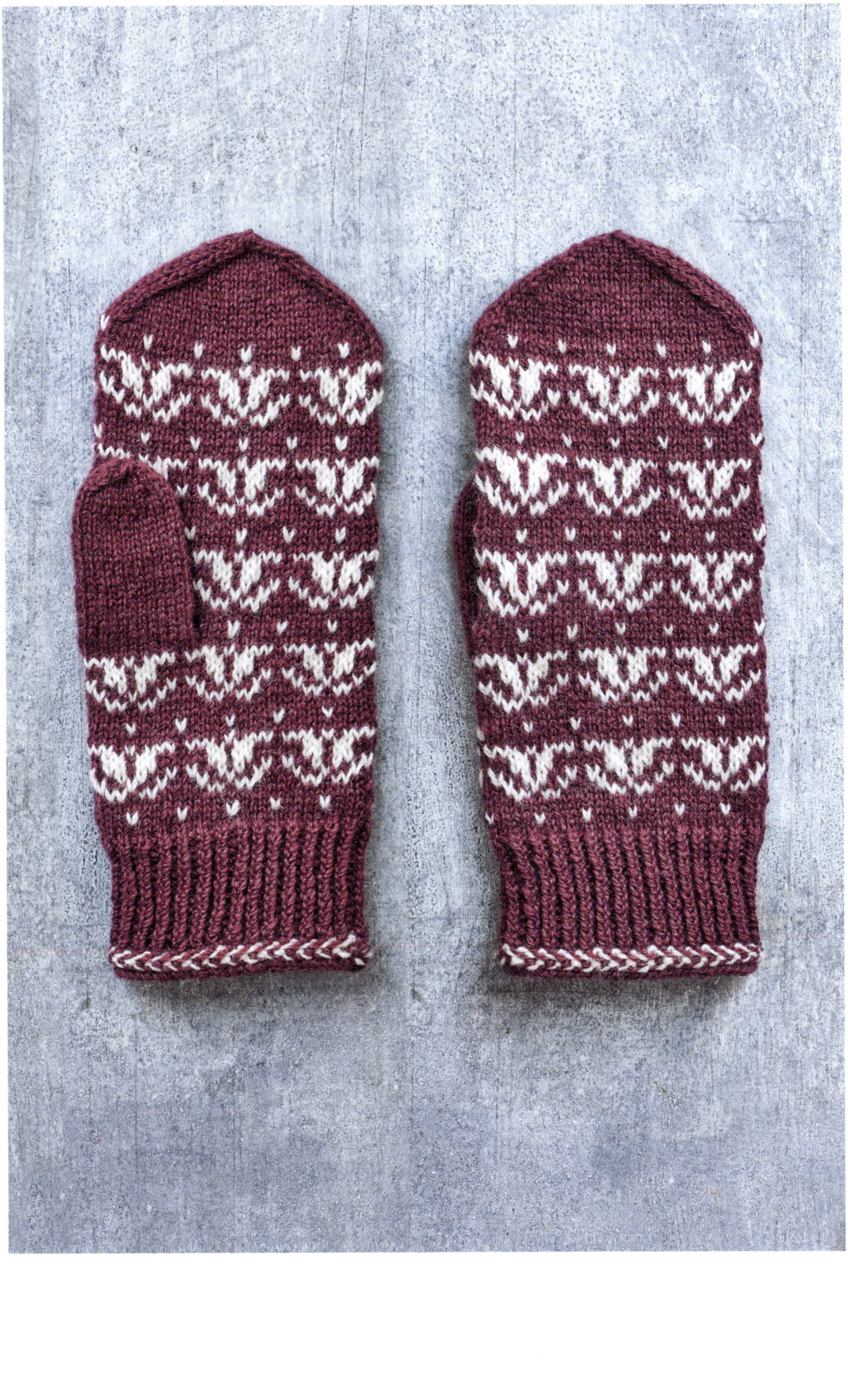

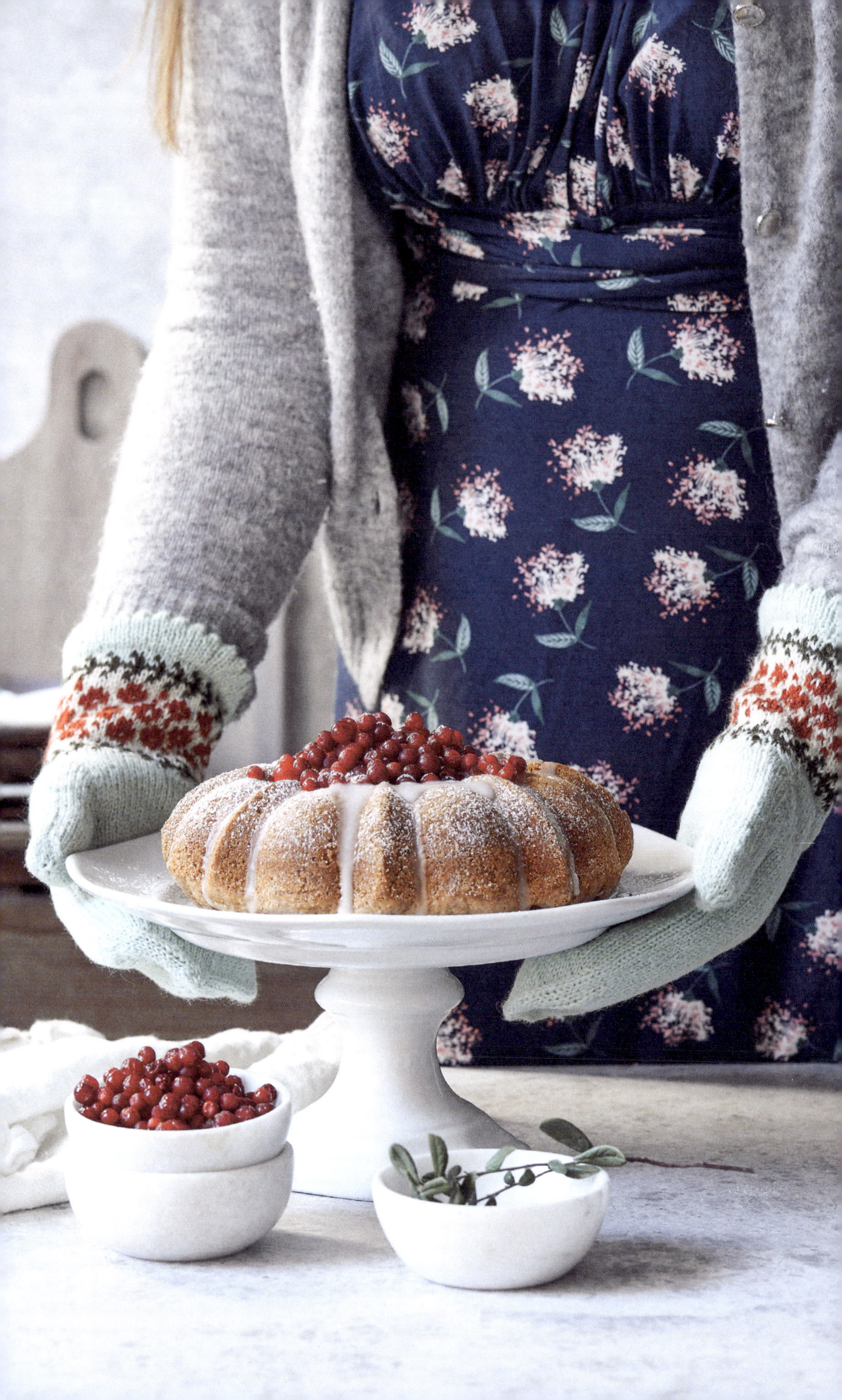

Beeren

Preiselbeermuster auf Handschuhen sind in Schweden fast genauso häufig wie Preiselbeermarmelade. In meiner Version bekommen die Handschuhe ein lebendiges Muster auf den Bund – ein bisschen wie ein Waldboden voller sonnengereifter Beeren. Die doppelte Picotkante verleiht den Handschuhen einen niedlichen Abschluss. Wenn Sie lieber Blaubeerhandschuhe möchten, dann ersetzen Sie die rote durch blaue Wolle und passen Sie die restlichen Farben an.

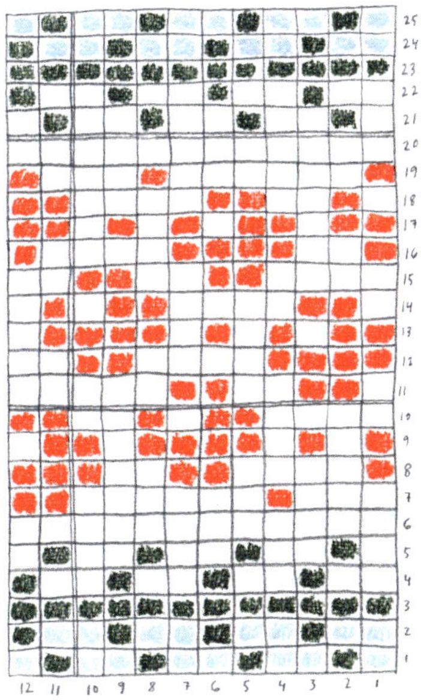

GRÖSSE: *Damen*

LÄNGE: *29 cm*

BREITE: *10 cm*

MATERIAL: *Finullgarn von Rauma Ullvarefabrikk (100 % reine Schurwolle, 50 g = 175 m)*

MENGE: *GF = 100 g Hellgrün (Nr. 4106), MF1 = 50 g Dunkelgrün (Nr. 486), MF2 = 50 g Weiß (Nr. 401), MF3 = 50 g Rot (Nr. 418)*

NADELSPIEL: *2,5 mm*

MASCHENPROBE: *30 M × 32 Rd = 10 × 10 cm glatt rechts im Muster auf Nadelstärke 2,5 mm*

ABKÜRZUNGEN: *1 M tief zun = 1 M tief gestochen zun, siehe bebilderte Erklärung auf Seite 177.*

RECHTER HANDSCHUH

Zuerst wird die Blende für den Bund gestrickt. Mit Nadelspiel 2,5 mm und GF: 60 M anschlagen und auf 4 Nadeln verteilen (15 M pro Nadel).

7 Rd glatt rechts str (= in Runden alle M rechts).

Bruchkante: *1 U, 2 M re zus*. Von *–* bis Rd-Ende wdh. 7 Rd glatt rechts str.

Die ersten 7 Rd auf die linke Seite umfalten. Dann den Anschlag in der nächsten Rd feststricken. Dafür immer 1 M vom Anschlag mit 1 M von der Nadel zusammenstricken. 1 Rd str.

Im Muster laut Strickschrift str, Rd 1–25, dabei in jeder Rd die 1.–12. M 5-mal wdh. 3 Rd mit GF str.

Daumenkeil

ZunahmeRd 1: Bis Nadel 3 str, in der 3. und 5. M 1 M tief zun (siehe Erklärung auf voriger Seite). Bis RdEnde str, dann 1 Rd ohne Zunahmen.

ZunahmeRd 2: Bis Nadel 3 str, in der 3. und 7. M 1 M tief zun. Bis RdEnde str, dann 1 Rd ohne Zunahmen.

ZunahmeRd 3: Bis Nadel 3 str, in der 3. und 9. M 1 M tief zun. Bis RdEnde str, dann 1 Rd ohne Zunahmen.

ZunahmeRd 4: Bis Nadel 3 str, in der 3. und 11. M 1 M tief zun. Bis RdEnde str, dann 1 Rd ohne Zunahmen.

ZunahmeRd 5: Bis Nadel 3 str, in der 3. und 13. M 1 M tief zun. Bis RdEnde str, dann 1 Rd ohne Zunahmen.

ZunahmeRd 6: Bis Nadel 3 str, in der 3. und 15. M 1 M tief zun. Bis RdEnde str, dann 1 Rd ohne Zunahmen.

ZunahmeRd 7: Bis Nadel 3 str, in der 3. und 17. M 1 M tief zun. Bis RdEnde str, dann 1 Rd ohne Zunahmen.

ZunahmeRd 8: Bis Nadel 3 str, in der 3. und 19. M 1 M tief zun. Bis RdEnde str, dann 1 Rd ohne Zunahmen.

ZunahmeRd 9: Bis Nadel 3 str, in der 3. und 21. M 1 M tief zun. Bis RdEnde str, dann 1 Rd ohne Zunahmen.

32 M str, die 21 M des Daumenkeils stilllegen, dann 3 neue M »hinter« dem Daumen anschlagen = 60 M.

Hand und Spitze

Nach Ende des Daumenkeils noch 10 cm str.

AbnahmeRd für die Spitze: 1 M re, 2 M überzogen zusstr. Bis zu den letzten 2 M auf Nadel 2 str: 2 M re zus. Nadel 3: 1 M re, 2 M überzogen zusstr. Bis zu den letzten 2 M auf Nadel 4 str: 2 M re zus = 4 M abgenommen.

Die AbnahmeRd 2-mal in jeder 2. Rd wdh, dann in jeder Rd, bis noch 8 M übrig sind. Faden abschneiden und durch die restl M ziehen. Fäden vernähen.

Daumen

Die 21 Daumenmaschen auf 4 Nadeln verteilen und 3 neue M aus den angeschlagenen M aufnehmen = 24 M. In Rd str, bis der Daumen 5,5 cm misst.

Nach demselben Prinzip wie an der Spitze abnehmen, aber direkt in jeder Rd, bis noch 16 M übrig sind. Dann 2 M re zus bis RdEnde stricken = 8 M.

Faden abschneiden, durch die restl M fädeln und festziehen. Fäden vernähen.

LINKER HANDSCHUH

Wie den rechten Handschuh str, aber das Muster gegengleich, dafür die Strickschrift von links nach rechts str anstatt von rechts nach links.

Den Daumenkeil in der 3. und 5. M vor dem Ende von Nadel 4 beginnen. Nach demselben Prinzip wie am rechten Handschuh zun, aber ab dem Ende der 4. Nadel rechnen anstatt vom Anfang der 3. Nadel.

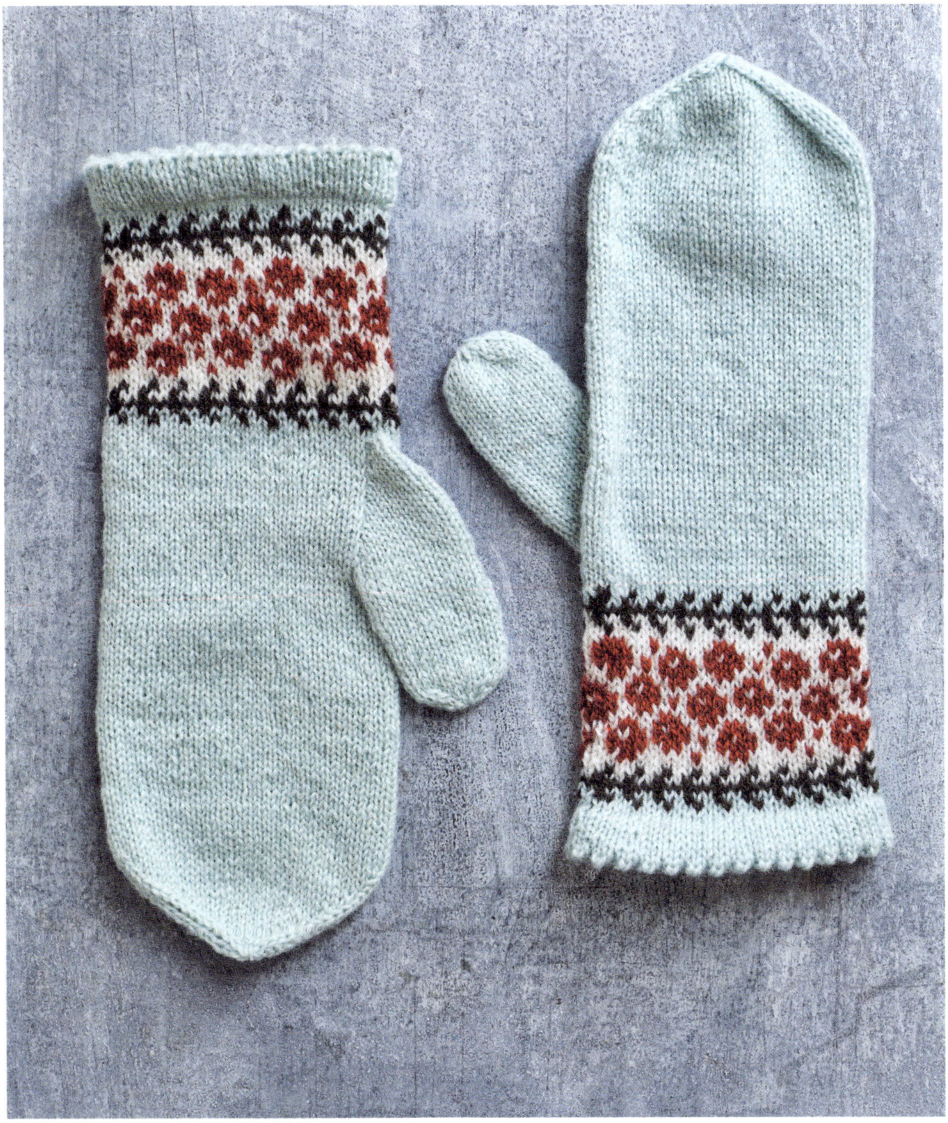

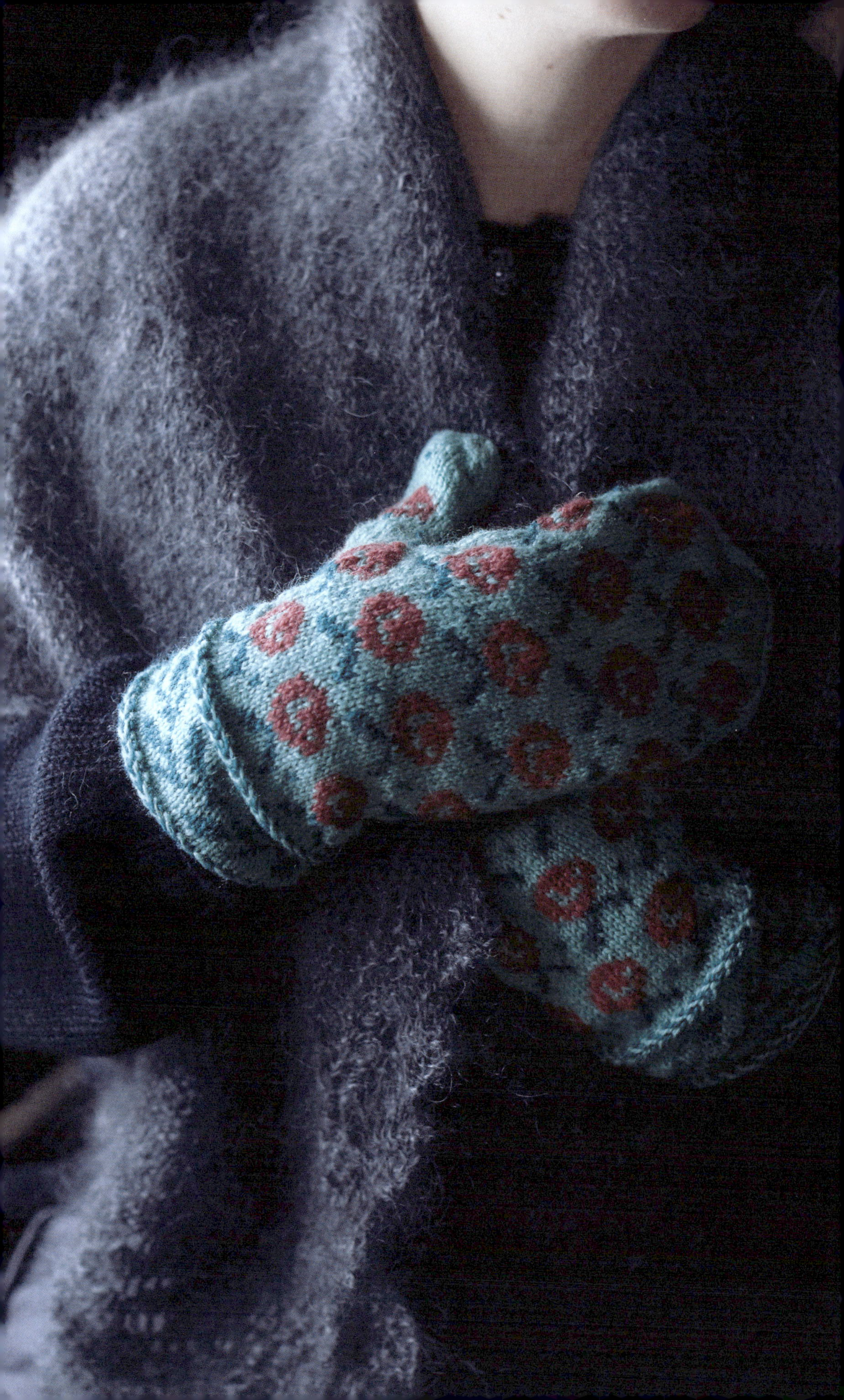

Dornröschen

Im Märchen Dornröschen verwandelt sich das undurchdringliche Dornengestrüpp zu einer biegsamen Rosenhecke. Die Rosen erblühen und die Prinzessin wacht aus ihrem hundertjährigen Schlaf auf. Die Handschuhe »Dornröschen« illustrieren das Märchen im Miniformat. Über den Bund schlängeln sich Dornen, während weiche Rosen die Hand schmücken – zur Erinnerung an das gute Ende des Märchens.

A

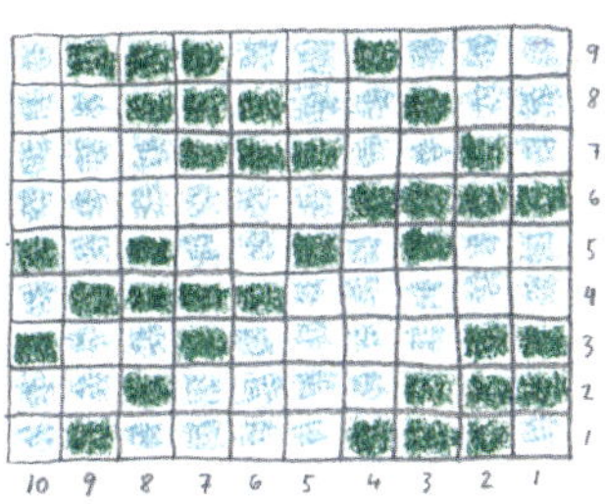

B

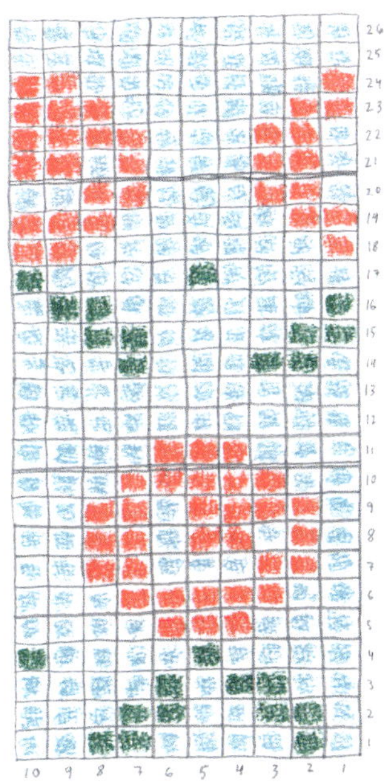

GRÖSSE: *Damen*

LÄNGE: *26 cm*

BREITE: *10 cm*

MATERIAL: *Finullgarn von Rauma Ullvarefabrikk (100 % reine Schurwolle, 50 g = 175 m)*

MENGE: *GF = 50 g Hellpetrol (Nr. 4887), MF1 = 50 g Dunkelpetrol (Nr. 4186), MF2 = 50 g Rosa (Nr. 4686)*

NADELSPIEL: *2,5 mm*

MASCHENPROBE: *30 M × 32 Rd = 10 × 10 cm glatt rechts im Muster auf Nadelstärke 2,5 mm*

ABKÜRZUNGEN: *1 M tief zun = 1 M tief gestochen zun, siehe bebilderte Erklärung auf Seite 177.*

Graue Kästchen in Strickschrift C bedeuten keine Masche.

RECHTER HANDSCHUH

Mit Nadelspiel 2,5 mm und GF: 60 M anschlagen und auf 4 Nadeln verteilen (15 M pro Nadel).

Mit GF und MF1 einen LETTISCHEN FLECHTZOPF str (siehe bebilderte ERKLÄRUNG auf Seite 178).

Rd 1: *1 M re mit GF, 1 M re mit MF1*. Von *–* bis Rd-Ende wdh.

Rd 2: *1 M li mit GF, 1 M li mit MF1*. Von *–* bis Rd-Ende wdh. **Achtung!** Bei jedem Farbwechsel die neue Farbe unter der gerade gestrickten führen.

Rd 3: *1 M li mit GF, 1 M li mit MF1*. Von *–* bis Rd-Ende wdh. **Achtung!** Bei jedem Farbwechsel die neue Farbe über der gerade gestrickten führen.

Ab jetzt glatt rechts (= in Runden alle M rechts) und 2 Rd mit GF str. Laut Strickschrift A str, dann 2 Rd mit GF.

Noch einen lettischen Flechtzopf mit GF und MF1 str. 2 Rd mit GF str.

12 Rd laut Strickschrift B str.

DAUMENKEIL

33 M im Muster laut Strickschrift B str. Für den Daumenkeil die nächsten 3 M mit den ersten M der Strickschrift C ersetzen, dann bis RdEnde laut Strickschrift B str. Weiter laut Strickschrift B über alle M str, außer den Keilmaschen, die wie in den »Treppenstufen« in der Strickschrift C str, dabei mit 1 M tief zun (siehe ERKLÄRUNG auf voriger Seite).

Nach Rd 18 der Strickschrift C: Die 21 Daumenmaschen stilllegen.

HAND UND SPITZE

3 neue M »hinter« dem Daumen anschlagen = 60 M. Im Muster laut Strickschrift B str, bis 5 Reihen Rosen fertig sind. Mit GF und Rd 2 der Strickschrift enden.

AbnahmeRd für die Spitze: 1 M re, 2 M überzogen zusstr. Weiterstricken, bis zu den letzten 3 M auf Nadel 2: 2 M re zus, 1 M re. Nadel 3: 1 M re, 2 M überzogen zusstr. Weiterstricken, bis zu den letzten 3 M auf Nadel 4: 2 M re zus, 1 M re = 4 M abgenommen.

Die AbnahmeRd 2-mal in jeder 2. Rd wdh, dann in jeder Rd, bis noch 8 M übrig sind. Faden abschneiden und durch die restl M ziehen. Fäden vernähen.

DAUMEN

Die 21 Daumenmaschen auf 4 Nadeln verteilen und 3 neue M aus den angeschlagenen M aufnehmen = 24 M.
Weiter im Muster laut Strickschrift C str. Nach dem Ende der Strickschrift: 2 Rd mit GF str.

Nach demselben Prinzip wie an der Spitze abnehmen, aber direkt in jeder Rd, bis noch 16 M übrig sind. Dann 2 M re zus bis RdEnde stricken = 8 M.

Faden abschneiden, durch die restl M fädeln und festziehen. Fäden vernähen.

LINKER HANDSCHUH

Wie den rechten Handschuh str, aber das Muster gegengleich, dafür die Strickschriften A, B und C von links nach rechts str anstatt von rechts nach links.

Beim Daumen ersetzen die ersten M der Strickschrift C die 4., 5. und 6. M, gerechnet vom Ende der Nadel 4.

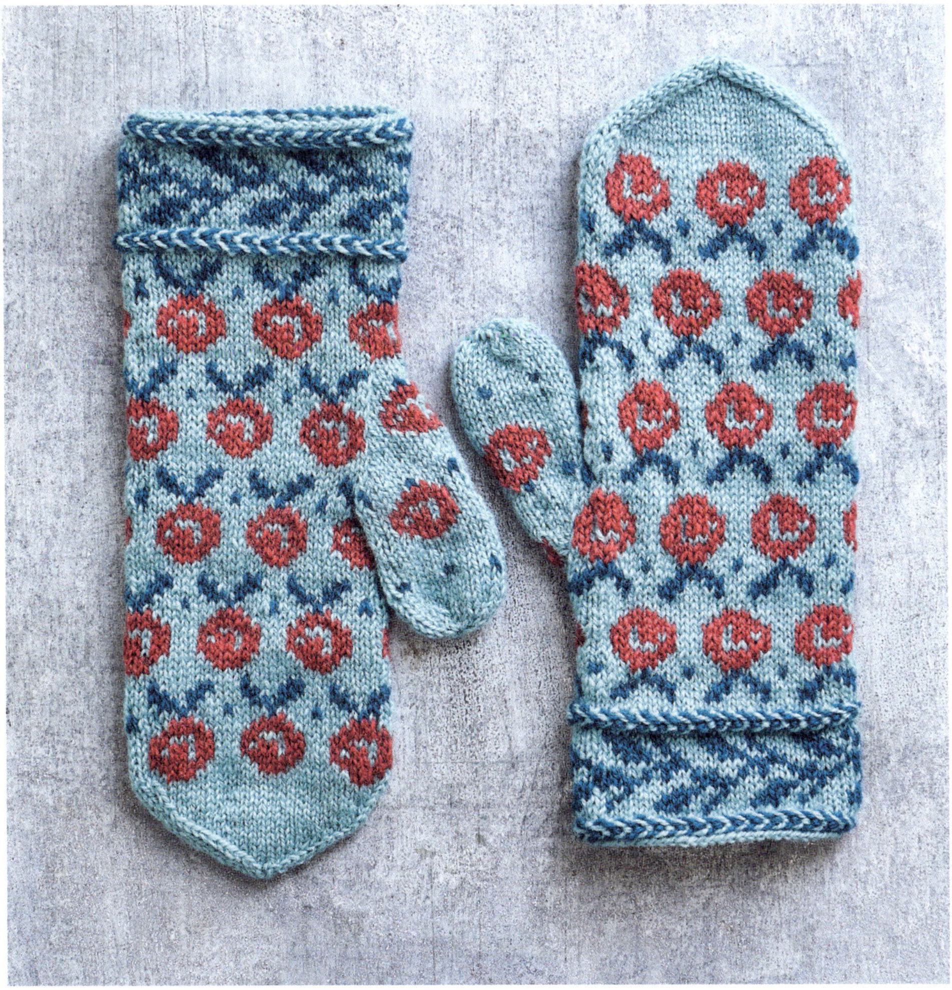

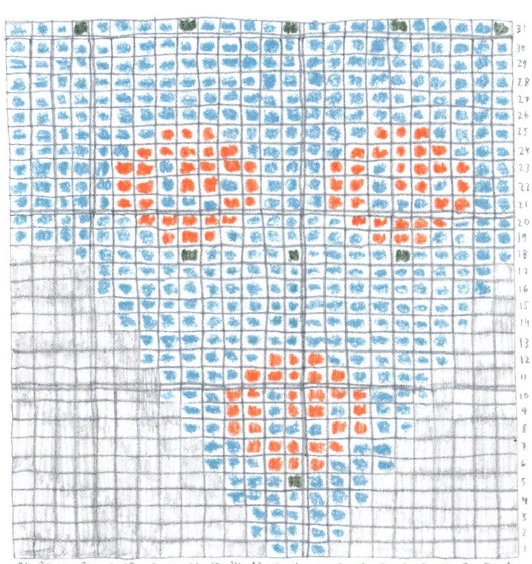

C

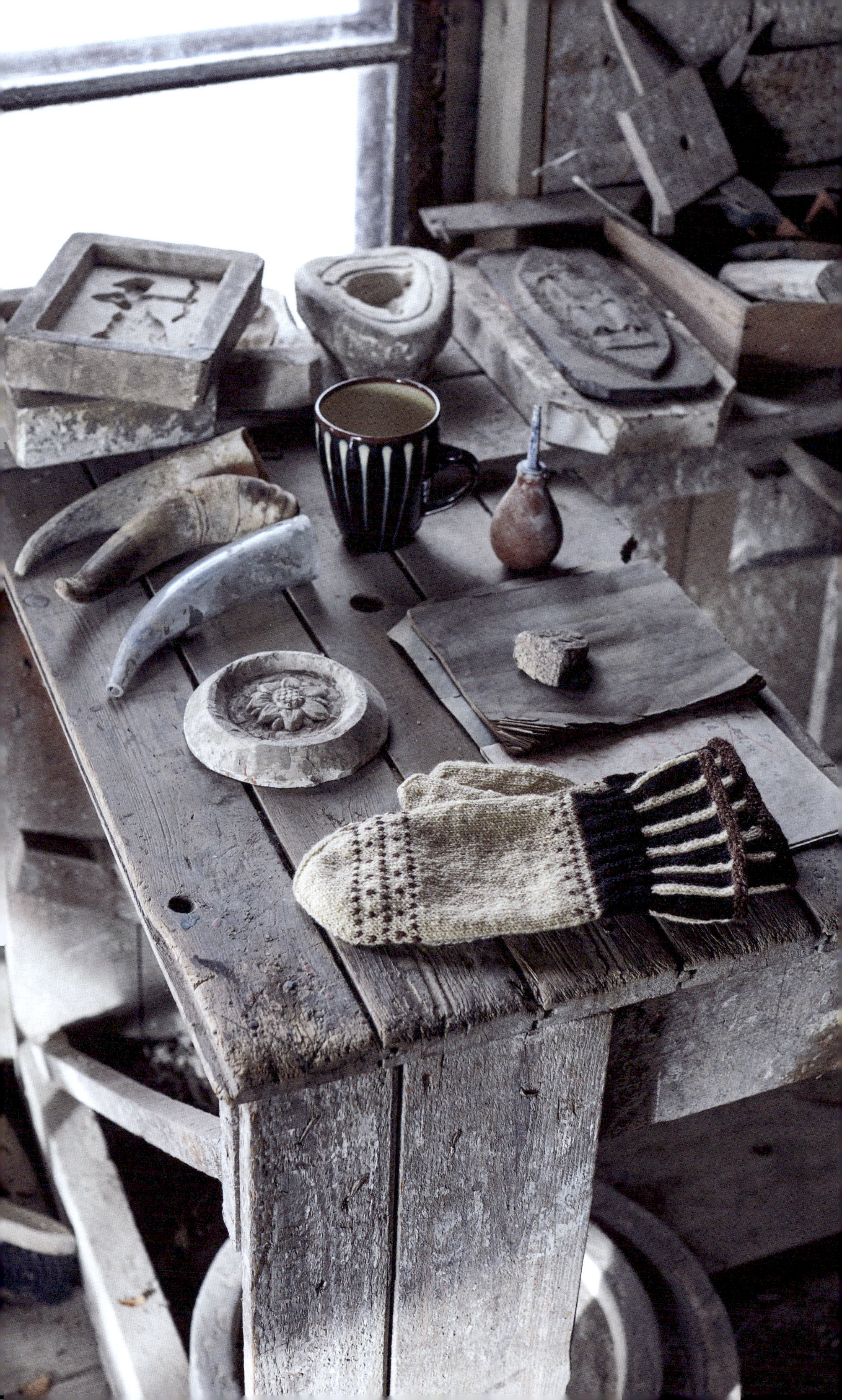

Ulla

An einem kalten Wintertag durften wir die Keramikwerkstatt Övre Stortorpet in Arvika besichtigen. Die Töpferei ist in der Region die einzige ihrer Art, die seit ihrem Bau in den 1870er-Jahren immer noch genutzt wird. Die Töpferin Ulla Nilsson lebte und arbeitete von 1995 bis 2016 auf Övre Stortorpet. Als junge Frau erlernte sie die Grundlagen der Töpferei von ihrem Onkel Samuel »på Stortorpet« Johansson, ein Erbe, das sie mit viel Können weitergeführt und über die Jahre weiterentwickelt hat. Die Handschuhe »Ulla« basieren auf einem ihrer beliebtesten Dekors.

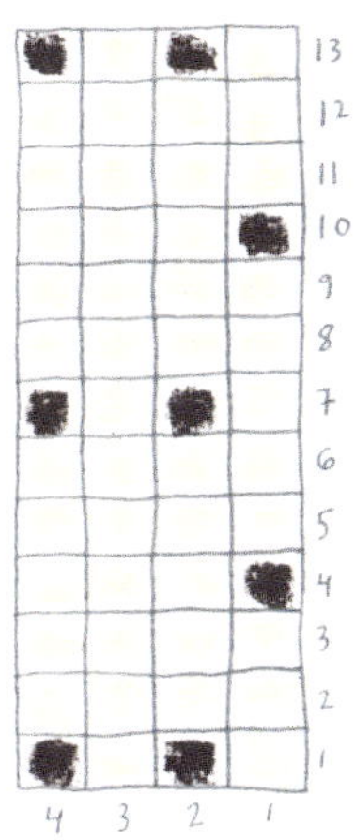

GRÖSSE: *Damen/Herren*

LÄNGE: *27 cm*

BREITE: *11 cm*

MATERIAL: *Finullgarn von Rauma Ullvarefabrikk (100 % reine Schurwolle, 50 g = 175 m)*

MENGE: *GF = 50 g Hellgelb (Nr. 402), MF1 = 50 g Braun (Nr. 464), MF2 = 50 g Schwarz (Nr. 436)*

NADELSPIEL: *2,5 mm und 3 mm*

MASCHENPROBE: *28 M × 40 Rd = 10 × 10 cm glatt rechts im Muster auf Nadelstärke 2,5 mm*

ABKÜRZUNGEN: *1 M tief zun = 1 M tief gestochen zun, siehe bebilderte Erklärung auf Seite 177.*

RECHTER HANDSCHUH

Mit Nadelspiel 3 mm und MF1: 72 M anschlagen und auf 4 Nadeln verteilen (18 M pro Nadel). 1 Rd li str, 1 Rd re, dann 1 Rd li.

Streifenrunde: 3 M re mit MF2, *2 M re mit GF, 4 M re mit MF2*. Von *–* wdh, bis 1 M übrig ist: 1 M re mit MF2. Die StreifenRd 11-mal wdh. Auf Nadelstärke 2,5 mm wechseln.

AbnahmeRd: **2 M re zus mit MF2, 1 M re mit MF2, 2 M re mit GF, *1 M re mit MF2, 2 M re zus mit MF2, 1 M re mit MF2, 2 M re mit GF*. Von *–* 5-mal wdh, 1 M re mit MF2**. Von **–** noch 1-mal wd = 60 M.

3 Rd Streifen: 2 M re mit MF2, 2 M re mit GF, *3 M re mit MF2, 2 M re mit GF*. Von *–* wdh, bis noch 1 M übrig ist, 1 M re mit MF2.

Mit MF2: 2 Rd glatt rechts, 10 Rd Rippen (2 M re, 2 M li) und 1 Rd rechts.

Mit MF1: 1 Rd rechts. Jetzt weiter glatt rechts str (= in Runden alle M rechts).

Mit GF: 2 Rd stricken. Im Muster laut Strickschrift str, Rd 1–4, dann 2 Rd mit GF.

Daumenkeil

ZunahmeRd 1: Bis Nadel 3 str, in der 3. und 5. M 1 M tief zun (siehe Erklärung auf voriger Seite). Bis RdEnde str, dann 1 Rd ohne Zunahmen.

ZunahmeRd 2: Bis Nadel 3 str, in der 3. und 7. M 1 M tief zun. Bis RdEnde str, dann 1 Rd ohne Zunahmen.

ZunahmeRd 3: Bis Nadel 3 str, in der 3. und 9. M 1 M tief zun. Bis RdEnde str, dann 1 Rd ohne Zunahmen.

ZunahmeRd 4: Bis Nadel 3 str, in der 3. und 11. M 1 M tief zun. Bis RdEnde str, dann 1 Rd ohne Zunahmen.

ZunahmeRd 5: Bis Nadel 3 str, in der 3. und 13. M 1 M tief zun. Bis RdEnde str, dann 1 Rd ohne Zunahmen.

ZunahmeRd 6: Bis Nadel 3 str, in der 3. und 15. M 1 M tief zun. Bis RdEnde str, dann 1 Rd ohne Zunahmen.

ZunahmeRd 7: Bis Nadel 3 str, in der 3. und 17. M 1 M tief zun. Bis RdEnde str, dann 1 Rd ohne Zunahmen.

32 M str, die 17 Daumenkeilmaschen stilllegen.

Hand und Spitze

3 neue M »hinter« dem Daumen anschlagen und bis RdEnde str = 60 M. Noch 5 cm str, dann im Muster laut Strickschrift, Rd 1–13, dann 2 Rd mit GF.

AbnahmeRd für die Spitze: 1 M re, 2 M überzogen zusstr. Weiterstricken, bis zu den letzten 3 M auf Nadel 2: 2 M re zus, 1 M re. Nadel 3: 1 M re, 2 M überzogen zusstr. Weiterstricken, bis zu den letzten 3 M auf Nadel 4: 2 M re zus, 1 M re = 4 M abgenommen.

Die AbnahmeRd 2-mal in jeder 2. Rd wdh, dann in jeder Rd, bis noch 8 M übrig sind. Faden abschneiden und durch die restl M ziehen.

Daumen

Die 17 Daumenmaschen auf 4 Nadeln 2,5 mm verteilen und 3 neue M aus den angeschlagenen M aufnehmen = 20 M. In Rd str, bis der Daumen 5,5 cm misst.

Wie an der Spitze der Hand abnehmen, aber sofort und in jeder Rd, bis 8 M übrig sind.

Faden abschneiden und durch die restl M ziehen. Fäden vernähen.

LINKER HANDSCHUH

Wie den rechten Handschuh str, aber das Muster gegengleich, dafür die Strickschrift von links nach rechts str anstatt von rechts nach links.

Den Daumenkeil in der 3. und 5. M vor dem Ende von Nadel 4 beginnen. Nach demselben Prinzip wie am rechten Handschuh zun, aber ab dem Ende der 4. Nadel rechnen anstatt vom Anfang der 3. Nadel.

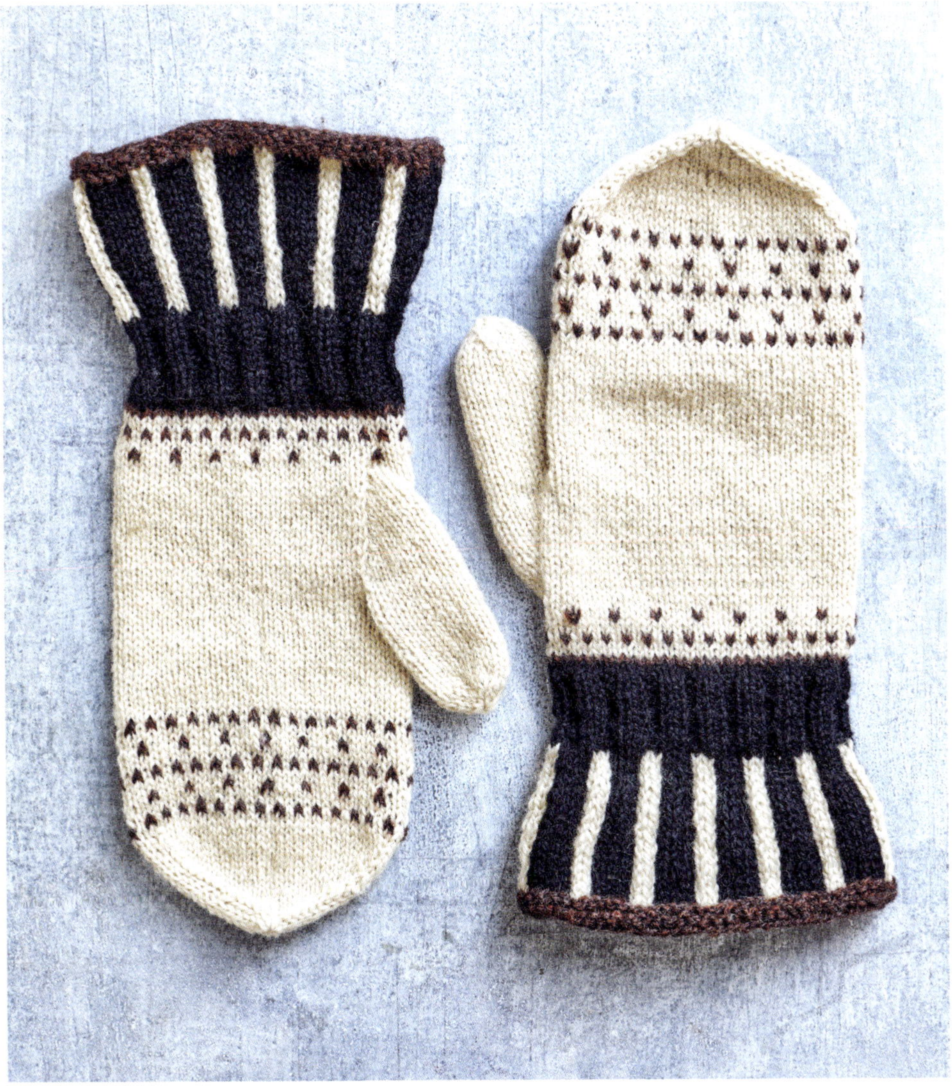

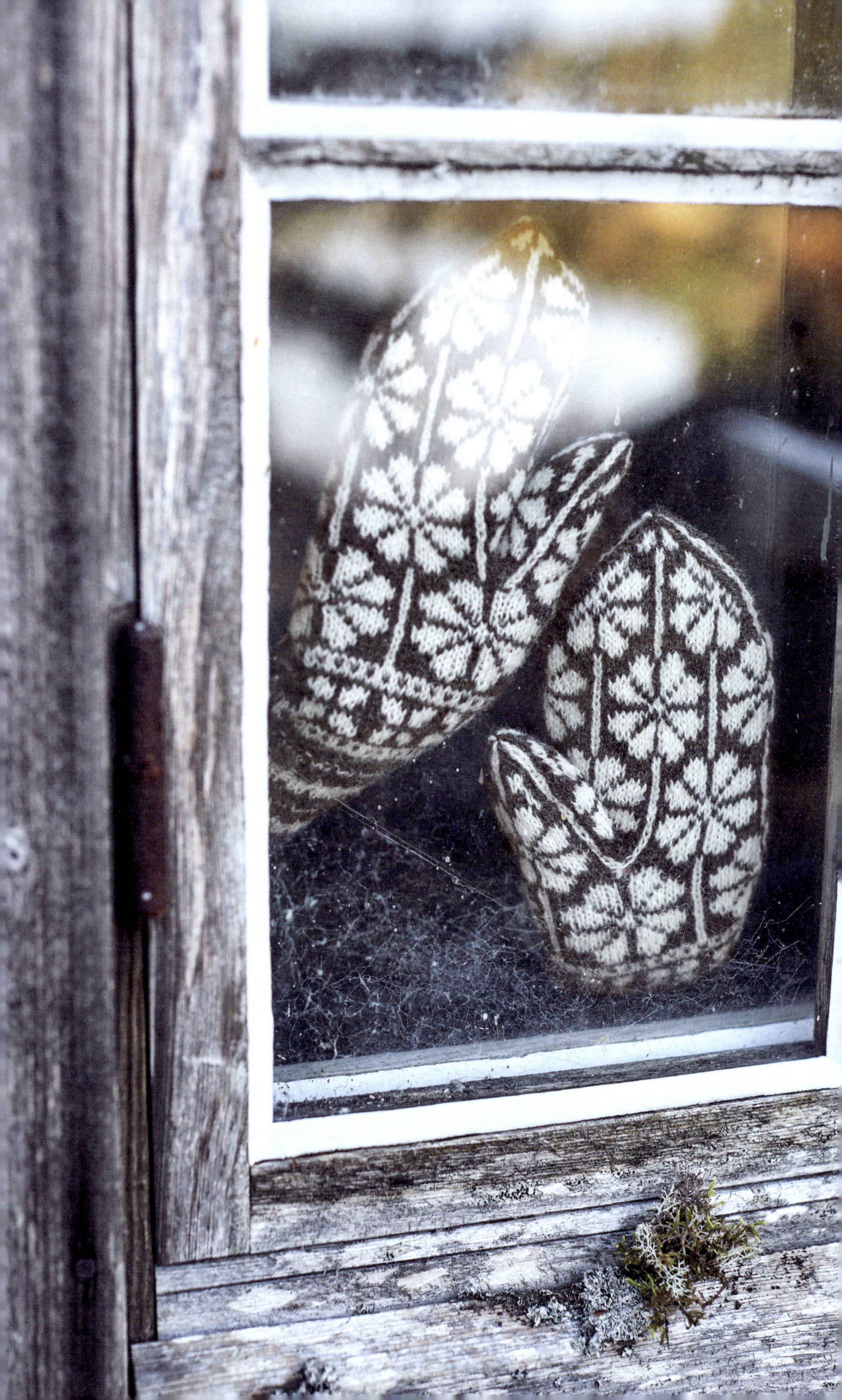

Värmlandrose

Diese Art von Handschuhen habe ich an verschiedenen Orten in Värmland gesehen – es gibt sie schon sehr lange. Dieses Modell habe ich allerdings nach ein paar Handschuhen rekonstruiert, die ich in Västmanland gefunden habe. Aber die Oma der Besitzerin, Selma, wohnte früher in Värmland und hat diese Handschuhe im späten 19. Jahrhundert gestrickt. Ich habe die Handschuhe detailliert rekonstruiert und ausgehend von den Originalbuchstaben ein passendes Alphabet entworfen. Das können Sie nutzen, wenn Sie die Handschuhe mit ihrem eigenen Namen oder Monogramm versehen möchten.

GRÖSSE: *Damen*

LÄNGE: *28 cm*

BREITE: *9,5 cm*

MATERIAL: *Røros Lammullgarn von Rauma Ullvarefabrikk (100 % reine Schurwolle, 50 g = 250 m)*

MENGE: *GF = 50 g Dunkelgrau (Nr. L14), MF = 50 g Naturweiß (Nr. L11)*

NADELSPIEL: *2 mm*

MASCHENPROBE: *38 M × 40 Rd = 10 × 10 cm glatt rechts im Muster auf Nadelstärke 2 mm*

ABKÜRZUNGEN: *1 M tief zun = 1 M tief gestochen zun, siehe bebilderte Erklärung auf Seite 177.*

Anstatt »Maja« können Sie Ihren eigenen Namen oder Initialen einstricken. Maximal 6 Buchstaben oder aber man passt die Anzahl der Blumen an, damit mehr Platz ist. Alphabet und Zahlen finden Sie auf Seite 179.

Graue Kästchen in der Strickschrift bedeuten keine Masche.

RECHTER HANDSCHUH

Mit Nadelspiel 2 mm und GF: 54 M anschlagen und auf 4 Nadeln verteilen.

Rippen (2 M re, 1 M li) in Runden str, in folgender Farbreihenfolge:

8 Rd mit GF.

1 Rd mit MF.

4 Rd mit GF.

4 Rd mit MF.

4 Rd mit GF.

1 Rd mit MF.

4 Rd mit GF.

4 Rd mit MF.

4 Rd mit GF.

1 Rd mit MF.

4 Rd mit GF.

ZunahmeRd: *2 M re, 1 M tief zun* (siehe Erklärung auf voriger Seite). Von *–* bis RdEnde wdh = 72 M (18 M pro Nadel).

Das Muster laut Strickschrift A glatt rechts stricken (= in Runden alle M rechts). **Achtung!** In Rd 32 (rot markiert) die 18 markierten M mit einem Wollfaden in Kontrastfarbe str. Diese 18 M zurück auf die linke Nadel schieben und laut Strickschrift str. Die restl M der Rd laut Strickschrift str.

Hand und Spitze

Weiter laut Strickschrift A str, und in Rd 62 mit den Abnahmen für die Spitze beginnen. Auf Nadel 1 und 3 wie folgt abn: 2 M überzogen zusstr. Auf Nadel 2 und 4: 2 M re zus, 1 M re.

Wenn noch 8 M übrig sind: Faden abschneiden und durch die restl M ziehen. Fäden vernähen.

Daumen

Den Faden, der den Daumen markiert, lösen, die 36 Daumenmaschen aufnehmen und gleichmäßig auf 4 Nadeln verteilen. Laut Strickschrift B str, dabei die 1.–18. M 2-mal pro Rd wdh. Laut Strickschrift für die Daumenspitze abnehmen. Auf Nadel 1 und 3 wie folgt abn: 2 M überzogen zusstr. Auf Nadel 2 und 4: 2 M re zus, 1 M re.

Wenn noch 8 M übrig sind: Faden abschneiden, durch die restl M fädeln und festziehen. Fäden vernähen.

LINKER HANDSCHUH

Wie den rechten Handschuh str, aber das Muster gegengleich, dafür die Strickschriften A und B von links nach rechts str anstatt von rechts nach links. **Achtung!** Namen oder Monogramme nicht gegengleich stricken!

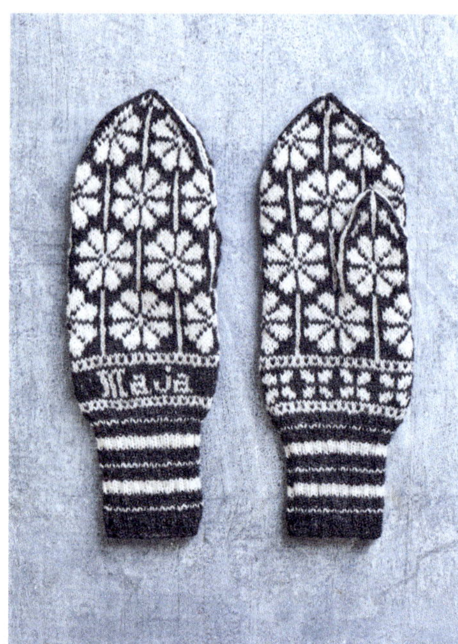

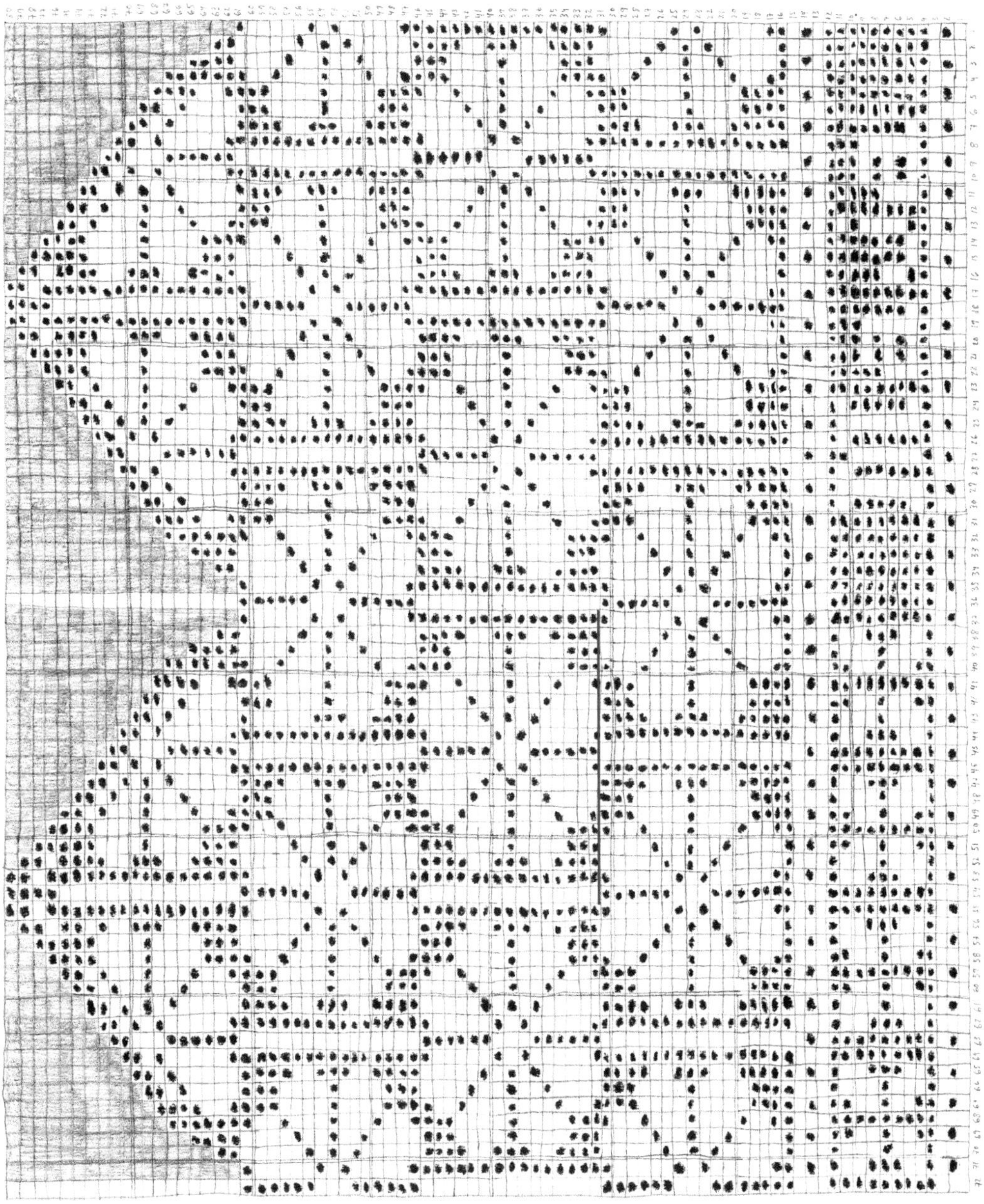

A

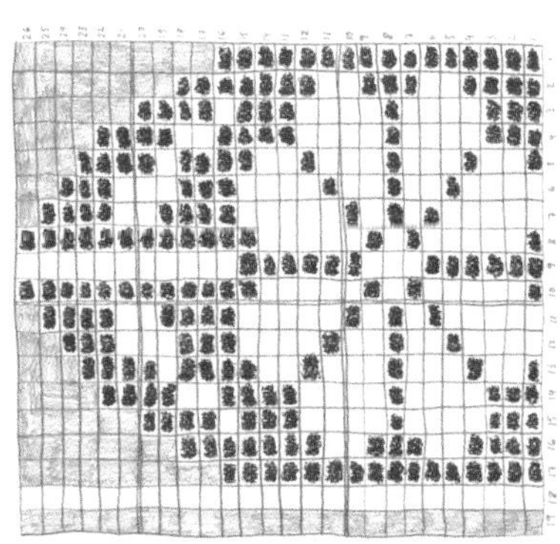

B

Für bessere Lesbarkeit die Strickschriften gern kopieren und auf A3 vergrössern.

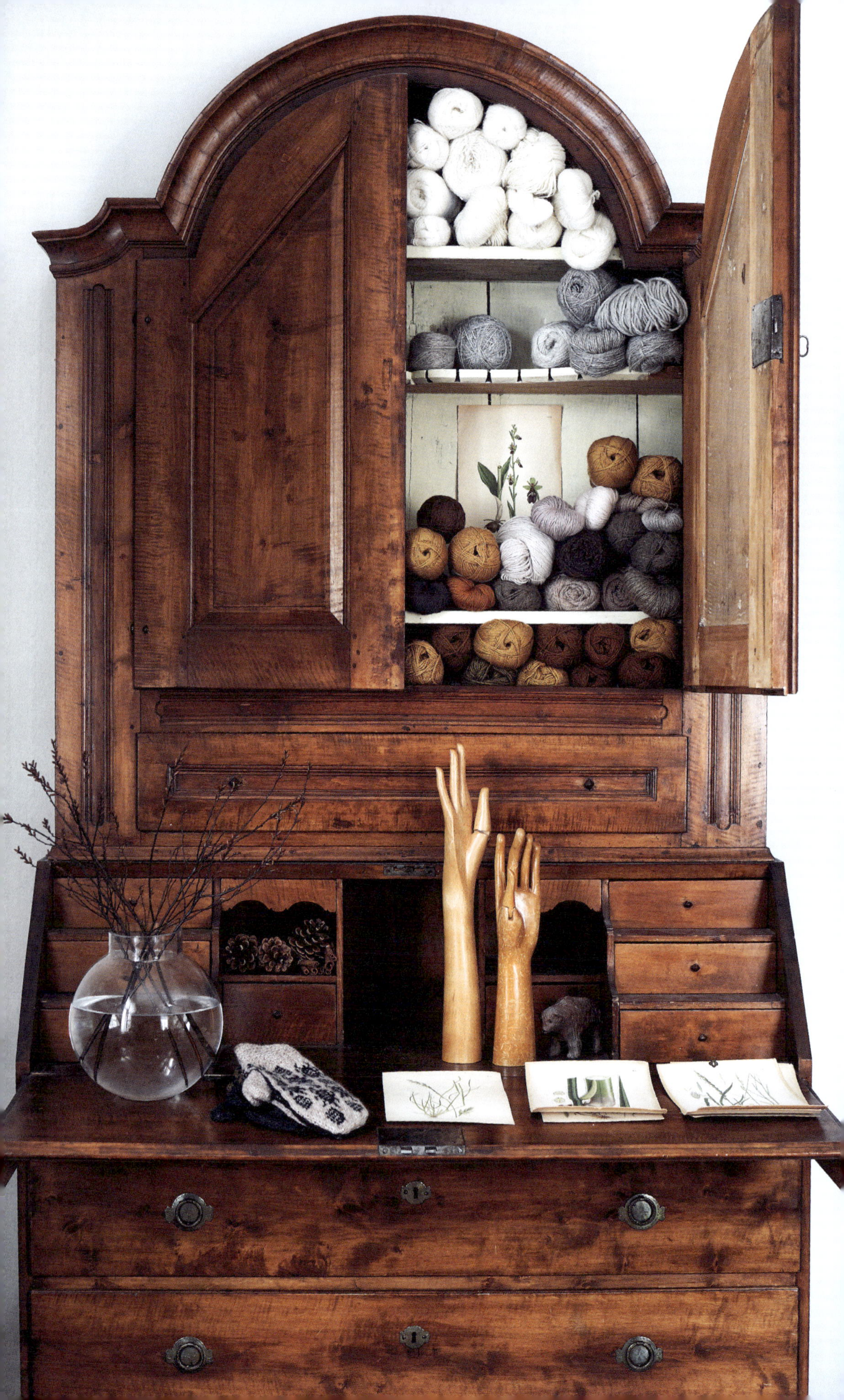

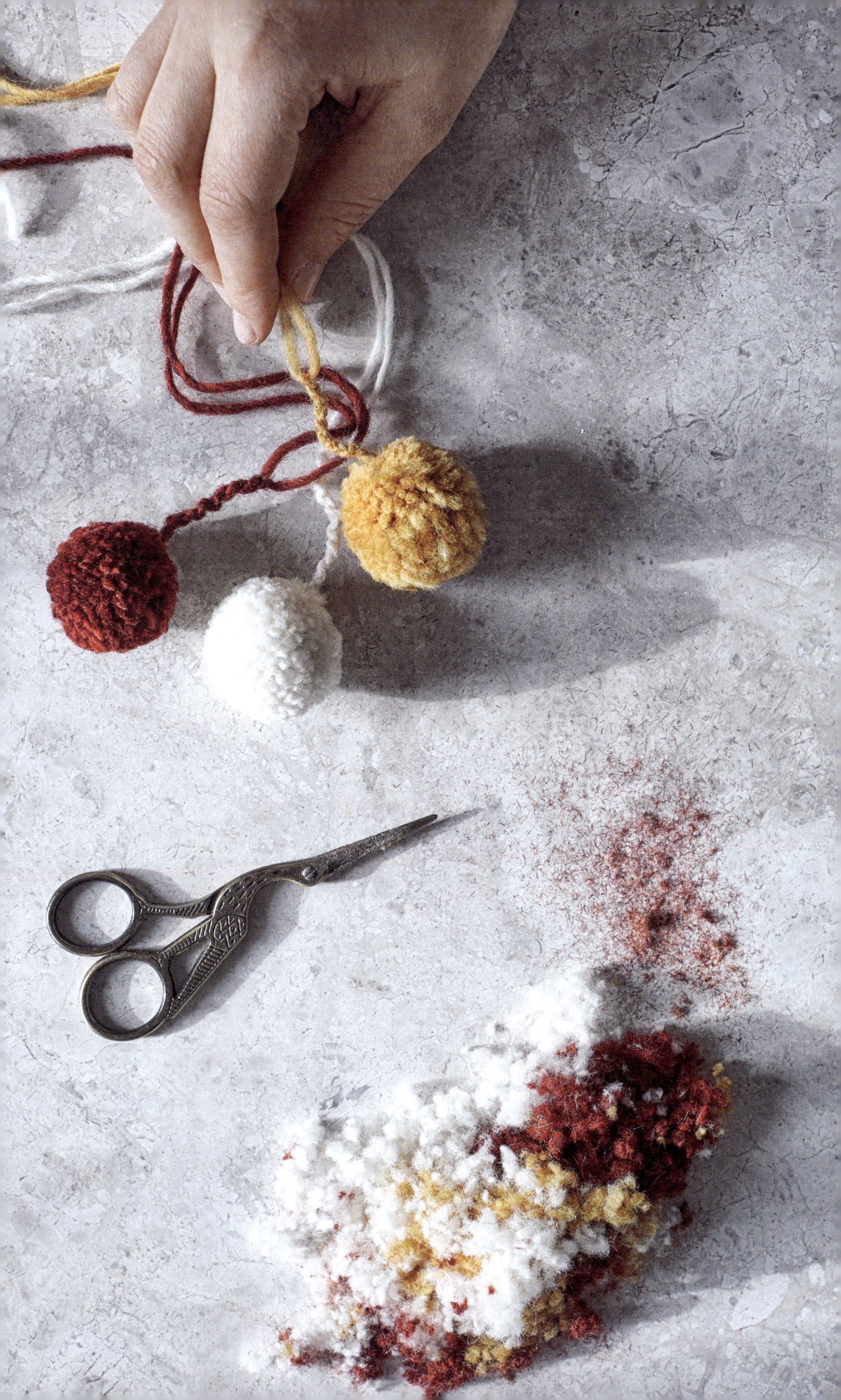

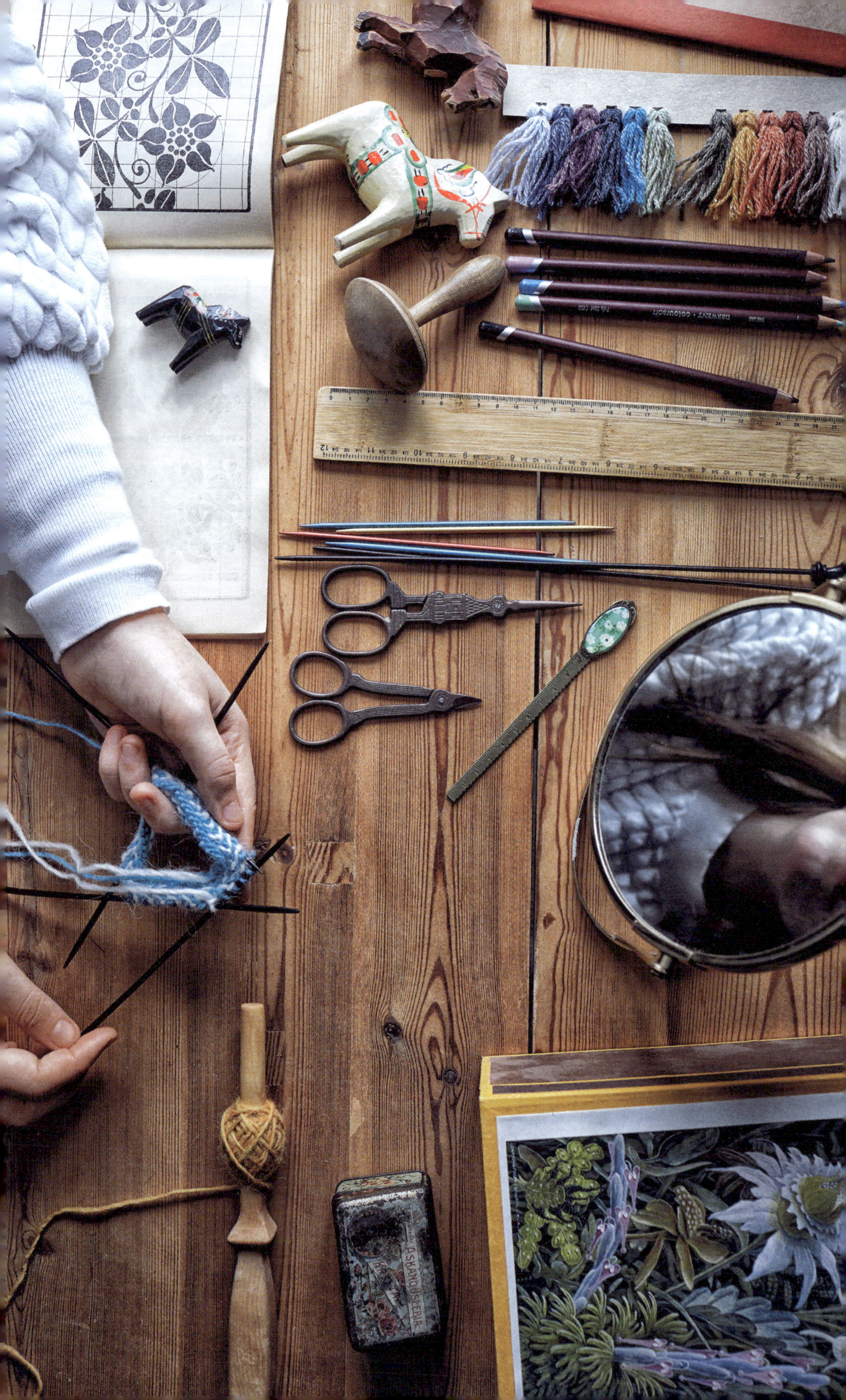

Strickkurs

EINSTRICKMUSTER

In der schwedischen und skandinavischen Stricktradition sind Einstrickmuster weit verbreitet. Da die Wolle doppelt liegt, ergibt diese Technik eine feste und warme Struktur.
Man kann die Fäden unterschiedlich führen. In Schweden hält man sie meist in der linken Hand – einen Faden über dem Zeige- und einen über dem Mittelfinger, dann nimmt man die Fäden mit Ring- und kleinem Finger in der Hand zusammen. Aber man kann die Fäden auch anders halten – ich habe z. B. einen Faden über dem Daumen und einen über dem Zeigefinger. Probieren Sie aus, was Ihnen liegt! Am wichtigsten ist, dass man in beiden Fäden eine gleichmäßige Fadenspannung erzielt, sodass die unbenutzte Farbe auf der Rückseite nicht alles zusammenzieht.
Wenn man zweifarbige Muster strickt, gilt eine Farbe als Musterfarbe (die hervortreten soll) und die andere als Grundfarbe (der Hintergrund). Der Faden der Musterfarbe soll näher an der Arbeit liegen und immer von unten kommen. Dadurch werden diese Maschen dominant und heben sich deutlich von dem Hintergrund ab. Der Faden der Grundfarbe sollte weiter von der Arbeit weg liegen und immer von oben kommen. Es ist wichtig, konsequent so zu arbeiten, sonst wird das Muster undeutlich.

Die nicht gebrauchte Farbe läuft auf der Rückseite mit und sollte dieselbe Spannung haben wie das restliche Strickstück, sonst wirft es Falten (wenn man zu fest zieht) oder wird konturlos (wenn man zu locker lässt). Bei mehr als 3–4 Maschen in einer Farbe ist es sinnvoll, die Spannfäden auf der Rückseite zu verschränken. So vermeidet man zu lange Spannfäden, an denen man beim Anziehen hängen bleibt. Achten Sie aber darauf, die Fäden nicht über mehrere Reihen an derselben Stelle zu verschränken, sonst kann ein Faden nach vorn durchschimmern. Deshalb ändern Sie die Stelle in jeder Reihe.
Für ein schönes Ergebnis beim Stricken mit mehreren Farben ist also Folgendes wichtig:

◊ eine möglichst gleichmäßige Fadenspannung
◊ die Spannfäden nicht zu stramm und nicht zu locker zu lassen
◊ Muster- und Hauptfarbe immer gleich zu führen
◊ Spannfäden über mehr als 3–4 Maschen auf der Rückseite zu verschränken
◊ die Spannfäden nicht über mehrere Reihen an derselben Stelle zu verschränken

Klappfäustling
Ein fingerloser Handschuh mit Fäustlingsoberteil, das hoch- und runtergeklappt werden kann.

Einfacher Daumen mit Hilfsfaden
Bei dieser traditionellen Konstruktion strickt man an der Stelle, an der der Daumen sitzen soll, einen Hilfsfaden ein. Wenn der Handschuh fertig gestrickt ist, wird der Faden gelöst und aus den Maschen der Daumen gestrickt.

Man kann dafür auch Maschen abketten und dann dieselbe Anzahl in der folgenden Runde anschlagen.

Daumen mit Keil
Ein Daumen mit Keil basiert auf Zunahmen, die zusammen einen Keil bilden. Wenn der Keil fertig ist, werden die Maschen stillgelegt, um später, wenn die Hand fertig ist, zu Ende gestrickt zu werden.

Für den Daumen werden noch Maschen neben dem Keil aufgenommen.

Daumenkeil
Durch stetige Zunahmen entsteht ein Keil, dessen Form davon abhängt, wie die Zunahmen platziert werden. Beim sogenannten Lebensliniendaumen (siehe Seite 92 und 96) liegen die Zunahmen nur an einer Seite des Keils. Meistens wird aber beidseitig zugenommen.

Wenn der Handschuh von der Spitze gestrickt wird, entsteht der Keil durch Abnahmen. Mehr dazu auf Seite 87.

Löcher vermeiden – Einfacher Daumen
Die Hälfte der Daumenmaschen stricken, 1 M aus dem Querfaden in der »Lücke« aufnehmen und auf die linke Nadel schieben. Diese M mit der nächsten M auf der Nadel rechts zusammenstricken.

Die andere Hälfte der Daumenmaschen stricken, aus dem Querfaden in der »Lücke« 1 M aufnehmen und auf die linke Nadel schieben. Diese mit der 1. M der Rd rechts zusammenstricken.

Löcher vermeiden – Daumenkeil
Wie beim einfachen Daumen, aber bis zur »Lücke« zwischen den ursprünglichen und den neuen Maschen, die hinter dem Daumen aufgenommen wurden, stricken. Dort 1 M aufnehmen und mit der nächsten M rechts zusammenstricken. Dann die aufgenommenen Maschen stricken und 1 M aus dem Querfaden in der »Lücke« zwischen der letzten und der ersten M aufnehmen und mit der 1. M rechts zusammenstricken.

Löcher am Finger vermeiden
Dieselbe Technik wie beim einfachen Daumen.

Maschenmarkierer
Maschenmarkierer hängt man auf die Nadel zwischen zwei Maschen und hebt sie von der linken auf die rechte Nadel, wenn man sie beim Stricken erreicht.

Zwei Handschuhe gleichzeitig stricken

Früher war es üblich, sofort beide Handschuhe anzuschlagen und dann abwechselnd den Bund, den Daumenkeil, die Hand usw. zu stricken. Ein Vorteil ist, dass man so eventuelle Anpassungen sofort parallel ausführen kann. Außerdem besteht keine Gefahr, dass der zweite Handschuh nicht gestrickt wird, entsteht er doch gleichzeitig!

Mit vier oder fünf Nadeln stricken

Traditionell strickt man mit einem fünfteiligen Nadelspiel; die Maschen gleichmäßig auf vier Nadeln verteilt und die fünfte zum Abstricken. Man kann auch mit nur vier Nadeln stricken, was ich lieber mache. Dabei liegt die Oberseite auf einer Nadel und die Unterseite gleichmäßig verteilt auf zwei Nadeln. Dadurch hat man das Muster besonders gut im Blick und unter Kontrolle. Sind die Maschen so verteilt, entsprechen Nadel 1 und 2 in den Anleitungen der Oberseite.

Handschuhe spannen

Spannen macht die fertigen Handschuhe noch schöner. Dabei verschwinden eventuelle Ungleichmäßigkeiten und die Fasern richten sich auf. Das ist bei Einstrickmustern besonders wichtig. Man kann wie folgt spannen:

Variante 1: Die Handschuhe in lauwarmem Wasser nass machen. Nicht reiben, nur eintunken! Das Wasser sanft ausdrücken und die Handschuhe auf ein Frotteehandtuch legen. Vorsichtig in Form ziehen. Ganz trocknen lassen. Man kann sie auch auf spezielle Holzformen ziehen und dort trocknen lassen.

Variante 2: Die Handschuhe auf ein Frotteehandtuch legen und mit einem Wassersprüher befeuchten. Vorsichtig in Form ziehen und trocknen lassen.

Variante 3: Die Handschuhe auf einem Bügelbrett mit einem feuchten Tuch bedecken. Dann vorsichtig bügeln, Temperatur für Wolle einstellen. **Achtung!** Glatt rechte Teile nie drücken, sie verlieren sonst Form und Struktur!

ABKÜRZUNGEN

Abn = abnehmen/Abnahme
Abk = abketten
Fb = Farbe
Fdn = Faden
GF = Grundfarbe
li = links
M = Masche/n
MF = Musterfarbe
MM = Maschenmarkierer
MMabh = MM abheben
R = Reihe/n
Rd = Runde/n
re = rechts
Str = stricken
U = Umschlag
verschr = verschränkt
Wdh = wiederholen/Wiederholung
Zun = zunehmen/Zunahme
zus = zusammen

ABNAHMEN

rechts neigend abnehmen: 2 M re zusammenstricken (2 M re zus).

links neigend abnehmen: 1 M abh, 1 M re, die abgehobene M darüberziehen.

ZUNAHMEN

Unsichtbare Zunahmen für die Daumenkeile.
Hier drei unterschiedliche Varianten.

1 Masche unsichtbar links neigend zunehmen (1 M li neig zun)

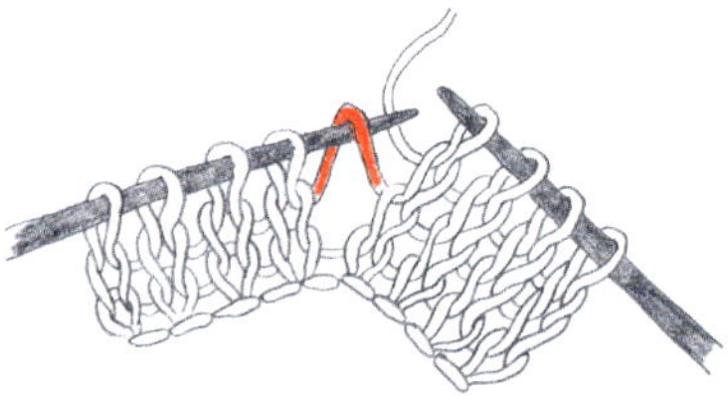

1. Mit der linken Nadel von vorn in den Querfaden zwischen den Maschen stechen, sodass eine neue Schlaufe entsteht.

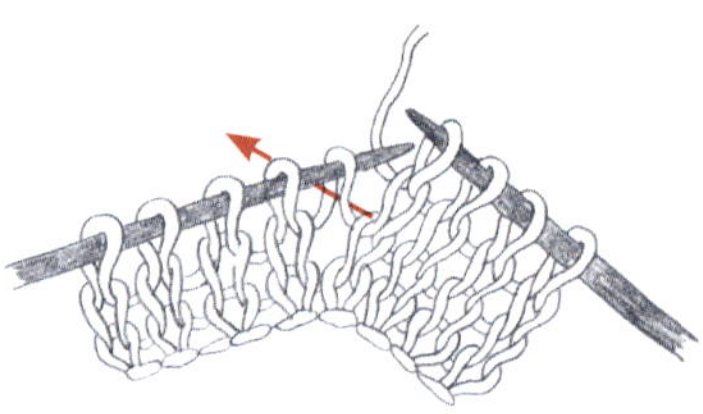

2. 1 Masche wie der Pfeil zeigt durch das hintere Maschenglied (verschr) abstricken.

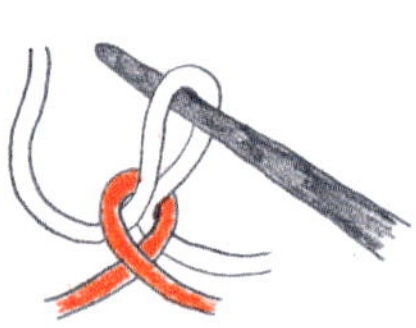

3. Eine neue, links geneigte Masche ist entstanden.

1 Masche unsichtbar rechts neigend zunehmen (1 M re neig zun)

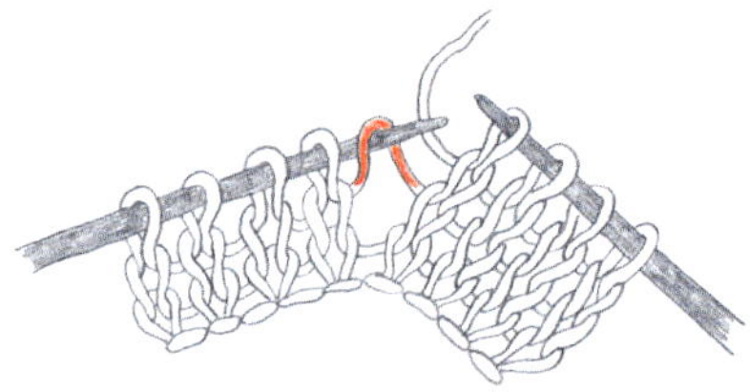

1. Mit der linken Nadel von hinten in den Querfaden zwischen den Maschen stechen, sodass eine neue Schlaufe entsteht.

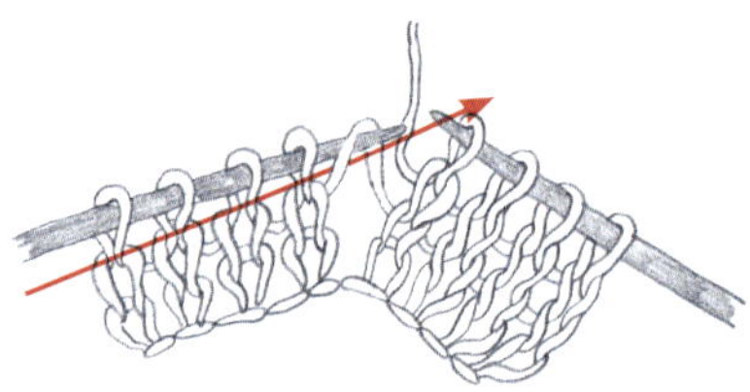

2. 1 Masche wie der Pfeil zeigt durch das vordere Maschenglied abstricken.

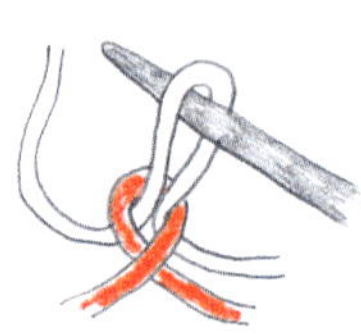

3. Eine neue, rechts geneigte Masche ist entstanden.

1 Masche unsichtbar tief gestochen zunehmen (1 M tief zun)

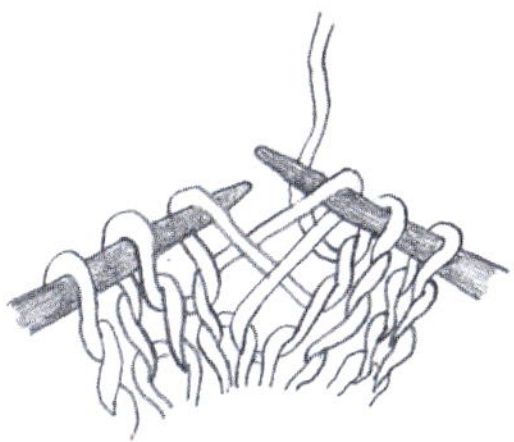

1. Mit der rechten Nadel in die Masche unter der nächsten Masche auf der linken Nadel stechen und sie auf die linke Nadel heben.

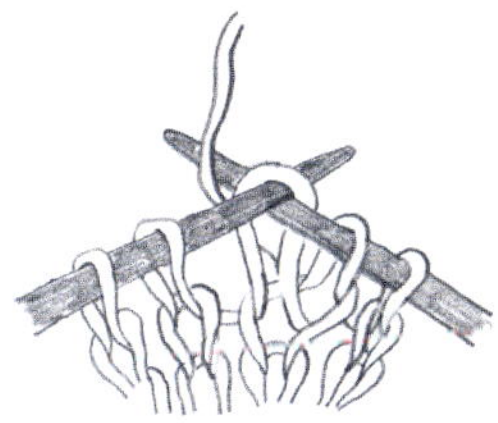

2. 1 rechte Masche in die neue Masche stricken, dann 1 rechte Masche in die ursprüngliche Masche.

ZWEIFARBIGER ZOPFANSCHLAG

1–2. Mit beiden Fäden eine Grundschlinge knüpfen. Die Nadelspitze zwischen die beiden Maschen einstechen und GF über die Nadel legen und durchziehen.

3–4. Die neue Masche halb nach links drehen (verschränken) und auf die linke Nadel nehmen.

Dasselbe mit MF wdh: Mit der rechten Nadel zwischen die zwei neuesten Maschen auf der linken Nadel einstechen, MF durchziehen und diese neue Masche halb nach links drehen (verschränken) und wie zum rechts Stricken auf die linke Nadel heben.

5. So weitermachen, bis die gewünschte Maschenzahl auf der Nadel liegt (abzüglich der beiden Grundschlingen). Die Farbe, mit der die nächste neue Masche gebildet wird, immer unter dem gerade benutzten Faden durchlaufen lassen! Dadurch entsteht der Zopf.

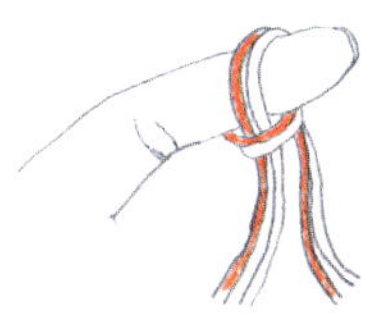

1

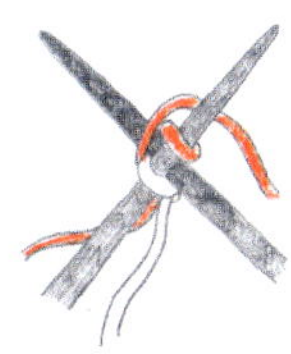

2

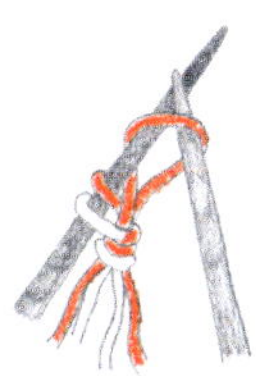

3

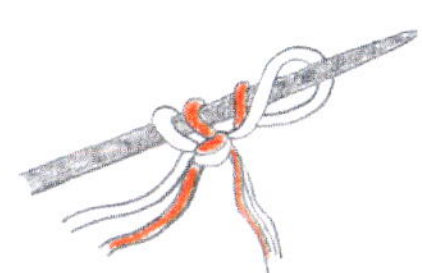

4

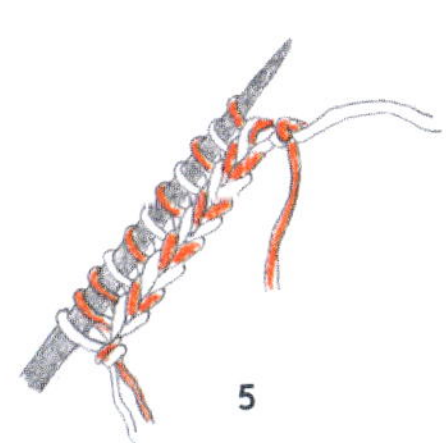

5

LETTISCHER FLECHTZOPF

Rd 1: *1 M re mit Fb 1, 1 M re mit Fb 2*. Von * bis * bis RdEnde wdh.

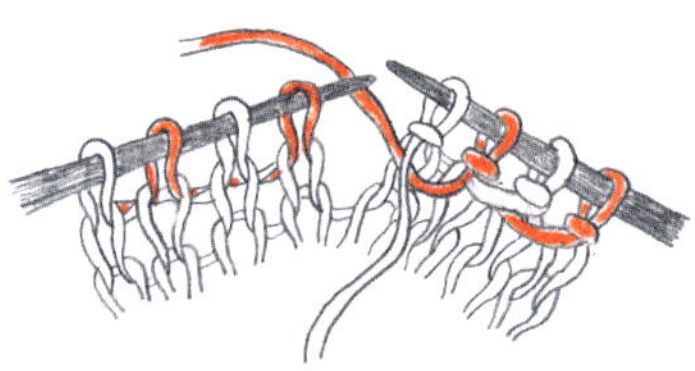

Rd 2: *1 M li mit Fb 1, 1 M li mit Fb 2*. Von * bis * bis RdEnde wdh. Vorsicht! Bei jedem Farbwechsel muss der neue Faden unter dem gerade gestrickten geführt werden.

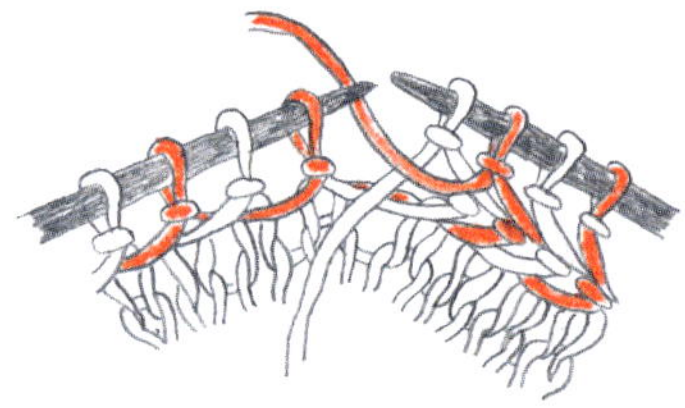

Rd 3: *1 M li mit Fb 1, 1 M li mit Fb 2*. Von * bis * bis RdEnde wdh. Vorsicht! Bei jedem Farbwechsel muss der neue Faden über dem gerade gestrickten geführt werden.

EINEN POMPON MIT POMPON-MAKER HERSTELLEN

1. Die eine Hälfte des Pompon-Makers aufklappen und mit Garn umwickeln, bis der Halbkreis voll ist. Faden abschneiden und diese Hälfte wieder einklappen. Die zweite Hälfte genauso behandeln.
2. Die Wolle rund um den Pompon-Maker aufschneiden.
3. Einen Faden in die Mitte um die aufgeschnittenen Fäden legen und fest zusammenknoten.
4. Den Pompon vom Plastik lösen, indem man beide Hälften aufklappt und auseinanderzieht.
5. Den Pompon in ein Sieb legen und ca. 5 Minuten über kochendes Wasser halten. Durch den Wasserdampf pufft der Pompon auf und wird besonders dicht und hübsch. (Das funktioniert nur mit reiner Wolle!)
6. Den Pompon mit einer Handarbeitsschere stutzen, damit er gleichmäßig rund wird.

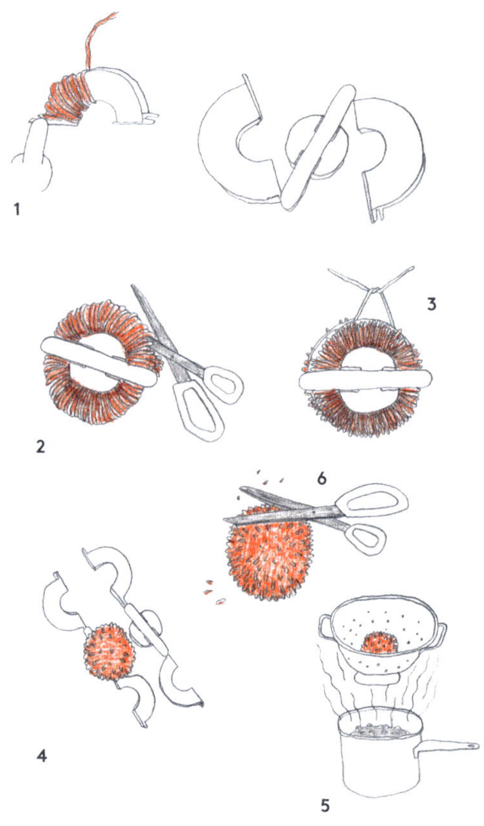

ALPHABET UND ZAHLEN

Damit können Sie Namen, Monogramme oder Jahreszahlen einstricken.

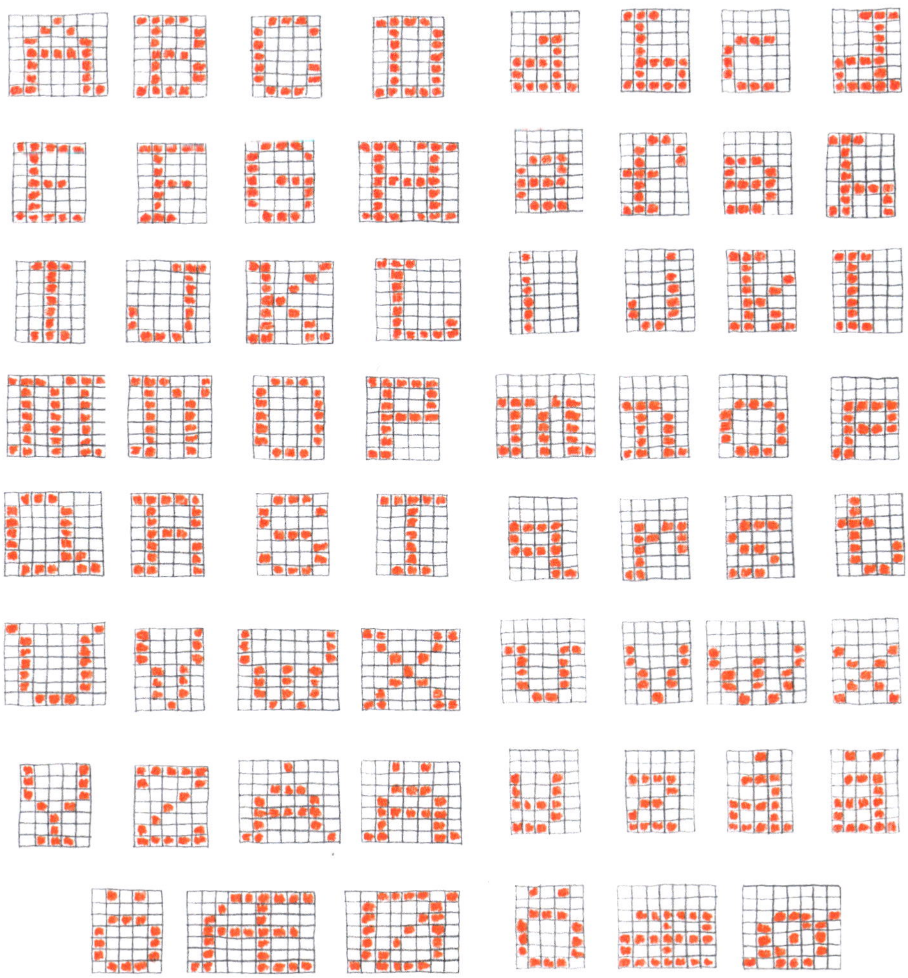

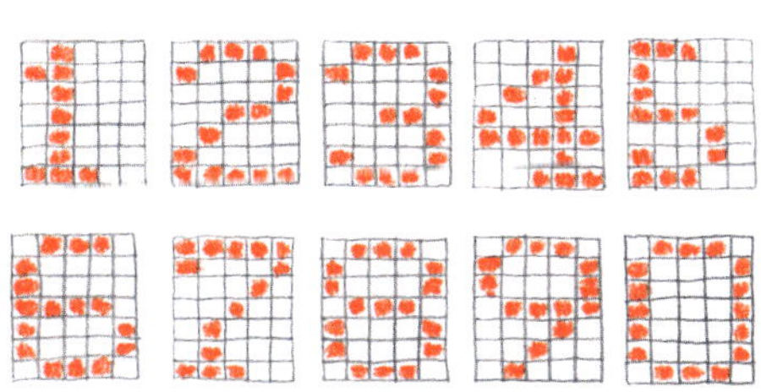

REGISTER

JÄRBO GARN

Järbo Garn ist ein Familienbetrieb, dessen textile Tradition bis ins 19. Jahrhundert zurückreicht.
www.jarbo.se

Alegría
(Hersteller: Manos del Uruguay)
75 % Merinowolle »superwash«,
25 % Polyamid, 100 g = 425 m
Maschenprobe: 28 M = 10 cm
auf Nadelstärke 3 mm

Alegría Grande
(Hersteller: Manos del Uruguay)
75 % Merinowolle »superwash«,
25 % Polyamid, 100 g = 180 m
Maschenprobe: 18–20 M = 10 cm
auf Nadelstärke 4–5 mm

Llama Silk
70 % weiches Babylama,
30 % Maulbeerseide, 50 g = 165 m
Maschenprobe: 25 M × 33 Rd = 10 × 10 cm
auf Nadelstärke 3 mm

Léttlopi (Hersteller Istex)
100 % isländische Wolle, 50 g = 100 m
Maschenprobe: 18 M × 24 Rd = 10 × 10 cm
auf Nadelstärke 4,5 mm

Mellanraggi
75 % Wolle »superwash«, 25 % Polyamid,
100 g = 260 m
Maschenprobe: 24 M × 32 Rd = 10 × 10 cm
auf Nadelstärke 3,5 mm

RAUMA GARN

Rauma Ullvarefabrikk stellt traditionelle Garne aus norwegischer Wolle her, und zwar seit 1927.
http://www.raumaull.no

Rauma Finullgarn
100 % reine Schurwolle, 50 g = 175 m
Maschenprobe: 24–26 M = 10 cm auf
Nadelstärke 2,5–3,5 mm

Røros Lammullgarn
100 % reine Schurwolle, 50 g = 250 m
Maschenprobe: 30 M = 10 cm auf
Nadelstärke 2,5 mm

CAMAROSE DK

CaMaRose ist ein kleiner Garnproduzent mit Basis in Kopenhagen und Produktion in Europa.
www. camarose.dk

Økologisk Hverdagsuld
100 % reine Schurwolle, 50 g = 150 m
Maschenprobe: 21 M × 28 Rd = 10 × 10 cm
auf Nadelstärke 4 mm

HELÉN – für ansteckende Kreativität und magische Bilder. Deine Fähigkeit, ein Ambiente zu erschaffen, Stimmungen einzufangen und mit Licht und Schatten zu zaubern, hat mich tief beeindruckt. Danke auch, weil du nie zögerst, wenn es darum geht, durch den Schnee zu stapfen oder mitten in der Nacht Preiselbeerkuchen zu backen. Unsere Zusammenarbeit hat großen Spaß gemacht!

SIRI – weil du mein Gestrick in deine Zeichnung verwandelt hast und für den Strickkurs – das i-Tüpfelchen!

SEBASTIAN – für stilsichere Form und clevere Lösungen!

ANNIKA – für jede Minute Engagement und harte Arbeit. Du hast ein außergewöhnlich gutes Fingerspitzengefühl, und deine Wärme und Freundlichkeit durchdringt alles, was du tust. Ohne dich gäbe es kein Buch!

EVA – für dein Vertrauen und die Ruhe, die du ausstrahlst, und für tolle Gespräche übers Stricken. Und weil du immer so gute Lösungen für Probleme findest.

JOHANNE – für unschätzbare Hilfe beim Korrekturlesen. Ich bin dankbar für deine Genauigkeit, dein Wissen und deine großartigen Beiträge!

KALLE – weil du mein Paul McCartney bist. Das ist auf viele Arten wichtig!

KRISTINA UND JÄRBO GARN – für ständige Unterstützung, Anfeuerung und tolle Gemeinschaft!

FREDRIKA – weil du dich immer dann meldest, wenn ich dich am meisten brauche. Und weil du meine Freundin bist, auch wenn ich 35 Paar Handschuhe stricke und durchs ganze Land reise. Das ist für mich ganz entscheidend!

KERSTIN – weil du mir immer hilfst, zwischen Groß und Klein im Leben zu unterscheiden, und mich immer anfeuerst. Und für die besten Mittagessen voller Lachen und Wiedererkennen. Ich freue mich so mit dir!

FREUNDE UND FAMILIE – weil ihr immer da seid!

MAMA – für Einfallsreichtum und Fantasie. Für Märchen, Puppen, Schmuck und alles Schöne, was du mir gegeben hast. Du hast mir gezeigt, wie man durch Kreativität lebt, mit allem, was an Glück, Zweifel und Hoffnung dazugehört. Genauso sollte eine Mama sein!

PAPA – weil du mich gelehrt hast, den Wald und die Natur zu schätzen, das Poetische im Alltag und weil ich neben dir auf dem Sofa sitzen durfte, wenn du in deinen Zeichenblock skizziert hast. Das bedeutet mir alles! Und »Mistkäfer« ist für dich!

LISA – beste Freundin und Schwester – »Schwesternschaft« ist für dich!

DANIEL – für Geduld, Hilfe und stetiges Gespräch, das mich über Berg und Tal brachte. Und weil du mich unter den Wollknäueln siehst und mich mich selbst sein lässt!

GRETA – weil du mein eigenes, kleines Einhorn bist – eine seltene Gabe und die allertollste. Ich danke dir dafür, dass du Geduld mit deiner Mama hast, die immer noch eine Reihe stricken muss. Und natürlich für alle guten Designtipps! Ich bin ewig stolz auf dich.

STRICKHILFE – Danke an Ingela Karlsson, die einsprang und mir half, zwei »Handschuhe Nr. 2« zu stricken, als ich es dringend brauchte!

FOTOSETS

KRUKMAKERIMUSEET PÅ ÖVRE STORTORPET (www.stortorpet.se). Danke, dass wir in der alten Keramikwerkstatt »Keramik« und »Ulla« fotografieren durften. Besonderen Dank an die Gastfreundschaft von Hans Bergström!

LEKVATTNETS HEMBYGDS-MUSEUM (www.hembygd.se/lekvattnet). Danke, dass wir im Finngården Karmenkynna »Schwesternschaft«, »Midori« und »Dornröschen« fotografieren durften. Besonderen Dank an Sune Lekemark, die uns souverän durch den Schneesturm geführt hat!

NATURHISTORISKA RIKS-MUSEET (www.nrm.se). Danke für Wissen und Hilfe und das Ausleihen von Schmetterlingen und Käfern beim Fotografieren von »Bläulinge« und »Mistkäfer«.

SVENSKA RUM (www.svenskarumantikt.se). Danke, dass wir in eurem hübschen Laden »Kurbits« fotografieren durften.

CS FOLCKER ANTIQUES. Danke für das Ausleihen großartiger Requisiten für die Fotos von »Kompassrose«.

LENA W. Danke für die Hilfe beim Styling und fürs Ausleihen der Rättvikstracht und anderer toller Requisiten!

LENA SEITE Danke, dass wir in der atmosphärischen Fischerhütte sein durften!

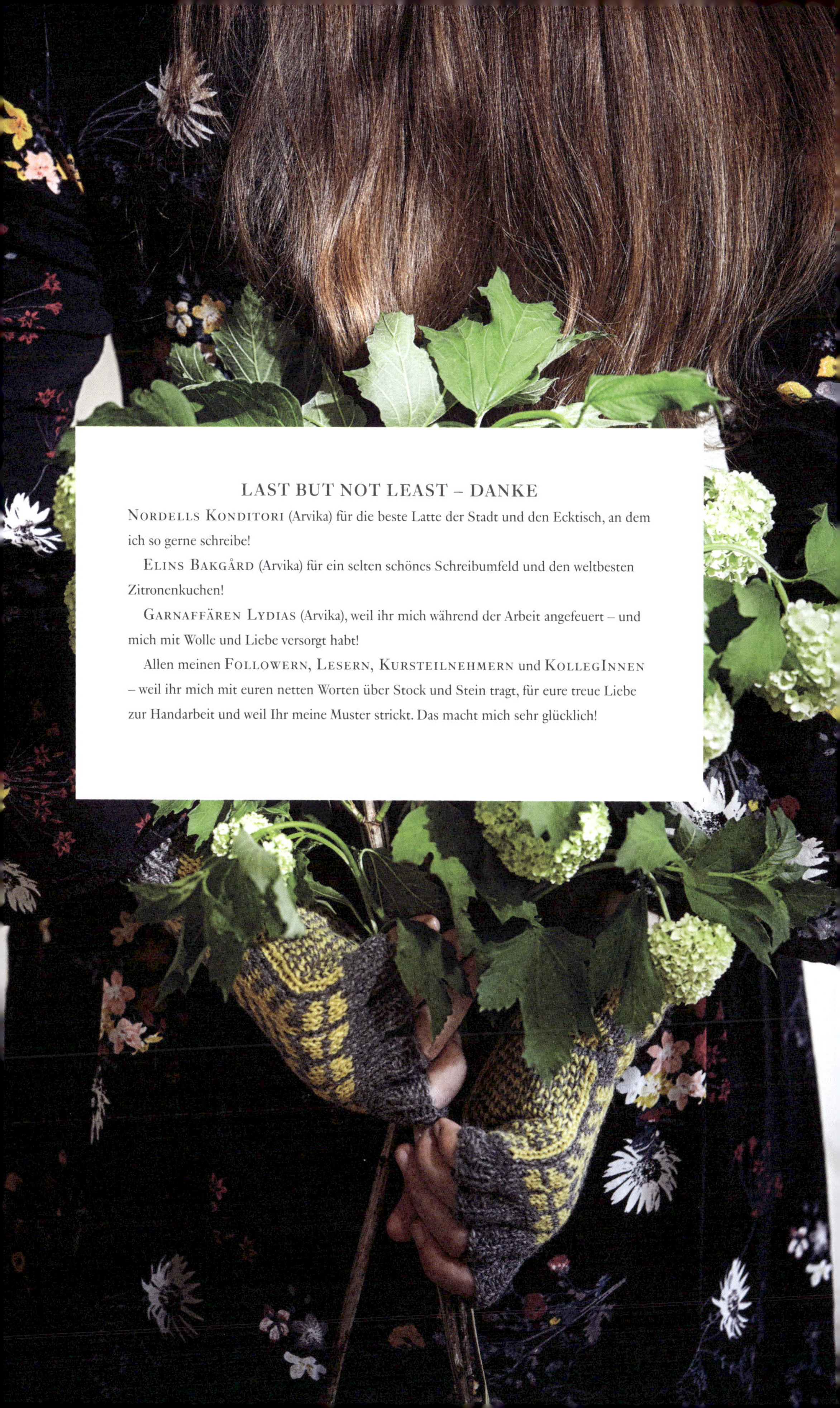

LAST BUT NOT LEAST – DANKE

Nordells Konditori (Arvika) für die beste Latte der Stadt und den Ecktisch, an dem ich so gerne schreibe!

Elins Bakgård (Arvika) für ein selten schönes Schreibumfeld und den weltbesten Zitronenkuchen!

Garnaffären Lydias (Arvika), weil ihr mich während der Arbeit angefeuert – und mich mit Wolle und Liebe versorgt habt!

Allen meinen Followern, Lesern, Kursteilnehmern und KollegInnen – weil ihr mich mit euren netten Worten über Stock und Stein tragt, für eure treue Liebe zur Handarbeit und weil Ihr meine Muster strickt. Das macht mich sehr glücklich!

LIEBE LESER:INNEN,

wir freuen uns, dass wir Sie mit diesem Buch inspirieren und Teil Ihrer kreativen Reise sein dürfen. Noch mehr Inspiration, originelle Ideen und besondere Themen finden Sie auf unserer Verlagsseite www.stiebner.com.

LASSEN SIE UNS ZUSAMMEN KREATIV WERDEN!

Wir sind immer offen für Ihre Anregungen, Wünsche und Kritik – schreiben Sie uns gerne unter verlag@stiebner.com.

Da geteilte Freude bekanntlich doppelte Freude ist: Zeigen Sie uns Ihre kreativen Ideen und fertigen Projekte auf Social Media! Markieren Sie uns mit @stiebnerverlag und die Autorin mit @majasmanufaktur oder nutzen Sie die folgenden Hashtags:
#StiebnerVerlag #StiebnerKreativ #SchwedischeHandschuheStricken

Erstmals erschienen unter dem Titel »Trettiofem vantar« bei Bonnier Fakta, Stockholm, Schweden. Die deutsche Ausgabe erschien in Zusammenarbeit mit Bonnier Rights, Stockholm, Schweden.

Text: Maja Karlsson
Fotografie: Helén Pe
Illustrationen: Siri Carlén

Übersetzung aus dem Schwedischen: Christine Heinzius
Covergestaltung: Danai Afrati
Layout: Sebastian Wadsted
Projektleitung und Lektorat: Stefanie Klapetek
Gedruckt bei Balto Print, Litauen

MIX
Papier aus verantwortungsvollen Quellen
FSC® C107574

ISBN 978-3-8307-2139-0

Bibliografische Information der Deutschen Nationalbibliothek:
Die Deutsche Nationalbibliothek verzeichnet diese Publikation in der Deutschen Nationalbibliografie; detaillierte bibliografische Daten sind im Internet über http://dnb.dnb.de abrufbar.

Wir produzieren unsere Bücher mit großer Sorgfalt und Genauigkeit. Trotzdem lässt es sich nicht ausschließen, dass uns in Einzelfällen Fehler passieren. Auf unserer Webseite finden sich bei dem jeweiligen Titel eventuelle Korrekturen (Errata). Sollten Sie in diesem Buch einen Fehler finden, so bitten wir um einen Hinweis an verlag@stiebner.com. Für solche Hinweise sind wir sehr dankbar, denn sie helfen uns, besser zu werden.

www.stiebner.com